Alfried Längle, Dorothee Bürgi

•

Existentielles Coaching

Alfried Längle
Dorothee Bürgi

Existentielles Coaching

Theoretische Orientierung, Grundlagen und Praxis für Coaching, Organisationsberatung und Supervision

2., aktualisierte Auflage

facultas

Wegen stilistischer Klarheit und leichterer Lesbarkeit wurde im Text auf die sprachliche Verwendung weiblicher Formen verzichtet. Die Verwendung der männlichen Form gilt inhaltlich für alle Geschlechter gleichermaßen.

Bibliografische Information Der Deutschen Nationalbibliothek
Die Deutsche Nationalbibliothek verzeichnet diese Publikation in der Deutschen Nationalbibliografie; detaillierte bibliografische Daten sind im Internet über http:/dnb.d-nb.de abrufbar.

2. Auflage 2020

facultas.wuv Universitätsverlag, 1050 Wien, Österreich

Umschlagbild und Grafikbearbeitung: Florian Spielauer, Wien
Satz: SOLTESZ
Druck: finidr
Printed in Czech Republic
ISBN 978-3-7089-1992-8
e-ISBN 978-3-99111-116-0

Vorwort

Als Coach und Leadership-Trainer begleite ich seit über 20 Jahren Transformationsprozesse in internationalen Großunternehmen und weiß um die Bedeutung der Entwicklung einzelner Personen. Sie ist Ausgangspunkt, Nukleus und Träger identitätsstiftender, für den Erfolg nachhaltiger Entwicklungsprozesse der Betroffenen und darüber hinaus auch für das System der gesamten Organisation. Transformationen müssen, um nachhaltig zu sein, bei den Führungskräften, in ihrem eigenen Menschsein beginnen, weil Transformation dem Wesen des Menschen entspricht. Doch was ist das Wesen des Menschen? Gerade bei Führungskräften ist die Ausrichtung auf Erfolg, auf Gutes und Lebenswertes gleichsam Programm. Doch was ist das Gute? Was ist Glück, was ist Erfolg? Diese Fragen sind nicht neu, doch im schnelllebigen und öffentlichen Leben von großen Unternehmungen wird selten verstanden, dass diese Fragen so alt sind wie die Menschen selbst. Wissen wir nicht seit Aristoteles, worin ein gutes Leben besteht, und seit Seneca, worauf es beim Glück und beim Erfolg ankommt?

„Existentielles Coaching" – dieses Buch handelt vom Wesen des Menschen. Es zeigt, auf die Beratungspraxis ausgerichtet, die Grundkategorien des existentiellen Denkens auf und führt in die faszinierende Welt der abendländischen Philosophie, die den Berater nicht von der Wirklichkeit fortführt – im Gegenteil: sie führt ihn zu ihr hin, in den Kern.

Die Leistung dieses Buches besteht für den Praktiker darin, umsetzbare Vorgehensweisen auf das Wertvollste der Philosophie zu stützen und so den weiten Bogen des Menschen-Möglichen in den Alltag, in das individuell Relevante, zu bringen.

Mit fundierten theoretischen Grundlagen, dem durchgängigen Praxisbezug sowie den zahlreichen methodischen Anleitungen legen Dorothee Bürgi und Alfried Längle uns einen Coaching-Ansatz vor, der an den Tiefen des menschlichen Daseins ansetzt. Von der schier unerschöpflichen Quelle ausgesuchter und zueinander in lebhafte Beziehung gebrachter Gedankengebäude der Philosophie liefert dieses Buch dank seiner der Existenzanalyse entnommenen Modelle konkrete Coaching-Anleitungen, die nicht nur den Coachees in ihrer Selbstentdeckung und Selbstentfaltung in jeder Alltagsfrage zugute kommen werden, sondern darüber hinaus – davon bin ich überzeugt! – dem Coach selbst seine Arbeit in reicherem, hellerem Licht erscheinen und seine Möglichkeiten in seinem Wirken weiter entdecken lassen werden. Mit diesem Buch ist es gelungen, die philosophischen Grundzüge des existentiellen Denkens für die Beratung und Begleitung von Menschen in der Arbeitswelt zugänglich zu machen. Die Entsprechung von Aufnehmen der Welt in sich und dem Finden des für das Entfalten des eigenen Wesens entsprechenden Ausdrucks dank der empfundenen inneren Resonanz lässt den Betroffenen seine Einmaligkeit in seiner Geschöpflichkeit entdecken und seine Möglichkeiten des Wirkens in der Welt mit Stimmigkeit gestalten. Dieser synthetisierende Prozess führt zur eigentlichen spirituellen Geburt des Individuums im Ganzen. „What a man can be, he must be." (Abraham Maslow)

Dieses Buch ist ein höchst wertvoller Begleiter für alle, die den Menschen in seinen ureigenen Möglichkeiten entdecken, entwickeln und ihm begegnen wollen, eine Einladung zum Dialog über Wesentliches im Berufsleben sowie eine Bereicherung für jede Coachingpraxis.

Möge dieses Buch beitragen zu einer humaneren, leistungsfreudigeren, befreienden und sinnstiftenden Arbeitswelt, dem Einzelnen mehr Erfüllung und erlebte Würde im Vollzug des Berufslebens bescheren und sowohl der Entfaltung der Persönlichkeiten wie dem gemeinsamen Erfolg von Unternehmungen zur Verschönerung unserer Welt dienen.

Die Menschwerdung und die Verschönerung unserer Welt können dank der in diesem Buch vorgestellten Vorgehensweisen parallel verlaufen und so das Arbeiten „existenzerhellend“ (Karl Jaspers) mit Kraft erfüllen.

Philipp Johner
Founder Manres AG

Inhalt

Einleitung

Lebenswertes im Coaching

Alles wirkliche Leben ist Begegnung.
M. Buber

Wenn Coaching mit dem Menschen zu tun hat, dann braucht es ein Bild von dem, was den Menschen ausmacht – es genügen nicht die Vernetzungen und Dynamiken, das Erkennen der Probleme und Stärken. Das greift zwar – aber letztlich greift es zu kurz, weil es sich nicht auf das Wesen des Menschen bezieht.

Coaching soll vor dem Hintergrund eines Verstehens des Menschen stattfinden, um nicht einfach funktional abzulaufen. Ein Verstehen des Menschen beinhaltet Kenntnis von seinen persönlichen Strebungen und Wissen um die Voraussetzungen, um zu einem erfüllten Leben zu gelangen. Auch Arbeitsprozesse sind in diesem Lichte zu sehen – anderenfalls verrät man den Menschen im Coachee und bedient nur seine Funktionstüchtigkeit.

Dagegen stellt sich Existentielles Coaching. Es macht sich zum Anwalt des Menschen. Es sieht sein Wesen als wichtiger an als sein Funktionieren und geht von der Prämisse aus: Die Arbeit ist für den Menschen da, nicht umgekehrt.

Der Mensch zuerst – so auch der Coach zuerst: die Ausweitung und Vertiefung seiner Lebenserfahrung dient ihm zum besseren Verständnis und als Zugang zum Coachee. Die Strukturen der Existenz sind in allen Menschen dieselben. Die Erfahrungen und Fähigkeiten sind immer verschieden, aber auf der Basis des Gemeinsamen kann viel entstehen: Grundlegendes, Tiefes, Lebenswertes.

Dieses Buch schaut auf die Grundstrukturen der Existenz: Wie ist unser Leben aufgebaut, was ist zu tun, um zu einem erfüllten Leben zu kommen?

Phänomenologie und Existenzphilosophie im Coaching

So einfach wie möglich, aber nicht einfacher.
A. Einstein

In den ersten Kapiteln werden die Basiskonzepte und -modelle des Existentiellen Coachings vorgestellt. Sie führen den Leser mit Anleitung und Begleitung Schritt für Schritt in die Grundzüge des existentiellen Denkens ein, aber auch an die theoretischen Hintergründe und in die Welt der Phänomenologie und der Existenzphilosophie heran. Dabei wird das Vorgehen des Existentiellen Coachings anhand zahlreicher Praxissituationen illustriert.

Im Mittelpunkt steht die Person – das Wesen des Menschen. Mit ihm sind grundlegende Fragen zum menschlichen Dasein verbunden: Wie kann man im Coaching mit der Person im Menschen arbeiten? Wie lässt sich diese Kraft mobilisieren? Was ist ein Wert? Was bedeuten Begriffe wie Gewissen, Wille oder Sinn in einem existentiellen Verständnis? Ein eigenes Kapitel ist den Methoden gewidmet. Sie sollen dem Coach die Verknüpfung von Theorie und praktischen Anwendungsmöglichkeiten aufzeigen und ihm Instrumente anbieten, mit denen er den Coachee darin begleiten kann, sich in seiner Wirklichkeit und in seinen Entscheidungen wiederzufinden.

Existentielles Coaching ist ein Coaching-Ansatz auf der Grundlage der Existenzanalyse nach Alfried Längle. Im Schluss-Kapitel findet der Leser in kompakter und dichter Form die theoretischen Hintergründe, die Grundzüge der Anthropologie sowie die philosophischen Grundlagen dazu.

Wir wünschen allen Lesern eine interessante und für ihre Praxis inspirierende Lektüre.

Alfried Längle
Dorothee Bürgi

1. Die Kunst, sein Leben persönlich zu leben

Seit jeher ist der Mensch mit der Frage befasst, was ein gutes Leben sei. Welche Verhaltensweisen, Einstellungen, Wertbezüge, religiösen Einbindungen – früher sprach man besonders von der Lehre der Tugenden – verheißen uns Glück? Und: Was ist Glück? – Ist es ein gelungenes Leben, liegt es im Besitztum, Ansehen, in der Verwirklichung der größten Zahl von Möglichkeiten in der Welt, in der Verwirklichung von dem, was in einem angelegt ist? Oder ist es gar in der Spiritualität zu suchen? Solche Fragen führen schnell eher zu Verwirrung als in eine konstruktive Lösung der Themen.

Obwohl es im Coaching nicht primär um solche Fragen geht, sind sie doch häufig im Hintergrund mit dabei. Dem Coachee geht es im Allgemeinen um weitaus praktischere Themen. Ihn beschäftigen Fragen wie: „Wie kann ich meine Potenziale entwickeln?" – „Wie kann ich erfolgreicher werden, meine Ziele erreichen?" – „Ich möchte meine Ängste und Widerstände überwinden, werteorientiert entscheiden, authentisch sein und in meiner Arbeit Sinn erfahren!" Es ist unschwer zu erkennen, dass in diesen konkreten und praktischen Fragen auch die großen Fragen enthalten sind. Denn auch in den praktischen Fragen geht es darum, ein gutes und glückliches Leben zu erlangen. Und wie soll das möglich sein, ohne dass die Arbeitswelt mit einbezogen würde? Wenn es in dieser nicht gut geht, wenn es beruflich und/oder kollegial „nicht stimmt", belastet dies das ganze Leben, denn man verbringt den größeren Teil der Zeit in der Arbeit. So wird der Erfolg bedeutsam, das Vorankommen, der Stressabbau. Warum sind diese Themen wichtig? Weil man mit ihnen ein besseres Leben verbindet, ein leichteres, unbeschwertes Leben, das die Gefahr des Scheiterns und seiner Last beiseite schieben kann.

Wenn es direkt oder indirekt um solche Themen im Coaching geht, dann sind sie nicht zu lösen, ohne sich ein Bild zu machen über die große Frage, was denn der Mensch ist und worum es im Leben geht. Das sind Grundfragen der Philosophie und der Religion. Auch wenn es im Coaching nicht das Ziel ist zu philosophieren oder eine religiöse Praxis zu vermitteln, soll dieser Hintergrund im Rahmen des Existentiellen Coachings bedacht sein und auch der Coach sich damit befasst haben.

Die praktischen Fragen des Coachee werden im Existentiellen Coaching daher vor dem Hintergrund der großen Fragen des Menschen-Seins gesehen. Um diese Spezifität des Existentiellen Coachings von Anfang an deutlich zu machen, beginnen wir die Darstellung mit einem kurzen Blick auf das Menschenbild – vor allem unter dem Aspekt, der Menschen ganz besonders interessiert: Wie gelingt es, das eigene Leben persönlich zu führen?

Vom Leben befragt

Der französische Mathematiker und Philosoph Blaise Pascal hat den Menschen beschrieben als ein „Nichts" – angesichts der Unendlichkeit. Ist der Blick auf das Große gerichtet, etwa auf die Unendlichkeit des Sternenhimmels mit ihrer beinahe unendlichen Zahl von Sternen, verschwindet der Mensch. Vor solchem Hintergrund verliert er sich in einem Nichts.[1]

Doch wenn sich der Blick wendet, wenn er sich von der Unendlichkeit wegbewegt und in die Gegenrichtung schaut, in das Nichts schaut, was ist dann der Mensch? An genannter Stelle meint Pascal: Er ist eine Unendlichkeit angesichts des Nichts. Gegenüber dem Nichts, dem Nicht-Sein, dem Vergänglichen, dem Ende – da hat der Mensch eine Größe, die unendlich über dem Nichts steht. Sich gegenüber dem Verfallen, der Auflösung, der Zerstörung, der Leere, der Sinnlosigkeit zu behaupten, darin aufrecht zu stehen und sich so gegen das „Nichts" zu stellen, lässt den Menschen im Licht einer Unendlichkeit erscheinen.

Dieser philosophische Blick auf den Menschen gemahnt einerseits zur Bescheidenheit und Demut und fordert andererseits unbedingten Respekt vor der Größe des Menschen, die ihm eine unantastbare Würde verleiht. Dies sind die äußersten Marken im Menschenbild des Existentiellen

1 Pascal B., Fragment 72, zit. nach Spoerri T (1955) Der verborgene Pascal. Hamburg: Furche-Verlag, S. 43. Das vollständige Zitat aus dem 72. Fragment, 7. Abschnitt, von Blaise Pascal lautet in deutscher Übersetzung (Theophil Spoerri 1955,43f.): „Denn was ist letzten Endes der Mensch in der Natur? – Ein Nichts im Blick auf das Unendliche, ein All im Blick auf das Nichts, eine Mitte zwischen dem Nichts und dem All. Unendlich entfernt von dem Begreifen der äußersten Enden, sind ihm Ziel und Ursprung aller Dinge undurchdringlich verborgen in einem unerfassbaren Geheimnis; er ist gleich unfähig, das Nichts zu fassen, aus dem er hervorgeholt wurde, wie das Unendliche, darin er verschlungen ist."

Coachings. In diesem Rahmen wollen wir an den Menschen herangehen – bescheiden in der Haltung, zurückhaltend in der Interpretation, ohne Forderung, begleitend und mitgehend, aber stets im Versuch, die eigene Größe des Coachee zu sehen, seine Fähigkeiten zu entdecken, sein Erleben zu respektieren, seine Entscheidung zu stützen, seine Verantwortung zu markieren.

In dieser existentiellen Perspektive wird der Mensch in seiner Betroffenheit gesehen, in dem, was ihn angeht und berührt. Seine Realität, seine Wahrheit, sein Erleben des Lebens, sein Entscheiden und Verantworten, sein Handeln und Sich-Einlassen stehen im Mittelpunkt des Interesses. Der Coachee wird als ein Gefragter gesehen, die Situationen als Herausforderung an seine Person. Es geht um seine Antworten, seine Person, seine Individualität, sein Besonderes und Unverwechselbares, Eigenes – nicht um Allgemeines, Anpassung, Funktionieren. Der Coachee ist gefragt und stellt sich selbst in Frage: „Wer bin ich, was macht mich aus, was ist wesentlich für mich? Was gehört so sehr zu mir, dass ich mich dadurch definiere, dadurch erkenne und verstehe?“

Wenn wir annehmen, dass der Mensch ein Wesen ist, das über sich selbst entscheidet, dann fängt das Wesen des Menschen dort an, wo ihn die Naturwissenschaften aufhören lassen. Sie gehen von einem deterministischen Denken aus und sehen den Menschen in seinen Kausalitäten und Bedingungen. Wenn wir dort stehen bleiben, haben wir zwar die Bedingtheiten am Menschen gesehen, nicht aber den Menschen selbst. In einem existentiellen Verständnis ist der Mensch grundsätzlich mehr, als er von sich wissen kann (Jaspers 1965). Dieses Mehr liegt in seinen geistigen Fähigkeiten, die ihn sich selbst sein lassen, mit sich und seiner Welt authentisch umgehen lassen, Entscheidungen treffen lassen und sich in einen sinnvollen Zusammenhang stellen lassen. So er selbst seiend, in sich verankert seiend, kann der Mensch über seine Begrenztheit hinauswachsen und sich auf andere Menschen und andere Werte einlassen, in denen er aufgehen und seine Erfüllung finden kann.

Der Blick auf die Freiheit

Der Coach in der Praxis erlebt immer wieder, wie Menschen Probleme haben oder nicht weiterkommen, weil sie gerne einen größeren Spielraum zur Verfügung hätten, um Entscheidungen zu treffen. Sie wüssten z. B. genau, was sie beruflich tun möchten, aber dieser Job ist nicht ausgeschrieben oder so schlecht bezahlt, dass sich damit der Lebensunterhalt nicht verdienen lässt. Sie wüssten genau, wie ihr Projekt aussehen müsste, aber das Budget ist begrenzt, und das Projekt lässt sich nur in Teilen realisieren. Und somit fühlen sie sich selbst limitiert und leiden unter Ohnmachtsgefühlen, weil die äußeren Bedingungen ihre Entfaltung nicht ermöglichen. Manchmal sind es auch innere Bedingungen, die sie hemmen, wie das Gefühl, Opfer zu sein („da kann man ohnehin nichts ändern"), Selbstzweifel, Ängste usw.

Eine wichtige Aufgabe im Existentiellen Coaching besteht daher darin, den Blick auf die Freiheit der Person zu richten und die Möglichkeiten der Situation ausfindig zu machen. In der Abstimmung mit der Person geht es aber um eine wesentliche Spezifizierung. Nicht alle Möglichkeiten sind geeignet für den Coachee. Die Frage ist vielmehr die der Individualisierung: Welche Möglichkeiten kann er aufgreifen, und wie kann er effektiv mit Begrenzungen und Gegebenheiten umgehen? Hier kommen die kreative Größe und die Größe der Entscheidungsfähigkeit zum Zuge, die, wie Pascal meinte, den Menschen vor dem Nichts abhebt, ihm seine Unendlichkeit verleiht. Doch bei aller Größe muss er auch seine Grenzen und Bedingtheiten akzeptieren, sich beugen vor einer Größe und vor Mächten, die ihn übersteigen. Mit Akzeptanz zu leben meint, die Bedingungen und Umstände des eigenen Daseins als gegeben annehmen zu können. Darin liegt für manche Menschen ein existentieller Spagat, wenn sie nicht darin geübt sind, beide Pole der Existenz in ihr Leben zu integrieren.

In manchen Situationen kann der Raum für Entscheidungen sehr klein sein. Entscheidend für das Erleben der Freiheit, des Selbstseins und der Autonomie ist nicht der faktische Spielraum, sondern das Bewusstsein, dass immer etwas da ist, das nicht festgelegt ist und einen Spielraum offen lässt. Diesen Freiraum in jeder Situation zu finden, ist das Entscheidende, mag er auch noch so klein sein. Diese Perspektive ist besonders dann bedeutsam, wenn Menschen in ihrer Gestaltungsfähigkeit an Grenzen kommen, weil die äußeren Bedingungen den Spielraum schmerzlich einschränken. Denn wenn der Mensch seine Freiheit verliert, wenn er genötigt wird, wenn man ihm keine Wahl lässt, so nimmt das dem Menschen die Würde. Oder in den Worten von Max Frisch: „Die Würde des Menschen (...) besteht in der Wahl." (1998, 488)

Ich bin mich – nicht irgendwer

Mensch *ist* man. Doch wird der Mensch umso mehr er selbst, als er etwas aus seinem Sein macht. Er kann sich entwickeln, wachsen, vertiefen usw. – und vor allem kann er mehr er selbst werden. Denn der Mensch ist nicht irgendetwas: Der Mensch *ist* nicht nur – der Mensch ist vor allem *sich*. Mit diesem Gedanken verweist Lévinas[2] darauf, dass er eine Identität mit sich hat, in einer unaufhebbaren Verbundenheit mit sich steht, die ihn nicht nur sich nicht trennen lässt von sich selbst, sondern vor der er auch zu bestehen hat. Denn nicht nur lebt der Mensch mit sich, sondern er sieht und beurteilt sich auch stets.

Der Mensch ist sich, ist sich kein Fremder, und er ist „ganz", wenn er sowohl den körperlichen und psychischen Bedürfnissen folgen kann, als auch über sich selbst hinausgehend sich anderen Dingen zuwendet. Bei alledem ist wichtig, dass die Entscheidungen, die er trifft, in Stimmigkeit mit sich selbst und in Übereinstimmung mit den Werten im Außen erfolgen. Wenn er sich in dieser Stimmigkeit entscheidet, wenn er mit innerer Zustimmung „Ja" sagt zu dem, was er tut und was er lässt, dann ist er ganz *sich*.

Der Mensch lebt sein Leben persönlich, wenn er in seinen Entscheidungen Bezug nimmt auf die Erfordernisse und Werte der Außenwelt und zugleich auf das, was in ihm schwingt. Er vollzieht sich im dialogischen Austausch mit der Außenwelt und der inneren Bearbeitung dessen, was ihn erreicht, berührt und anspricht. Existentiell gesehen ist nicht Erfolg oder Misserfolg im Äußeren das Maßgebliche, sondern die Stimmigkeit und das Erleben, sich selbst treu zu bleiben.

2 Das Originalzitat lautet: „Man ist nicht, man ist sich!" (E. Lévinas, De l´existence à l´existant, Paris: Gallimard 1978, 38).

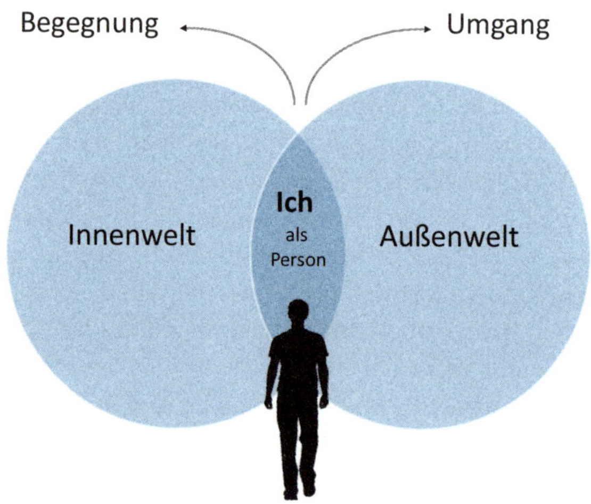

Abb. 1: Das Ich als Person hat die Fähigkeit, das Außen mit dem Innen zu verbinden – denn sie steht gleichermaßen stets in beiden Welten, die sich im Ich überlappen.

Die Person, dieses „Ich in mir", ist einmalig und einzigartig. Aber sie ist in die Welt eingewoben. Sie kann nicht sein ohne die *Außenwelt*, ohne das Du. Erst in der Begegnung mit dem Du kann das Ich entstehen, in der Erfahrung des anderen, des Gegenüber. Aber das Ich hat auch eine Autonomie, die nicht nur davon abhängt, was die andern einem spiegeln, entgegenhalten oder wie sie einen sehen und einem begegnen. Das Ich hat eine *Innenwelt*, in der es gründet und in der es schwingt. „Der Mensch wird am Du zum Ich", sagt Martin Buber (1977, 37). Ohne das Andere kann das Ich nicht zur Person werden, kann die Person nicht geboren werden.

Dank dieser Fähigkeit, zugleich bei sich und beim anderen sein zu können, ist das „Bei-Sein" eine grundlegende Fähigkeit der Person, die sie auch charakterisiert. So kann der Mensch innerlich bei etwas sein, Anteil nehmen, mitfühlen, aus der Verbundenheit heraus auch über Distanzen geistig „beim Partner" zu Hause sein, geistig-emotional sogar bei einem Verstorbenen sein. Dieses Bei-Sein ist keineswegs passiv. Es ist wie ein innerer Dialog, und es geschieht innerliche Auseinandersetzung. In diesem Bei-Sein kann der Mensch in einen Umgang kommen mit dem anderen, sich innerlich auseinandersetzen, die Beziehung verändern und

z. B. ohne physische Anwesenheit des anderen ihm verzeihen. Er kann sich Gedanken zu etwas machen, Stellung dazu beziehen, eine Haltung einnehmen oder etwas umsetzen. Im Umgang mit den Dingen realisiert er seine Freiheit, die er *ist*.

Übertragen auf die Arbeit im Coaching führt diese Fähigkeit vor allem dazu, mit Schwierigkeiten in einen (besseren) *Umgang* zu kommen und sie nicht einfach stehen zu lassen. „Mach was damit!" ist ein Grundsatz im Existentiellen Coaching, aber verstanden als: „Geh damit persönlich um, stell dich!". Mit dem „in Umgang kommen" fädelt der Coachee sozusagen seine Freiheit in seine Welt ein, fädelt er sein Person-Sein ein in den Bereich, mit dem er konfrontiert ist und in dem er gerade „ansteht".

Im Außen realisiert der Mensch das Person-Sein und seine Freiheit im *Umgang* mit den Dingen und Menschen. Hier dominiert die Begegnung. Im Innen ist dieser Umgang das innere Antreffen von sich selbst. Es bedeutet, in der Intimität mit sich selbst zu sein, „ich mit mir". Hier atmet der Mensch sein Person-Sein. Hier achten wir darauf, welche inneren Schwingungen in uns aufkommen, ob es stimmig ist, was wir tun, ob es zu uns passt. Was spricht mich an – was lässt mich unberührt? Diese Gedanken, mehr noch: diese Gefühle und Schwingungen sind Wahrnehmungen, die auf die innere, ursprüngliche – persönliche – Wirklichkeit bezogen werden, und aus diesem Grunde kommen die Antworten zu dem, womit wir in der Welt in Berührung und mit uns selbst im Gespräch sind. Was da im Inneren auf diese Weise aufkommt, ist nicht einfach Echo von dem, was gehört, gesehen, erlebt wurde, sondern ist autonomes Sprechen. Es ist das, was in uns zu „lauten" beginnt, laut zu werden beginnt, angestoßen und angeregt von außen. Zu dem, was in der Außenwelt wahrgenommen wurde, kommt in dieser dialogischen, begegnenden Auseinandersetzung auf diese Weise das ganz Eigene dazu: ich selbst als der, der ich bin. Woher kommt dieses innere Sprechen, dieses Lauten der Person? – Wir wissen es nicht. Bei allem Wissen über den Menschen bleibt in dieser Tiefe das Geheimnis Mensch bestehen.

Person – die Begleiterin des Ichs

Der Mensch ist autonom, weil er in sich eine Resonanzfähigkeit hat, die sein Wesen ausmacht und seine Intimität darstellt. Aus dem Innersten, das nur ihm gehört, stammt die Entscheidung. Das macht sein Eigenes aus. Der Unterschied zum anderen, die Differenz, der Kontrast vielleicht, kann eine Anregung sein. Aber dieser Unterschied kann nicht das ganz Persönliche ersetzen. Dieses gehört nur uns selbst, ist unverfügbar für andere und kann von außen eigentlich auch nicht gezwungen werden. Man kann einen Menschen wohl nötigen, Druck auf ihn ausüben, aber man kann ihn nicht eigentlich zu einer Entscheidung zwingen. Die Freiheit ist radikal, sie geht in die Wurzel des Menschen. Natürlich kann man die Bedingungen so schwierig gestalten, dass der Mensch „gezwungenermaßen" ja sagt. Aber dieses Ja ist dennoch eine Entscheidung. Menschen haben die Fähigkeit in sich, Entscheidungen treffen zu können – immer und prinzipiell unter allen Umständen.

Das Sprechen von innen kommt aus der Tiefe der Person. Es wird angestoßen von außen und fasst das, was den Menschen in seinem Innersten berührt: die Schönheit einer Landschaft, die Erhabenheit eines Sonnenaufgangs, die strahlenden Augen eines Kindes. Wenn diese Eindrücke den Menschen in seinem Wesen erreichen, beginnt es in ihm zu „lauten", weil es zu Resonanz mit dem eigenen Wesen kommt, das von der Außenwelt angestoßen wird. Die Person ist in diesem Verständnis die intime Begleiterin des Ich – sie schaut auf das Wesentliche und hat die Fähigkeit, den geistigen Inhalt einer Situation wahrzunehmen. Dank dieser Fähigkeit des Bei-sein-Könnens bei Wesentlichem durch die eigene Wesentlichkeit kommt dem Menschen eine Größe zu, die sein Ich übersteigt. Dieses Potenzial, das er eigentlich nicht hat, sondern *ist*, ist der spirituelle Grund des Menschen – diese Tiefe, dieses Person-Sein gibt ihm Würde. Nimmt er sich – in der Haltung der Offenheit sich selbst gegenüber – in seinem Wesen selbst in Empfang, dann ist er authentisch. Dann kommen seine Einmaligkeit und seine wesensmäßige Einzigartigkeit zum Ausdruck. Das vollzieht sich ganz im Hier und Jetzt und hat immer wieder neu zu geschehen. So wie alles Leben in einem ständigen Fluss ist, ist auch der Mensch in einem ständigen Werden, Vergehen und wieder Neu-Werden.

Man kann sich an dieser Stelle eine erkenntnistheoretische Frage stellen, die für die Praxis große Bedeutung hat: Was hat der Mensch von der Realität in Händen? Existentiell gesehen hat er von der Realität nur ihre Wirkung auf sich in Händen. Man spricht daher von der Wirklichkeit, sie ist Abbild und Eindruck der Realität auf das Subjekt, auf die Person. Diese Wirklichkeit geschieht uns – aber in Händen haben wir den Umgang mit ihr, die Verantwortung für sie. Die Dinge selbst haben wir nicht, aber in der Verantwortlichkeit ihnen gegenüber besteht die Wirklichkeit des Menschen. Der Mensch kann sich selbst dabei realisieren, wenn er auf die Stimmigkeit seines Umgangs im Inneren achtet: „Ich stehe dahinter – ich gebe meine Zustimmung dazu – dieses Verhalten ist meines und passt zu mir." Wenn er in dieser Authentizität steht, ist der Mensch nicht einfach, sondern ist er *sich*. Dann ist Mensch-Sein entscheidendes Sein, wie Karl Jaspers es formuliert (1962). Der Mensch trägt stets eine Verantwortung dafür, wer er eigentlich sein könnte. So steht der Mensch als Person ständig vor den Fragen: „Wer bist du – was bewegt dich – wie gehst du mit einem Thema oder einer Sache um – mit dir – mit den anderen?" Setzt er dieses Potenzial um, wird er nicht nur, was er *ist* – so formuliert es Pindar in den kritischen Oden –, sondern er wird, was er sein *könnte*. Setzt er sein Person-Sein um, macht er aus sich eine Persönlichkeit.

Existentielles Coaching ist darauf aus, dass sich der Coachee in seiner Wirklichkeit und in seinen Entscheidungen wiederfindet. D. h., dass er so handelt, dass sein Verhalten ihm entspricht. Oder in den Worten Jaspers: „... was der Mensch ist, ist er durch die Sache, die er sich zur seinen macht." (1941/1977, 398)

2. Existentielles Coaching – ein Überblick

Was ist Existentielles Coaching?

Existentielles Coaching baut auf den Grundlagen der Personalen Existenzanalyse (PEA) auf, die eine praktische Anwendung der Phänomenologie ist. Existentielles Coaching will den Coachee in die Begegnung führen mit dem, was ihn angeht, was das Wesentliche in der Situation ist. Dabei ist das Heranführen zu sich selbst der Ausgangspunkt, das Mit-sich-selbst-Sein, um so auch besser mit anderen sein zu können. Auf dieser Basis kann dann auch eine authentische Stellungnahme gefunden werden, die Ausdruck seines unverwechselbaren, einzigartigen und einmaligen Wesens ist. Dazu ist es wichtig, dass der Coachee Bezug nimmt zu den *Fakten*, zu dem, was für ihn einen *Wert* darstellt, zu dem, was *ihm selbst wichtig* ist und *richtig* erscheint, und auch zu dem, was für ihn einen *Sinn* darstellt. Erst auf dieser vierfachen Basis entstehen ein freies Wollen und eine innere Zustimmung. Innere Zustimmung, das heißt, „ich kann, ich mag, ich darf und ich sehe in meinem Tun einen Sinn“. Dies ist die Grundlage für ein erfülltes Dasein. Existentielles Coaching

- geht von einem existenzphilosophischen Menschenbild aus, das den Menschen als dialogisches Wesen versteht, das auf die Welt und ihre konkreten Anfragen ausgerichtet ist und die Fragen des eigenen Lebens zu verstehen und zu beantworten versucht. Im Mittelpunkt der Theorie stehen die Begriffe Existenz, Erfüllung, Zustimmung, Freiheit, Verantwortung, Sinn.
- beleuchtet die Grundbedingungen von Existenz und versucht die Ganzheitlichkeit und die geistige Dynamik des Menschen zu mobilisieren. Erst in zweiter Linie geht es um ein methodisches Vorgehen. Existentielles Coaching steht somit nicht im Widerspruch zu anderen Coaching-Methoden. Im Gegenteil: anthropologische Bezüge, Landkarten und Modelle, die Grundsätzliches zum Inhalt haben, ermöglichen Methodenvielfalt und sind eine Erweiterung für die verschiedenen Formen der Coaching-Arbeit in der Praxis.

- setzt an einem Verständnis von Leben an, das auf Sinn ausgerichtet ist und in Freiheit und Verantwortung gestaltet werden soll. Im Blick auf dieses zentrale Thema der menschlichen Existenz ist Existentielles Coaching stets auf Lebensrelevantes ausgerichtet. Die Landkarten und Modelle stellen einen Coaching-Zugang dar, der mit der „geistigen Kraft" im Menschen und den mit ihr verbundenen personalen Ressourcen arbeitet. Dabei spielen die Grundbedingungen der Existenz die tragende Rolle. Sie erlauben, die Ganzheitlichkeit des Menschen im Blick zu behalten. Ausgehend vom Verstehen wird ein Handeln gesucht, das die Person integriert und das im Dialog begründet ist.

Existentielles Coaching basiert auf einem Prozess-Modell und einem Struktur-Modell. Von diesen beiden Grund-Modellen leiten sich weitere Methoden ab. Dazu gehören:

- *Personale Positionsfindung (PP)*: Klärt Gefühlszustände und unterstützt das Herausarbeiten dessen, was für den Coachee wesentlich ist.
- Methode zur *Einstellungsänderung (EÄ)*: Hier geht es um das Ausfindigmachen von hemmenden Einstellungen, ihre Klärung und um die Entwicklung von neuen Einstellungen und Haltungen, die der Situation besser entsprechen.
- *Willensstärkungsmethode (WSM)*: Unterstützt die Entscheidungsfindung und stärkt die Entschiedenheit und die Durchhaltekraft des Coachee.
- *Sinnerfassungsmethode (SEM)*: Beschreibt die vier Stufen zur Sinnfindung.

Das Prozess-Modell

Existentielles Coaching versteht den Menschen als ein mehrdimensionales Wesen, in dessen Zentrum sein geistiges Wesen, sein Person-Sein steht. D. h. im Mittelpunkt des Verständnisses des Menschen steht die Person. Person wird in der Auffassung des Existentiellen Coachings als das Freie im Menschen verstanden (Frankl 1959; Längle 1993), d. h. als das, was sich nicht festhalten, nicht substanziell fassen lässt und immer auch anders sein kann. – Wie aber kann man mit dem Geistigen im Coaching arbeiten, wenn es sich nicht festhalten lässt? Die Person – das Geistige in uns – lässt sich zwar nicht festhalten, aber man kann ihr begegnen. D. h. die Person ist anzutreffen; sie „blitzt" gewissermaßen auf, wenn wir ihr begegnen. Existentielles Coaching versucht mit seinen phänomenologisch-existentiellen Konzepten und Methoden dieser anthropologischen Gegebenheit Rechnung zu tragen. Dadurch soll ein tieferes Verstehen von sich selbst bzw. des anderen erreicht werden. So ein Verstehen soll die Entfaltung des eigenen Wesens des Coachee fördern und Klarheit in sein Erkennen, Fühlen, Entscheiden und in die Orientierung bringen. Werte, Emotionen, Gewissen, Wille und Sinn sind in diesem Zusammenhang wichtige Themen.

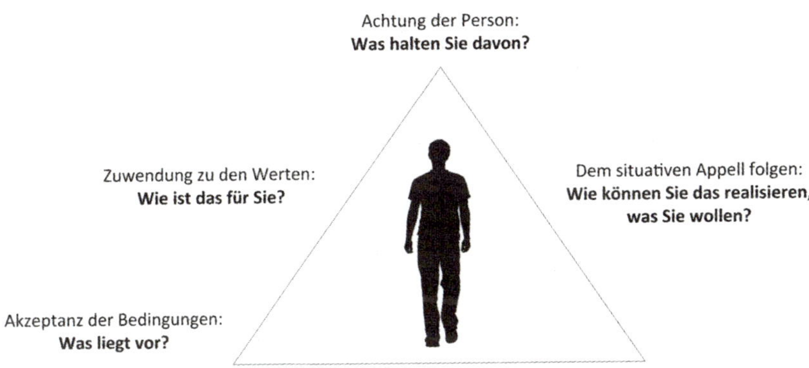

Abb. 2: Grundfragen des Prozess-Modells

Das Struktur-Modell

Das Finden der inneren Zustimmung zu dem, was man tut, ist ein Schlüssel im Existentiellen Coaching. Damit ist gemeint, dass der Mensch so leben und sich auf das einlassen soll, dass er mit innerer Zustimmung zum eigenen Handeln und Dasein dabei sein kann. Die Entwicklung dieses *inneren Ja* ist die zentrale Zielsetzung im Existentiellen Coaching. Innere Zustimmung ist ein komplexes Geschehen. Es umfasst eine Bezugnahme zu allen großen Bereichen, in denen das Leben des Menschen stattfindet. Entsprechend den Strukturen der Existenz stellt das innere Ja eigentlich ein vierfaches Ja dar. Im Konkreten enthält es ein Ja zu den Bedingungen und Gegebenheiten, die man akzeptieren muss, um eine Handlungsbasis zu haben. Es enthält ein Ja zu den Werten, mit denen man gefühlsmäßig in Beziehung steht bzw. zu denen eine Beziehung aufgenommen werden soll. Es enthält ein Ja zum eigenen So-Sein und zu dem, was einem selbst wichtig ist; und es enthält ein Ja zur Zukunft und zur Veränderung, zur Entwicklung. So umspannt dieses innere Ja die vier Dimensionen der Existenz:

- die Welt – ihre Bedingungen und Möglichkeiten
- das eigene Leben – und die erlebte Vitalität
- das eigene Person-Sein – die Einzigartigkeit
- die Zukunft und die Aufforderung zum Handeln

Faktizität – Wert – Identität – Sinn

Aus den vier existenzbegründenden Bereichen (Strukturen der Existenz) leiten sich für das Existentielle Coaching vier Dimensionen ab, an denen sich der Coaching-Prozess orientiert: *Faktizität – Wert – Identität – Sinn.* Jede Situation im Coaching steht im Lichte einer oder mehrerer dieser Dimensionen. Je *mehr* der Mensch Stellung bezieht zu diesen existenzbegründenden Gegebenheiten, desto mehr ist er sich selbst (authentischer, selbstbewusster), desto voller und erfüllter ist sein Dasein. Und je *tiefer* er sich auf die Gegebenheiten bezieht und sie durchdringt, desto reifer wird er als Person.

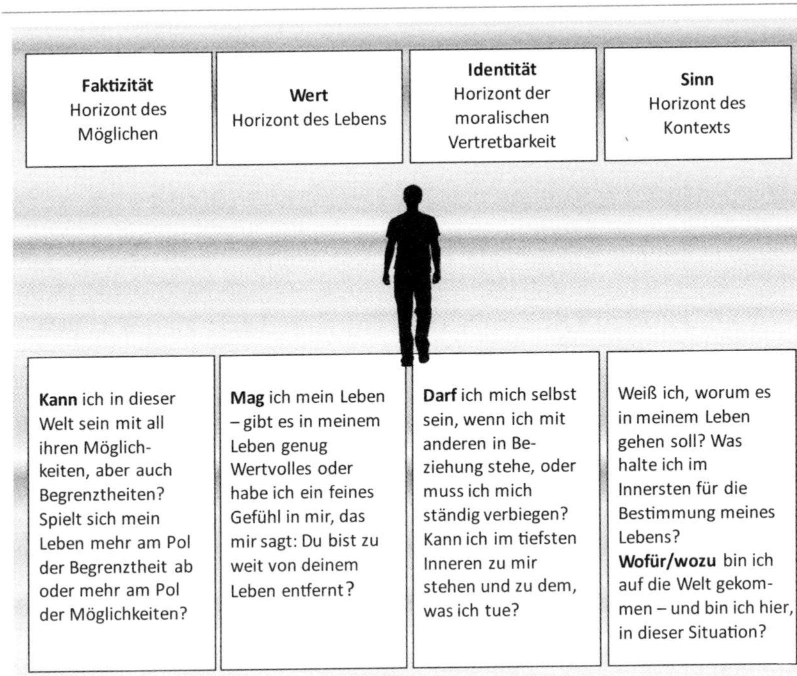

Abb. 3: Horizonte des Existentiellen Coachings

Praxissituation

In einer Coaching-Sitzung berichtete der Coachee von einem geschäftlichen Meeting, bei dem es ihm einmal mehr nicht gelungen ist, seine Position durchzubringen. Zu rasch – wie er sagt – habe er sich von seinen Zielen abbringen lassen und sich der Mehrheit angeschlossen. Er wollte auch keine Grundsatzdebatte vom Zaun brechen, denn das Meeting dauerte bereits drei Stunden, sodass wohl niemand mehr motiviert gewesen wäre, seinen Punkt nochmals durchzudiskutieren. Dem Coach gegenüber erklärt er, er wolle an seinem Durchsetzungsvermögen als Führungskraft arbeiten. Der Coach nimmt das eben geschilderte Beispiel und beginnt mit dieser konkreten Ausgangslage zu arbeiten. Auf die Frage hin, wie er seine Führungsfunktion erlebe, was ihn dazu motiviert und ob er dabei Erfüllung erfahre, war die Antwort des Coachee ziemlich diffus. Es mache ihm schon Freude, aber er habe den Posten angenommen, weil man ihn damals gefragt habe, und zudem müsse er in seinem Alter eine Führungsfunktion haben, sonst würde was mit seiner Karriere nicht stimmen. Wenn er sich allerdings an die Anfänge zurückerinnere, sei er damals schon mit mehr Freude bei der Sache gewesen (der Coachee ist 46 Jahre alt).

Entsprechend den vier Dimensionen der Existenz bieten sich im Coaching vier verschiedene Dimensionen an, der Frage nach dem Erleben bzw. der Motivation nachzugehen und ihre Grundlagen zu beleuchten. In diesem Fall lautet die Frage: Warum hat sich der Coachee für eine Führungsfunktion entschieden?

1. **Faktizität:** Weil er das gut *kann*, weil es seinen Fähigkeiten entspricht, weil er das Gefühl hat, in diesem Betrieb angenommen zu sein, weil er Raum, Terrain und Möglichkeiten zur Entfaltung hat und weil man ihm etwas zutraut? Oder ist er in dieser Funktion, um damit seinen Lebensunterhalt zu verdienen?

Abb. 4: Die erste Ebene der existentiellen Auseinandersetzung: Sein-Können

Auf einer existentiellen Ebene betrachtet, geht es um die Frage: „Ich bin da – aber kann ich sein? Was kann ich tun und welche Bedingungen brauche ich, um sein zu können?"

2. **Wert:** Weil er es *mag*, weil er gerne in diesem Betrieb ist, weil es ihm gefällt und er sich einbezogen und dazugehörig fühlt, weil er Nähe zu Kollegen und Mitarbeitern empfindet, weil er hier leben kann und nicht einfach nur funktionieren muss, weil er einen Bezug zu den Unternehmenszielen hat und sich auch innerlich an diesen Zielen beteiligt, da sie auch für ihn persönlich einen Wert darstellen. Oder fehlt es ihm schon lange an einer emotionalen Beteiligung, ist er nicht mit dem Herzen bei der Sache?

Abb. 5: Die zweite Ebene der existentiellen Auseinandersetzung: Leben-Mögen

Die existentielle Grundfrage hier lautet: „Ich lebe – aber mag ich leben? Gibt es hier genug, was mein Leben wertvoll macht und dem ich mich emotional zuwenden mag?"

3. **Identität:** Weil er so sein *darf*, wie er ist, weil ihm die Aufgabe entspricht, weil er sein Eigenes einbringen kann, seine Ideen, Fähigkeiten und seine Kreativität, weil er ihm Wichtiges leben darf, weil er gefragt ist – als Mensch und als Leistungsträger. Oder wird ihm wenig Wertschätzung und Beachtung entgegengebracht, wird seine Leistung gar nicht gesehen oder wird er als Person sogar übersehen?

Abb. 6: Die dritte Ebene der existentiellen Auseinandersetzung: sich selbst sein – So-Sein-Dürfen

Existentiell gewendet stellt uns die Tatsache des Person-Seins vor die Frage der Authentizität und der Identität: „Ich bin ich – *darf* ich so sein? Was brauche ich, um mich von anderen abgrenzen und mein Eigenes entwickeln zu können?" – Diese Dimension inkludiert auch die Dimension der Ethik und der Richtigkeit sowie des Respekts im Zusammenleben mit anderen Menschen.

4. **Sinn**: Weil er es tun *soll*, weil die Aufgabe wichtig ist für andere Menschen und für sein eigenes Leben, weil es ihn für diese Arbeit für ihn einen Wert darstellt, weil sie ihn erfüllt, weil er spürt, dass es gut ist, dass er da ist, weil er die Notwendigkeit sieht und sieht, dass er hier gebraucht wird, weil er den größeren Zusammenhang sieht, in dem sein Beitrag steht. – Oder ist er in dieser Position nur deshalb, weil sich bisher noch nichts Besseres gefunden hat?

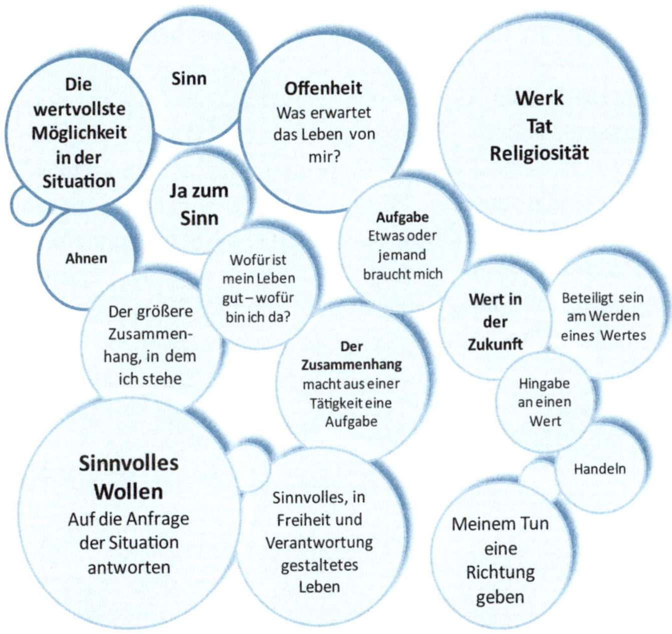

Abb. 7: Die vierte Ebene der existentiellen Auseinandersetzung: Sinnvolles Wollen

Die existentielle Frage dieser Dimension des Werdens lautet: „Es gibt mich – aber wofür ist mein Leben gut? In welche größeren Zusammenhänge stelle ich meinen Beitrag – wo bin ich gefragt, benötigt?“

Das Menschenbild

Das Menschenbild des Existentiellen Coachings beruht auf der abendländischen Tradition, in der seit Paulus (1. Thessalonicher 5,23) drei Aspekte des Menschseins beschrieben werden: *Leib, Seele und Geist* – soma, psyche, nous bzw. body, mind and spirit. Damit unterscheidet das Menschenbild nicht nur zwischen dem Körperlichen und dem Psychischen. Das wäre ein Dualismus, was einem Verlust der Ganzheit des Menschen gleichkäme, weil es einen Reduktionismus darstelle. Doch der Mensch ist von Anfang an und jederzeit eine Einheit und Ganzheit, die sich nicht auftrennen lässt, ohne sein Wesen zu zerstören. Keiner der drei unterschiedlichen Aspekte des Seins (Körper – Seele – Geist) hat in seiner Wertigkeit einer anderen gegenüber den Vorrang oder eine Überlegenheit. Doch es sind verschiedene „Seinsweisen" des Menschen, die sich voneinander unterscheiden und mitunter sogar divergierende Strebungen haben können. Zum Beispiel kann der Körper müde und kraftlos sein, die Psyche hingegen angespannt und unruhig. Das kann zu einem Spannungszustand führen, der keine Erholung erlaubt. Wird die Psyche dann ruhig, stellt sich endlich der erlösende Schlaf ein.

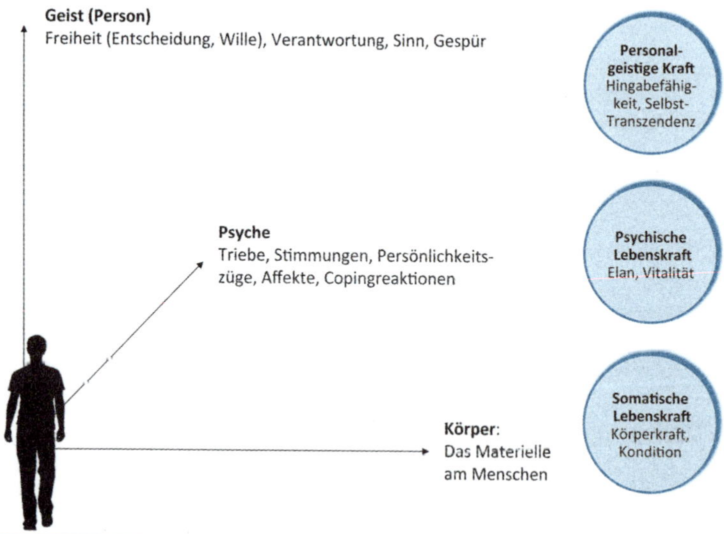

Abb. 8: Die „Einheit Mensch" im dreidimensionalen Menschenbild nach Viktor Frankl (1959)

Drei Dimensionen der Existenz

Das Menschenbild enthält drei Dimensionen, die zu den Polen der Existenz führen. Daraus erwachsen für den Menschen Aufgaben, in die sein Dasein eingespannt ist. Oder – um am Begriff von Heidegger (1979) hierzu anzuknüpfen – was hat der Mensch zu „besorgen", damit Leben gelingen kann? Die Existenz des Menschen liegt zwischen den Polen

1. **Gesundheit und Krankheit:** Auf der körperlichen Ebene geht es um die Erhaltung der Gesundheit und das Zurechtkommen mit Krankheiten.
2. **Lust und Unlust:** Die psychische Ebene hat die Aufgabe, die Vitalität und Lebenskraft zu erhalten, Informationen über den Zustand des Körpers, der Befindlichkeit und des geistigen Lebensvollzugs in Form von Gefühlszuständen und Impulsen zusammenzutragen.
3. **Erfüllung und Leere:** Auf der geistig-personalen Ebene geht es um die Hingabe und das Gestalten einer als sinnvoll empfundenen Zukunft, mithin um den Vollzug des eigenen Daseins.

Die Psyche als Wächterin der vitalen Lage

Körper und Psyche bilden zusammen eine psychosomatische Einheit. Damit ist kein krankhafter Zustand gemeint, sondern der Umstand, dass die psychische Dimension aufs engste mit der somatischen verwoben ist. Aufkommende Gefühle haben eine körperliche Resonanz und umgekehrt: Die körperliche Verfassung spiegelt auch das psychische Befinden. Wir sind auch körperlich stark und eher gesund, wenn es uns psychisch gut geht, bzw. schwach und kränklich, wenn es uns psychisch schlecht geht. Durch diese enge Verwobenheit kommt der Psyche eine schützende und bewahrende Funktion zu. Als Wächterin der vitalen Lage achtet sie auf das Überleben und Wohlbefinden des Menschen, indem sie durch eine stetige „Bewertung" des Erlebens in den Kategorien „angenehm" und „unangenehm" körperliche, seelische und geistige (Mangel-)Zustände abbildet und den Menschen auf eine potenzielle, vielleicht sogar vital-bedrohliche Not aufmerksam macht: *Die Psyche bildet die körperliche, seelische und geistige Verfassung (Befindlichkeit) ab.*

Die Psyche ist auch das Bindeglied zwischen der geistigen (noetischen) und der körperlichen Dimension. Ohne sie käme es zu einem Nebeneinanderleben von Geist und Körper. Die Beziehung zwischen beiden wäre nicht erlebt, nicht gefühlt, so als würden wir unser Leben ohne den Körper leben. Darüber hinaus sind die zuständlichen Gefühle wie Stimmung, Ängstlichkeit, Lust oder Lustlosigkeit usw. aber auch erlebnismäßige Repräsentanzen des In-der-Welt-Seins. Bedrohende Lebenssituationen, belastende Ereignisse genauso wie glückliche und erfolgreiche Umstände nehmen wir psychisch mit wahr und empfinden sie, d. h. wir bewerten sie in ihrer Bedeutung für die vitale Lage. Innere wie äußere Lebensüberforderungen zeigen sich in der Psyche. So lässt sich die Psyche etwa mit einer guten Mutter vergleichen, die auf das leibliche Wohl und auf die Gefahr der Überforderung ihrer Kinder Bedacht nimmt. Sie stellt eine integrierende Kraft dar, stimmt die Fähigkeiten mit dem physischen wie auch psychischen Gewachsen-Sein ab. In ihrem Wirken hat die Psyche auch eine „vernehmende Potenz", ihre Art von „Geistigkeit"; nur ist ihr Horizont ein anderer als der des personalen Geistes. Der Bezugsrahmen der Psyche ist binnenhaft und nicht welthaft, sie dient der Lebenserhaltung und nicht der Weltgestaltung, wie es das Geistige tut. Die Psyche ist spezialisiert auf das Wohlbefinden und Überleben, während das Geistige die überdauernden und gemeinschaftlichen Werte im Auge hat.

Die Psyche als Ko-Rektor

Die Psyche kann zum Gegenspieler des Geistes werden, wenn der Mensch mit seiner geistigen Dimension (etwa mit seinem Willen, in der Setzung eines Zieles, mit einer Haltung) etwas anpeilt, das Existenz verhindert oder der Vitalität schadet. Sie „scheut" sich sozusagen nicht, zum Schutz des Menschen auch Angstreaktionen oder Verstimmungen zu entwickeln. Das Psychische vermag somit eine kognitive Entscheidung aus Gründen der Zumutbarkeit (des sich Gewachsen-Fühlens) zu korrigieren, zu ergänzen, zu verlangsamen, zu beschleunigen oder zu blockieren. Nicht nur der Freiheit, sondern auch der Verantwortung und dem Gewissen kann die Psyche entgegenhalten, dass eine eingenommene Haltung im Einzelfall das Leben bedrohen könnte oder die Lebensfreude zu kurz kommt: Ungute Gefühle können sich einem geistigen Anliegen in den Weg stellen und mitunter eine existenzerhaltende Reaktion sein (man denkt z. B., es sei eine edle Haltung, wenn man sich so dafür einsetzt, und kann sich trotzdem schlecht dabei fühlen oder sogar Bauchschmerzen bekommen). Dies kann man auch als die „Weisheit der Psychosomatik" bezeichnen. Schlechte Gefühle des Coachee sind deshalb immer auch eine Aufforderung zur Frage: „Fühle ich mich dem gewachsen? Kommt mein Leben vielleicht zu kurz? Entspricht mir das wirklich? Kommt damit *mein* Wesen zum Ausdruck oder eher die Erfüllung von Erwartungen und Ansprüchen anderer?"

Wenn auch die Psyche durch ihren speziellen Aufgabenbereich mitunter in die Position einer Gegenspielerin zum Geistigen kommen kann, so ist sie von ihrem Wesen her doch nicht im Widerspruch zum Wesen des Geistigen zu verstehen. Es wäre auch kräftezehrend und energetisch unökonomisch, wenn die Psyche nur in Opposition zum Geistigen im Menschen stünde und nicht Mitspielerin in der Ganzheit Mensch wäre. Die Psyche ist dem Geistigen im Prinzip nicht entgegengesetzt (divergent), sondern übereinstimmend (konvergent) in die existentielle Dynamik des Menschen eingebunden. Die Psyche ist darauf angelegt, den Menschen im Vollzug seiner Existenz zu unterstützen, die vitale Kraft beizusteuern – aber sie prüft eigenständig, ob das Vorhaben auch mit der Lebenskraft und der Lebensfreude zusammengeht. Das Geistige plant, bezieht Stellung, beurteilt die Richtigkeit und Wichtigkeit für das Dasein und für die aktuelle Situation. Die Psyche prüft dabei die Lebenstauglichkeit des Vorhabens. In den meisten Fällen wird dies zu konkordanten Ergebnissen führen, und Psyche, Körper und Geist kooperieren. Im Falle gegensätzlicher Einschätzungen der Lebenslage ist die Person aufgefordert, die Botschaft der Psyche und vielleicht auch des Körpers zu verstehen und dazu Stellung zu nehmen. Manchmal beginnt das mit Zweifeln, wie z. B.: „Soll ich mich auf eine Kündigung einlassen? Es sind damit viele Schwierigkeiten verbunden, ich weiß, aber ich will es endlich tun. Doch: Wie ist diese Lustlosigkeit zu verstehen? Warum habe ich es nicht schon längst getan? Fühle ich mich der Situation wirklich gewachsen? Bin ich stark genug?" Eine solche Zuwendung zum psychisch Gefühlten bedeutet, die psychische Potenz ernst zu nehmen und sich in seiner Ganzheitlichkeit (und nicht nur Rationalität) zu verstehen. Es bedarf mitunter einer personalen Stellungnahme, einer an der Wichtigkeit maßnehmenden, fühlenden Entscheidung, ob man noch an dieser Arbeit weitermachen soll, wenn man sich kräftemäßig an seinen Grenzen fühlt. In einem solchen Konfliktfall, wo es um zwei Werte geht, ist das aufkommende Gefühl auf seine ganzmenschliche und existentielle Bedeutung hin zu prüfen und man wird sich fragen, was nun sinnvoll ist. Wieder kann das Grundschema der existentiellen Struktur herangezogen werden:

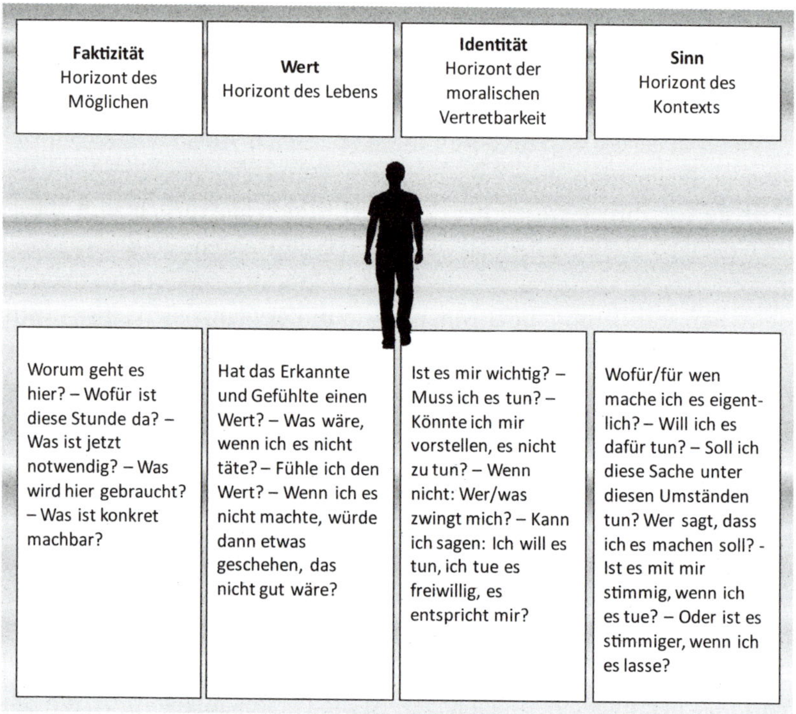

Abb. 9: Struktur in der Entscheidungsfindung zwischen zwei Werten

Die Landkarte im Existentiellen Coaching

Das existentielle Denken geht davon aus, dass sich der Mensch stets in einer „Situation" befindet. Eine Situation besteht aus den jeweils aktuellen Umständen, in die man eingebettet ist. Weil wir darin sind, weil dort gerade unser Leben stattfindet – es findet immer im Hier und Jetzt statt – gehen diese Umstände uns als Person etwas an. Sie sprechen uns an. So gesehen ist der Mensch ständig vom Leben „persönlich" angesprochen: *Mensch-Sein* in einer existentiellen Perspektive heißt: *in Frage stehen*. Dies ist die existentielle Vorfindlichkeit, so finden wir uns in dieser Welt vor: immer in Situationen, immer geht uns etwas an – denn immer haben wir mit den Situationen umzugehen, immer sind wir gefragt. Wir sind vom Leben her Befragte (Frankl 1987b). Und was bedeutet darin, zum Leben zu kommen? *Leben* heißt in dieser existentiellen Perspektive: *Antwort geben.* Gibt der Mensch diese in Freiheit und Verantwortung, erfährt er sein Handeln als sinnvoll, so führt dieses ganzheitliche, dialogische Umgehen mit der Situation zu *erfüllter Existenz.*

Das, was den Menschen anspricht, womit er sich auseinandersetzt und worauf er sich einlässt, stellt sein „Gegenüber" dar. Existenz findet also nicht im luftleeren Raum statt, sondern in Bezügen, in Begegnungen mit einem „Gegenüber". Was alles ist nun das „Gegenüber" des Menschen? Wenn man alle möglichen Gegenüber nach gemeinsamen Strukturen ordnet, finden sich phänomenologisch vier Cluster, d. h. vier Grundstrukturen, die die gesamte Existenz durchziehen. Diese sind

1. die Welt und ihre Bedingungen und Möglichkeiten (Faktizität)
2. das eigene Leben (Wert)
3. die eigene Person und die Person des anderen (Identität)
4. die Zukunft und die damit verbundene Aufforderung zum Handeln (Sinn)

Mit diesem „Gegenüber" ist der Mensch unausweichlich und zeitlebens konfrontiert; bei allem, was er tut, geht es mehr oder weniger explizit letztlich um diese Themen. Setzt sich der Mensch nun mit diesem „Gegenüber" auseinander, tritt er in eine dialogische Auseinandersetzung mit diesen Themen, entsteht die Dynamik von vier Grundstrebungen: Denn er will ja diesen basalen Werten und Inhalten der Existenz entsprechen. So ist der Mensch ständig bewegt, in allem, was er tut, stets motiviert den Grundbedingungen der Existenz zu entsprechen, und es erwachsen aus den vier „Gegenübern", d. h. aus den vier basalen Grundbedingungen der Existenz, Motivationen. Weil dieses innere Bewegt-Sein aber so grundlegend ist, heißen sie „Grundmotivationen". Und weil sie einerseits die Fundierung des Person-Seins betreffen, andererseits den Vollzug des Person-Seins in der Welt, das Existieren, heißen sie die *vier personal-existentiellen Grundmotivationen*:

1. Dasein können
2. Leben mögen
3. Sosein dürfen
4. Sinnvolles Wollen

Für das Coaching ergibt sich daraus folgendes: Eine Lösung, ein Ergebnis oder ein Vorhaben des Coachee ist dann solide motiviert, begründet und tragfähig,

- wenn er es *kann* (in Abstimmung mit den Begrenzungen und den Möglichkeiten seiner Welt und seiner Fähigkeiten),
- wenn er es *mag* (es stellt für ihn einen Wert dar),
- wenn er es *darf* (es entspricht seinem Wesen und seiner Überzeugung und steht in Übereinstimmung mit allen in Frage stehenden Werten) und
- wenn es für ihn *sinnvoll* ist (wenn zu erwarten ist, dass daraus etwas Wertvolles entsteht).

Alles andere wäre existentiell zu wenig, um dafür Lebenszeit und Kraft herzugeben. Der Coach unterstützt den existentiellen Anspruch des Coachee, indem er sein Anliegen auf den Boden der existenzbegründenden Tatsachen stellt (Struktur-Modell) und die Person darin begleitet, in dieser Auseinandersetzung sich selbst näher zu kommen und darin Person zu sein (Prozess-Modell). Deshalb hält der Coach im Existentiellen Coaching *die Strukturen der Existenz* und *die Prozessfähigkeit der Person stets im Blick*. Tabelle 1 zeigt im Überblick die Landkarte und die Verzahnung des Struktur- und des Prozess-Modells. Beide Modelle und die darin verwendeten Begriffe werden vertieft in den Kapiteln 4 und 5 vorgestellt.

Praxissituation

Ein Coachee, Betriebswirt, 35-jährig, arbeitet seit vier Jahren in einem Unternehmen. Er ist verheiratet, das ältere der beiden Kinder kommt übernächstes Jahr in die Schule. Vor einer Woche hat ihm der Chef angeboten, für ein Jahr in der Niederlassung in den USA zu arbeiten. Der Coachee weiß, wie wichtig dieses Angebot für seine Karriere ist, und ist sich auch bewusst, dass sich so eine Chance nicht so rasch wieder bietet. Seine Frau hat ohne lange zu zögern zugestimmt. Sie weiß, wie bedeutsam dieser Schritt für ihn beruflich ist und dass er schon lange den Traum hatte, in Amerika zu arbeiten. Als Student hat er ein Semester in Denver verbracht – seither liebt er dieses Land. Trotzdem ist er unsicher und zweifelt, ob er es der Familie zumuten kann – seine Frau sagte unlängst, wie glücklich sie sei, endlich eine schöne Wohnung in der Nähe der Eltern

Struktur-Modell Bezieht sich auf	Weltbezug – **Faktizität** Die Welt und ihre Bedingungen und Möglichkeiten	Lebensbezug – **Wert** Das eigene Leben – die eigene Natur	Selbstbezug – **Identität** Das eigene Person-Sein, Selbst-Sein, Echtheit, Unverwechselbarkeit	Kontextbezug – **Sinn** Die Zukunft und die damit verbundene Aufforderung zum Handeln
Existentielles Thema für den Menschen	**Dasein-Können** inmitten der Bedingungen und Möglichkeiten dieser Welt	**Den Lebenswert fühlen** anhand der Beziehungen zu anderen Menschen, zu Dingen und zu sich selbst	**Sich selbst sein dürfen** in der Stimmigkeit mit sich und den anderen	Für etwas/jemanden da sein und sich so in einen **größeren Zusammenhang** stellen
Daraus erwachsende Aufgaben und Motivationen des Menschen (Grundmotivationen)	Daseinsbewältigung (physisches, psychisches und geistiges Überleben), um auf dieser Welt **sein zu können**	Das eigene **Leben mögen** (psychische Lebenslust und Werte-Erleben)	Sich selbst sein und anderen authentisch begegnen **(Sosein dürfen)**	Fruchtbar werden durch Schaffen und Erleben von **Wertvollem** in der Zukunft – handeln **sollen**
Geistige Inhalte	Die **Wahrheit** (dem Sachverhalt seinen Raum geben) als subjektive Abbildung des Seins, nach der man die Entscheidungen ausrichtet	Das **Gute** als Repräsentant des Lebensbezugs	Das Rechte, Gerechte, **Stimmige** als Ausdruck des Gewissens (Ethik)	Das **Sinnvolle**: Am Werden beteiligt sein durch Aufgreifen der Angebote und Anfragen der Situation im Sinne des größeren Ganzen
Prozess-Modell 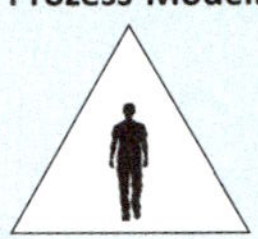	**Was liegt vor?**	**Wie ist es für Sie?**	**Was halten Sie davon?**	**Wie können Sie das realisieren, was Sie wollen?**
Dialogische Auseinandersetzung der Person unterstützen	**Kognition**: Was liegt vor? Was ist die Realität? Wie sehen die Fakten aus?	**Emotion**: Wie geht es ihm dabei? Wie fühlt er sich, welche Gefühle und Impulse kommen in ihm auf?	**Position**: Was hält er davon? Spürt er, ob ihm das gerecht wurde, und hat er richtig gehandelt? Was sagt es dazu in ihm (Gewissen)? Was denkt er sich dazu?	**Aktion**: Was will er tun, wie viel will er nach außen geben, was will er bei sich behalten? Mit wem will er es tun? Mit welchen Mitteln? Wann? Und wie wirkt sich das alles auf ihn aus, wenn er scheitern würde?

Tab. 1: Die Landkarte im Existentiellen Coaching

gefunden zu haben. Seither sind die Kinder öfters bei den Großeltern und seine Frau hat so auch wieder mehr Freiräume für ihre persönlichen Interessen. Ein gemeinsamer Umzug in die USA wäre für seine Frau eine große Umstellung.

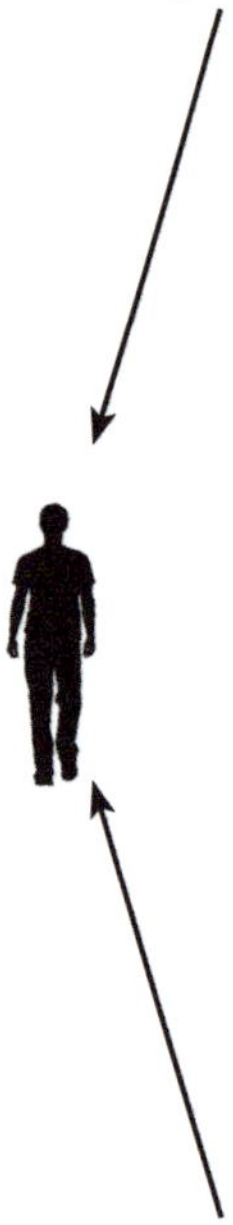

Struktur-Modell Bezieht sich auf	Weltbezug – **Faktizität** Die Welt und ihre Bedingungen und Möglichkeiten	Wertbezug – **We** Das eigene Lebe die eigene Natur
Existentielles Thema für den Menschen	**Bedingungen und Möglichkeiten:** Beruflich sehe ich in der Situation nur Chancen und Möglichkeiten – die Begrenzung erlebe ich als Ehemann und Vater. Was bedeutet das konkret für die Familie, welche Folgen hat das? Auf diesen Bereich muss ich noch mehr hinschauen und die reale Bedeutung abschätzen, gemeinsam mit meiner Frau.	**Das Leben als gu erfahren:** Es ist toll, im Leben so eine Möglichkeit angeboten zu bekommen – dafür bin ich seh dankbar.
Daraus erwachsende Aufgaben und Motivationen des Menschen (Grundmotivationen)	**Dasein Können:** Ich muss mir da ganz sicher sein, dass das für meine Frau und für die Kinder und auch für mich geht. Etwas Angst habe ich schon, denn ich kenne Kollegen, deren Ehe sowas nicht überlebt hat.	**Leben Mögen:** Ich mag gerne a die Möglichkeit denken, ein Jahr in den USA zu verbringen,
Geistige Inhalte	**Die Wahrheit:** Womit ich es zu tun habe, ist etwas Lebensbedeutendes. Deshalb will ich mich darauf einlassen. Eigentlich liegt es auf der Hand, dass ich diese Chance nutze. Zusammen mit der Familie habe ich auch das Vertrauen, dass wir, fern der Heimat, schwierige Momente meistern werden.	**Das Gute:** Es wäre ein großes Entwicklungspotenzial, ich mag die Arbeitskultu Einmal in den US arbeiten – Ich fühle mich mit diesem Land verbunden. Mei Frau
Prozess-Modell 	**Was liegt vor?**	**Wie ist es für Sie**
Dialogische Auseinandersetzung der Person unterstützen	**Kognition:** Wie sehen die Fakten und Bedingungen konkret aus? Hat der Coachee alle Informationen, die er braucht? Was ist offen? Was ist zu klären und mit wem? Kann sich der Coachee mit der Realität und den Konsequenzen offen auseinandersetzen, ist er umsichtig und interessiert, oder ist er eingeengt?	**Emotion:** Welch Gefühle hat er b der Vorstellung, ein Jahr in den USA zu arbeiten

Tab. 2: Die Praxissituation auf der Landkarte des Existentiellen Coachings

Aus didaktischen Gründen sind die wichtigen Inhalte des daraus folgenden Coaching-Gesprächs tabellarisch dargestellt. Sie zeigen exemplarisch, wie der Coach Äußerungen des Coachees mit der Landkarte des Existentiellen Coachings ordnen, vertiefen und begleiten kann.

	Selbstbezug – **Identität** Das eigene Person-Sein, Selbst-Sein, Echtheit, Unverwechselbarkeit	Kontextbezug – **Sinn** Die Zukunft und die damit verbundene Aufforderung zum Handeln
ese Möglichkeit ellt eine echte ereicherung eines Lebens dar. Aber die Familie d die Beziehung nd auch sehr he Werte.	**Stellung beziehen:** Ich könnte sagen: ich kann gar nicht anders, wenn mich der Chef entsendet und meine Frau hat ja auch gesagt, ich solle zusagen. Aber das wäre nicht vollständig – da würde ich die Verantwortung für die Familie nicht ganz leben.	**Teilnahme am größeren Zusammenhang:** Das Angebot könnte für mein Leben und auch für unsere Beziehung eine neue Richtung geben – ich wäre bereit, mich auf das Unbekannte einzulassen. Ich möchte nicht jahrelang einfach so dahinarbeiten – ich möchte, dass wertvolle Entwicklung geschieht.
n fühle, wie es ich belebt und otiviert. Die orstellung zieht ich an.	**Sosein Dürfen**: Ich glaube, ich brauche noch mehr Zeit und vor allem Stille, um dieser Frage nachzugehen. So klar höre ich meine innere Stimme noch nicht. Es zwingt mich ja niemand. Natürlich weiß ich, dass es gut ist für erfolgreiche Manager, dass sie ein USA-Jahr im Lebenslauf haben. Aber neben meinen Plänen geht es auch um die Familie.	**Sinnvolles Wollen:** Wenn ich es mir so überlege, bin ich mit sehr grundlegenden Fragen konfrontiert: Wie soll es in meinem Leben, meiner Beziehung und mit meinen Kindern weitergehen – welche Vorstellungen habe ich eigentlich? Worauf bin ich bereit, mich einzulassen und wie hoch darf der Preis sein?
mutigt mich var, aber gentlich weiß n gar nicht, ob ihr auch so viel edeuten würde – nd ob es auch für e und ihr Leben ne wertvolle Zeit erden könnte.	**Das Stimmige:** Es bedeutet, der Familie und auch mir gerecht zu werden. Irgendwie spüre ich, dass das auf etwas Gutes hinausläuft – auch für meine Familie. Es muss nur alles gut organisiert und abgesichert sein. Das bin ich meiner Frau schuldig. Aber dafür gibt es Arbeitsverträge und Planungen für die Familie.	**Das Sinnvolle**: Ein schon fast zur Seite gelegter Lebenswunsch ist wieder aktuell geworden. – Seit das Jobangebot auf dem Tisch liegt, habe ich mit meiner Frau viele gute und tiefe Gespräche geführt – wie seit langem nicht mehr. Schon allein deswegen hat es sich gelohnt – unabhängig davon, wie wir entscheiden werden.
	Was halten Sie davon?	**Wie können Sie das realisieren, was Sie wollen?**
'ie erlebt er das? 'elche Bewegung ellt sich da ein? 'as gefällt ihm – as ist störend?	**Position:** Hat er ein Gespür dafür, ob ihm der Aufenthalt gerecht wird und ob es auch für die Familie im Hinblick auf die Gesamtheit der Werte gerecht wird? – Was hält er kognitiv davon, was es ihm und was es der Familie bedeutet? Spürt er, was er selbst eigentlich will?	**Aktion:** Was kann er jetzt schon konkret tun? Was zeichnet sich ab, ist aber noch nicht „spruchreif"? Was will er auf keinen Fall tun? Hat er einen Zeitplan? Was wäre mit wem zu besprechen? Womit möchte er lieber noch warten?

3. Das Wesentliche sehen

Wesentliches können wir Menschen erkennen dank unserer eigenen Geistigkeit, mit der die Fähigkeit verstehen zu können einhergeht. Erst durch den erkennenden Geist kann der Gehalt von Gegebenheiten, der Inhalt des Gemeinten, das „Eigentliche" erfasst (verstanden) werden. Solche Inhalte liegen jenseits der Daten und Befunde. Solches Verstehen ist besonders wichtig für das Verstehen des Menschen, wenn es also um die Person geht – um das „Wesen des Menschen". Was eine Person wirklich bewegt und was ihr Eigenes ist, wie sie in dem, was sie tut oder sagt, selbst vorkommt, das kann nur in einer phänomenologischen Haltung der Offenheit sichtbar werden. Diese bildet daher die Grundhaltung im Existentiellen Coaching und die Grundzüge des methodischen Vorgehens: *Was zeigt sich? Wie ist es? Ist es so?*

Vor der Methodik steht die Person

Jede Coaching-Richtung hat ein Verständnis des Menschen (Anthropologie) und daraus abgeleitet eine Aufgabenstellung im Coaching: Was macht den Menschen aus und was ist für seine Entwicklung in einem Coaching wichtig? Darauf bauen dann die entsprechenden Theorien, Modelle und Methoden auf. Obwohl dieses Verständnis eine allgemeine Struktur für die Arbeit eines Coachs darstellt, bleibt das konkrete Vorgehen offen. Es ist auf die konkrete Gesprächssituation abzustimmen: Welches Thema erscheint dem Coach als das gerade Wichtige? – Dieses hat er dann mit dem Coachee abzustimmen. Worauf läuft das Gespräch also hinaus? Welcher Aspekt der Fragestellung ist aufzunehmen, wie ist er im Hinblick auf die Ganzheit dieses Menschen zu sehen? – Der auf das Existentielle ausgerichtete Coach ist durch diese phänomenologische Offenheit bestrebt, sich von dem, worüber der Coachee spricht, persönlich betreffen zu lassen, aus diesem Fundus das Wichtige herauszuheben und dem Coachee auch als solches vorzulegen, um darüber in den Dialog zu kommen. Existentielles Coaching ist daher sehr interaktiv. Es fordert die persönliche Präsenz des Coachs und den persönlichen Blick auf die Person des Coachee.

Das Freie im Menschen ansprechen

Existentielles Coaching richtet sich an die Person im Menschen. Das heißt, der Coach richtet sich an jene Instanz im Menschen, die Entscheidungen trifft und so ihre Freiheit vollzieht. Im Menschenbild des Existentiellen Coachings wird das Wesen des Menschen in der Person gesehen. Die Aufgabe des Coachs ist es daher, im Gespräch mit dem Coachee die *Person* zu sehen und sie in ihrer *Freiheit* anzusprechen und in ihrer Entscheidungsfähigkeit zu unterstützen. Es soll der Mensch also in seinem *Wesen* angetroffen werden. Erst in zweiter Linie wird auf Bedingungen geschaut, auf Ereignisse, Erfahrungen, Überlegungen – zuerst interessiert der Mensch, die Person, das, was den Coachee bewegt. Das Problem, das sich dabei auftut, ist aber: Wie kann die Person angetroffen werden, wenn sie „das Freie" im Gegenüber ist, wenn sie also nicht feststeht und nicht festgestellt werden kann? Was frei ist, kann eben nicht wie eine Substanz oder wie ein Gegenstand festgehalten werden. Soll das, was der Coach an diesem Menschen sieht oder feststellt, die Person betreffen, dann kann sie niemals als „du bist so" angesprochen oder gesehen werden. Was solcherart festgehalten wird, erstarrt sofort zum Faktum, und die Freiheit geht verloren. Diesen etwas abstrakten Sachverhalt können wir auch *intuitiv* empfinden, wenn wir als Personen festgeschrieben werden: Es wird uns unwohl, wir fühlen uns nicht wirklich gesehen, wenn jemand sagt: „Du bist so und so." Was von uns feststeht, beschreibt uns nicht im Wesen, trifft nicht die Person. Es bezieht sich auf Wirkungen, auf ein Verhalten, eine Spur, die sich in das Leben gezogen hat. Wo die Person Wirkung hinterlässt, hat sie sich mit ihrer Freiheit (im Wählen und Treffen von Entscheidungen) realisiert. Hinter dieser Wirkung der Person steht jedoch das Ich der Person, also jene Instanz, die das Treffen einer Wahl überhaupt erst möglich macht. Was sich also in der getroffenen Wahl und damit im Verhalten zeigt, ist Ausdruck des *Wesens* des Menschen – der Person. Die Person ist die ästhetische, ethische und schöpferische Kraft in uns, die uns sagt, was wir wollen, was uns wichtig ist und worin wir uns wiederfinden. Entscheidungen, die auf dieser Basis entstehen, nennen wir – im Unterschied zu Reaktionen oder einem Verhalten im Affekt – *personale* Entscheidungen.

Die phänomenologische Haltung der Offenheit

Die Person ist nicht so leicht anzutreffen. Dafür bedarf es einer besonderen Haltung, eines Bemühens. Will der Coach also diese innere geistige Quelle des Menschen (Coachee) sehen und ihr begegnen, bedarf es einer *Haltung der Offenheit* und der Bereitschaft, sich betreffen zu lassen. Eben weil sich die Person nicht fassen oder festschreiben lässt, ist eine Haltung erforderlich, die sie von vornherein frei lässt und sie nicht auf etwas festlegt. Die Haltung der Offenheit ist von entscheidender Bedeutung, wenn der Coach der Person im Coaching zu ihrer wesensgemäßen Entfaltung, d. h. zur Klarheit in der Erkenntnis, im Fühlen, Entscheiden und in der Orientierung verhelfen will. Solche Klarheit und die Entwicklung dieser Fähigkeiten ist Grundlage für eine erfüllte Existenz.

Diese Offenheit, diese Vorurteilslosigkeit und Absichtslosigkeit ist die Voraussetzung der *Phänomenologie.* Phänomenologisch vorgehen bedeutet, die Themen auf die Ebene des persönlichen Erlebens zu bringen bzw. als solche zu sehen. Auf dieser Ebene betrachtet kann sich die Person leichter verstanden fühlen, weil es um sie geht und nicht um Erklärungen, Theorien, Deutungen, Überlegungen. Phänomenologie lässt den Menschen frei und versucht ihn in seinem Wesen zu sehen. Der Coach kann die Freiheit des Wahrnehmens und die Offenheit des Schauens systematisch betreiben, indem sein innerer Dialog beim Zuhören und Mitschauen von folgenden Fragen geleitet ist:

Der innere Dialog des Coachs

1. Was zeigt sich da?
2. Wie wirkt das auf mich?
3. Ist es wirklich so?

Wenn der Coach den Blick in dieser Weise auf den Coachee richtet, schaut er auf das Einmalige, Einzigartige und Unverwechselbare (das Individuelle, das Freie). Er fokussiert nicht auf Bedingungen oder Ursachen (das Allgemeine, das Nicht-Freie), sondern auf den aktuellen Inhalt des Gesagten. Er schaut auf das, was erscheint, an-spricht, berührt, denn darin erscheint das Wesen dessen, der spricht. Der Mensch ist wesentlich nur im Hier und Jetzt. Er ist zwar eingebunden in die Zeitlichkeit und Vergänglichkeit des Daseins, aber er kommt zu sich nur in der Gegenwart. Deshalb geht Phänomenologie immer davon aus, wie es für den Coachee jetzt *ist,* wie er es jetzt *erlebt,* oder anders ausgedrückt: Der Coach schaut nicht auf Gesetzmäßigkeiten oder sich Wiederholendes, sondern auf den Coachee, wie er *jetzt* in seiner Welt und beim Coach selbst zur Wirkung kommt. Nur in der dynamischen Wechselwirkung mit einem konkreten Umfeld kann sich das Wesen des Menschen zeigen. Vor diesem Hintergrund erfasst der Coach nicht nur den Inhalt, sondern auch die Be-Deutung des Gemeinten, indem er den Inhalt im Lebenszusammenhang des Coachee sieht. Das Ziel phänomenologischer Arbeit besteht also darin, das, was vom Gesagten beim Coach ankommt, zu fassen und darüber mit dem Coachee in die Begegnung zu kommen. Denn das, was in der phänomenologischen Haltung zu fassen ist, ist das, was der Coachee auch meint und worauf sich sein Lebenszusammenhang bezieht. Den anderen zu *verstehen* heißt zu sehen, was er *meint,* mehr noch: was ihn bewegt; und nicht: mit anderem (besserem?) Wissen zu deuten. Die Phänomenologie geht nicht von der Erklärung eines Verhaltens aus, sondern vom Verstehen. Deshalb erweitert der phänomenologisch ausgerichtete Coach das Gesagte nicht und führt es auch nicht weiter, sondern er *hebt heraus,* was im Gesagten des Coachee *enthalten* ist. Mit dieser Haltung der Offenheit kann es gelingen, den Coachee durch solch offenes Zuhören und Mitschauen besser zu verstehen, als er sich mitunter bis dahin selbst verstanden hat. Das wird als *befreiend* erlebt: Gesehen zu werden in dem, was einem wichtig ist – gesehen zu werden als der, der man ist, als Person mit ihrer Freiheit, und in dieser erweiterten Freiheit belassen zu werden.

Praxissituation

Eine 35-jährige Frau kommt zu einem Coaching-Erstgespräch. Seit 4 Jahren hat sie eine Führungsfunktion und leitet eine Abteilung mit 20 Mitarbeitenden. Ohne besondere Aufforderung seitens des Coachs beginnt sie ausführlich zu erzählen. Sie berichtet von ihrer Aufgabe, dem guten Verhältnis zu ihrem Chef und erzählt, wie lange sie sich schon mit Führungskompetenzen beschäftige. Mittlerweile verfüge sie – wie sie es nennt – über ein gehöriges „Arsenal" an Führungswissen. Die Fortbildungen, die sie bislang besucht habe, seien sehr interessant gewesen. Besonders das Thema Führungsstil habe es ihr angetan. Ihr Ziel sei es jetzt, aus all dem Wissen – zusammen mit einem Management-Coach – zu evaluieren, in welche Richtung sie ihr Rollenverständnis weiter ent-

wickeln soll; irgendwie fehle es ihr an Überblick. Sie habe in dieser Sache bereits zwei Coachings hinter sich. Beide waren – wie sie sagt – sehr effektiv und ungemein lehrreich. Die Weise, wie sie erzählt, ist lebhaft, sprudelnd und engagiert, manchmal fast etwas „schrill". Im inneren Dialog mit sich selbst nimmt der Coach wahr, dass in ihren Erzählungen vor allem die Rede ist von Autoritäten, Wissen und Rollen. Sie selbst als Person trifft er nicht an, ihre eigene Stellungnahme hört er nicht heraus, was ihr Eigenes ist, kommt in ihren Ausführungen nicht zum Ausdruck, wer sie ist und was sie will, kann er nicht spüren.

Auf die Frage des Coachs, welche Ziele sie im Unterschied zu den vorangegangenen Coachings hier erreichen möchte, antwortet sie ohne lange nachzudenken: „Ich will eine Best Practice entwickeln, um noch besser führen zu können", holt kurz Luft und will gleich zu weiteren Ausführungen ansetzen. Der Coach nutzt die Atempause des Coachee und bringt das ein, was sich ihm zeigt, wie es auf ihn wirkt und sich im Gespräch entfaltet hat: „Sie möchten Ihr Eigenes in die Welt bringen? Ist das das Wichtige für Sie?" Der Coachee hält inne, schweigt eine Weile und antwortet mit ruhiger Stimme und mit Tränen in den Augen: „Sie sind der erste Coach, der auf Anhieb versteht, worum es mir eigentlich geht."

Phänomenologie produktiv anwenden

Wir haben festgestellt, dass der Coach auf Wissen und Vergleiche mit anderen Theorien verzichtet und sich ganz dem widmet, was aktuell aufkommt. Das führt zu der Frage, worauf sich der Coach bezieht mit dem, was er wahrnimmt. Was ist der Referenzpunkt des Wahrgenommen? – In der Phänomenologie wird das Wahrgenommene auf *das eigene Wesen* des Beobachters bezogen. In den Naturwissenschaften würde so ein Vorgehen als unwissenschaftlich gelten, denn das ist reine Subjektivität. Die Naturwissenschaft will Objektivität. Doch gerade darin liegt die zentrale Eigenschaft der phänomenologischen Vorgangsweise: Der Coach bindet das Wahrgenommene an das eigene persönliche Erleben an und erschließt das Gesagte durch die eigene Innerlichkeit – er erschließt das Wesen des Coachee vermittels des eigenen Wesens. Es gibt kein tauglicheres Instrument, an das Wesen des Menschen heranzukommen, als dass der Coach sein eigenes Wesen zum Einsatz bringt (Person begegnet Person).

Diese Offenheit und das Erleben ist ein doppeltes Ernstnehmen: Einmal dessen, was der *Coachee* sagt und wie er sich dabei verhält, und dann ein Ernstnehmen des Coachs selbst und was es *in ihm* sagt. Das führt zu einer doppelten Konkretheit: Der Coachee wird dem Coach konkret, greifbar, spürbar und der Coach wird am Coachee selbst konkret.

Der Blick durch das Schlüsselloch

Mit diesem Blick darauf, was sich beim Coachee zeigt und sich in Resonanz im Coach abbildet, ist ein Zugang zu einer Ganzheit geschaffen: langsam und immer mehr, manchmal aber auch plötzlich sieht der Coach dank seiner offenen phänomenologischen Haltung die Person bzw. das Wesentliche, das ihm durch die Schilderung, durch Gesten, Tonfall, Stimme, Blick oder Verhalten da zu sein scheint. Es ist ein Erleben, das an ein „Schlüsselloch-Erlebnis" erinnert. Man nähert sich einem Phänomen an. Dabei kann es passieren, dass die erste Phase der Annäherung fast langweilig erscheint, weil der Coach noch kaum etwas Bedeutsames sieht und die Aufmerksamkeit an kleinen Details hängen bleibt, weil er mit Nachfragen beschäftigt ist und noch nicht zur Person vordringt. Anfangs sieht der Coach daher oft noch so wenig wie einer, der aus der Distanz auf ein Schlüsselloch schaut. Noch ist er, um ein anderes Bild zu verwenden, mit den einzelnen Mosaiksteinen beschäftigt. Hat er dann eine kritische Schwelle von Eindrücken erreicht, taucht langsam – manchmal eben auch plötzlich – ein Bild auf. Es ist, als wäre er nun nahe genug am Schlüsselloch, um hindurchzusehen und zu erkennen, welch großer Raum sich dahinter befindet.

Der Blick des Coachs ist dabei auf zwei Brennpunkte gerichtet: Darauf, was vom Coachee kommt und was sich dabei beim Coach einstellt. Diese Verbindung der beiden Wesenheiten schafft den Zugang zum Ganzen: Persönlich beeindruckt vom Gesehenen (Gehörten) „sicht" der Coach in dieser offenen Haltung eine Dimension mehr. Die Einzelheiten fügen sich zusammen, das Ganze wird plastisch, bekommt eine Gestalt, der Coach hat das Gefühl, nun den „Durchblick" zu haben. Was da erlebt wird, lässt sich nicht machen. Es stellt sich von selbst ein, es kommt einem zu. Was wir dazu beitragen können, ist eben diese Haltung der Offenheit und Geduld, in der man bereit ist, „sich etwas sagen zu lassen", sich berühren zu lassen, sein Herz und seine Aufmerksamkeit zur Verfügung stellt.

Subjektivität – Individualität – Einmaligkeit

Verstehen kann wesentlich werden, wenn sich der Coach mit der phänomenologischen Haltung der Offenheit, mit seinem Denken, Fühlen und Spüren (bedeutet auch Spuren erkennen und wo sie hinführen) dem Coachee sozusagen zur Verfügung stellt. Er erlaubt dem Coachee, ihm als Person so nahe zu kommen, dass er sich *betreffen* lässt. Von dieser Struktur her ist Phänomenologie eine Haltung und kann nicht als Technik zum Einsatz gelangen. Streng genommen ist sie nicht einmal eine Methodik, denn als solche würde sie bereits von vornherein den Vorgang der Wahrnehmung durch Schritte festlegen, aber selbst das soll sich aus dem Prozess jeweils neu ergeben können. Folgende Elemente sind entscheidend, um als Coach in der Haltung der Offenheit zu sein:

1. Entscheidung: Der Coach muss *innerlich wollen* und bereit sein, sich auf ein solches Schauen einzulassen.
2. Hinwendung: Es braucht eine ganzheitliche Zuwendung – mit allen *Sinnen* und der *Intuition.*
3. Offenheit und Verweilen in der Hingabe: Der Coach soll sich nicht gleich auf Erfahrungen beziehen, sondern sich dem Aktuellen und dem neu Ereigneten hingeben – es einwirken lassen und darauf achten, *wie es auf ihn wirkt.*
4. Mut: Um das Bekannte zurückzulassen und sich dem Anschauungsgehalt auszuliefern, ohne zu wissen, was er zu sehen bekommt, gibt der Coach die *Kontrolle und das „Tun-Wollen“* auf.
5. Vertrauen: Es braucht Vertrauen in den anderen und auch Vertrauen in sich selbst (*Selbstvertrauen),* um zu ertragen, dessen der Coach gewahr wird.
6. Geduld: Phänomenologisches Arbeiten *braucht Zeit.* Es kann dauern, bis sich das Verstehen des Wesentlichen einstellt – für einen auf Effizienz ausgerichteten Coach nicht immer leicht.
7. Demut: Die Bereitschaft zum Ertragen von Unsicherheit und Subjektivität, denn *wesentlich kann das Leben nur in der Subjektivität sein.*

Drei Schritte zum Verstehen der Person

Für das Arbeiten in der phänomenologischen Haltung sind drei ganz allgemeine Schritte erforderlich, um sich dem jeweils Wesentlichen zuwenden zu können: *„Was zeigt sich? – Wie ist es? – Ist es so?“* (Heidegger 1975, § 5) Während des Zuhörens und Mitschauens hält sich der Coach ständig in diesen Fragen auf.

1. Was zeigt sich?
In der Phase der Beschreibung schildert der Coachee, worum es ihm geht. Bei dieser Schilderung achtet der Coach gleichzeitig auf den *Inhalt* und darauf, *wie* der Coachee es sagt und was sich an ihm dabei zeigt, sozusagen wie etwas „leibt und lebt“. Wichtig dabei ist, dass sich der Coach nur auf das bezieht, was ihm erscheint bzw. was bei ihm ankommt und nicht auf das, was „ist“. Es wären unphänomenologische Feststellungen und Festschreibungen, wenn man sagte, dass etwas so „ist“. Der Coach macht sich beim Zuhören ein erstes Bild dadurch, was sich ihm „eindrückt“, was „imponiert“, was ihm „entgegenkommt“, was „phänomenal“ ist. In diesem Sinne arbeitet der Coach auch mit seiner *Person* und dem, wovon er angesprochen ist und was bei ihm einen Eindruck hinterlässt.

2. Wie ist es?
Im Herzstück der phänomenologischen Wahrnehmung geht es um die Bildung einer *„Gestalt“*, um die Komposition einer Ganzheit aus den einzelnen Fakten. Es kommt zur *Integration* der Elemente auf dem Hintergrund des eigenen Wesens. Der Coach setzt die einzelnen Phänomene, die er bei und mit sich erlebt, miteinander in Beziehung und betrachtet ihre Gesamtwirkung (die Einzelphänomene während des Sprechens, Einzelinhalte, das eigene Wohlfühlen beim Zuhören usw.). Aus all dem entsteht durch eine Syntheseleistung ein Gesamtbild, das der Coach dem Coachee im Dialog vorlegt – es in das Licht der Begegnung stellt – und so zur Vervollständigung bringen kann. Auf dieser Basis kann sich ein größerer Horizont des (gemeinsamen) Verstehens auftun und Neues – sowohl für den Coach wie auch für den Coachee – zum Vorschein kommen. In der Phänomenologie wird dieses Vorgehen als Wesensschau, Tiefenschau oder phänomenologisches Schauen bezeichnet. Coach und Coachee heben das Wesentliche, das existentiell Bedeutsame, sozusagen *gemeinsam aus der Taufe.*

3. Ist es so?
Dieser neuerliche Schritt des Sich-Öffnens nach dem Erfassen der wesentlichen Zusammenhänge besteht in der Einladung, sich selbst und das Erschaute immer wieder in Frage zu stellen und nie als sicher anzunehmen. Die phänomenologische Schau kommt nie an ein Ende, „besitzt" die Wahrheit nicht, sondern befindet sich immer auf der Suche und in einem Prozess der Annäherung an die Wahrheit. Eine Endführung geschieht, indem der Coach das hervorbringt, was angemessen ist zum Geschauten. In dieser dialogischen Offenheit wird der Coachee mit Fragen laufend zur Korrektur und „Supervision" des Verstandenen aufgefordert: *„So kommt es mir vor, so scheint es mir zu sein – aber wie ist es wirklich? Ist es so – wie ist es für Sie?"*

Mit diesen drei Schritten leitet der Coach indirekt den Coachee zu einer inneren Phänomenologie sich selbst gegenüber und unterstützt ihn darin, Seiten und Aspekte *wahrzunehmen*, die ihm bislang noch nicht zugänglich waren. Darin liegt der Unterschied zu einem Deuten, aktiven Aufdecken oder Erklären der Zusammenhänge durch den Coach.

Für den Coach ist dieses Sich-begrenzt-Halten auf die Einzelerscheinungen nicht immer einfach und kann mitunter auch *Spannung erzeugen.* Der Coach kann nicht durch Wissen oder Belesenheit brillieren, sondern steht bescheiden vor dem Coachee in seinem Bemühen und manchmal sichtbarem Ringen um Verstehen. Es kann beim Coach aber auch Spannungen erzeugen, dass bei dieser Suche viel offen bleibt, das nicht durch Hereintragen von möglichen Interpretationen (also durch „von außen" stammendes Fremd-Wissen) ausgefüllt wird. Doch gerade darin kann für die Entwicklung des Coachee Entscheidendes liegen: Es entsteht ein Raum, in welchem sich der Coachee (z. B. durch Rückfragen) erklären kann, was ihn oft noch besser an seine eigenen Themen heranführt. Das erlaubt ihm, dass er sich entfalten kann, noch mehr von sich zeigen kann im Lichte des Nicht-Verstehens und schon Verstanden-Habens des Coachs. In diesem Sinn dockt der Coach am Person-Sein des Coachee an und aktiviert eine wesenhafte Seite in ihm, die ihm dadurch sichtbar wird. So wird in der Praxis deutlich, dass Phänomenologie eine Erkenntnishaltung ist, in der es um das „Eigentliche", um das „Wesen" geht.

Tritt der Coach dem Coachee mit der phänomenologischen Haltung entgegen, entsteht eine Art „Feld", in dem etwas „passiert" (franz.: passer, vorübergehen) und worin etwas in Erscheinung treten kann. In einem solchen „generativen" Feld kann sich aus eigener Kraft etwas Neues einstellen, das weder der Coach noch der Coachee alleine zuwege bringt.

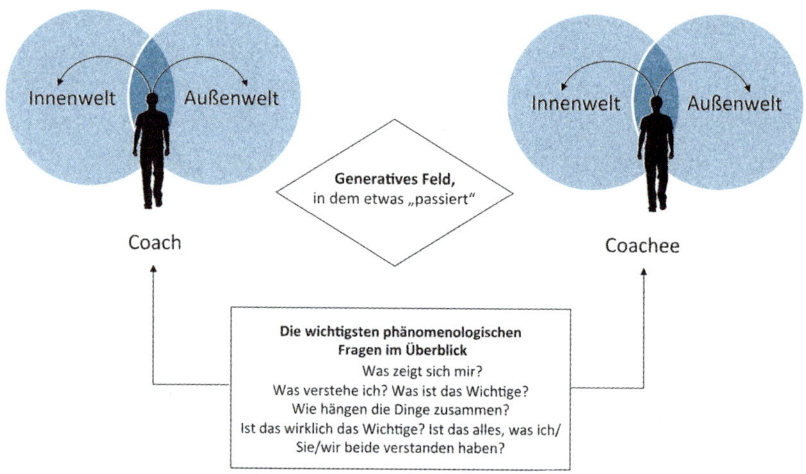

Abb. 10: Das generative Feld in Aktion er-zeugt die Gestalt, die der Erkenntnis zugänglich ist

Dos und Don'ts der phänomenologischen Haltung

Mit Bezugnahme	Dos	Don`ts
auf das Gegenwärtige	Das heißt, in dieser Situation mussten Sie die Führung übernehmen?	Was Sie da erzählen, ist ganz typisch für Management
auf sich	Wenn ich das höre, sagt es *mir* ...	Ich finde das problematisch, was Sie da erzählen – aber das andere haben Sie ganz richtig gemacht
auf das Vorläufige	Habe ich Sie richtig verstanden mit dem?	Aber vorhin sagten Sie doch ...
auf die eigene Subjektivität	Ich habe jetzt den Eindruck, als ob es Ihnen um das ginge	Sie sagen es in solcher Deutlichkeit – das muss doch eine Bedeutung haben für Sie.

Mit Bezugnahme	Dos	Don`ts
auf das Erkennen der eigenen Anteile	Vielleicht hat das jetzt mehr mit mir zu tun ...	Jeder würde so reagieren, wenn er das hört ...
auf den inneren Dialog (Offenheit gegenüber sich selbst)	Ich merke, wie ich innerlich noch schwanke und mir nicht klar bin, wie Sie das wirklich meinen ...	Das habe ich schon lange verstanden – was mich mehr interessiert ...
auf das Konkrete	Woher wissen Sie das so genau? Woraus schließen Sie das?	Im Allgemeinen ist es schon so, dass ...(Abstraktion, Reflexion, Urteil)
auf das Bewegende	An Ihrer Erzählung beeindruckt mich ...	Das Entscheidende bei dem, was Sie erzählen, ist ...

Tab. 3: Dos und Don‘ts der phänomenologischen Haltung

Es mag überraschen: Mit der phänomenologischen Haltung wertet der Coach eigentlich ständig, weil er alles auf sich wirken lässt und nicht in der Abstraktion belässt. Aber er *be*-wertet nie, d. h. er beurteilt nicht und ist ganz weit entfernt von jeglicher Abwertung oder vom Nicht-bestehen-Lassen. Indem er mit seiner Person in die Begegnung geht mit dem, was ihm vom Coachee entgegenkommt, bringt er sein Erleben ins Spiel. In seinem Erleben ist die Person des Coachee enthalten – und darin liegt ja die Aufgabe des Coachs: im Gespräch mit dem Coachee dessen Person zu sehen, den Menschen also in seinem *Wesen,* in dem, was ihm wichtig ist, und in seinem ganz Eigenen anzutreffen.

Wo die Phänomenologie hinderlich ist:

- im Alltag: Ein Tisch ist ein Tisch und „scheint“ nicht bloß ein Tisch zu sein
- bei Entscheidungen: Handeln bedeutet einen Punkt zu setzen, um etwas zu bewirken
- in späteren Phasen des Verstehensprozesses: Um etwas zu verstehen, braucht es auch (Fremd-)Wissen und Konzepte
- bei Brainstormings: Wenn durch Phantasie, Assoziationen oder weiterführende Gedanken etwas entwickelt werden soll

4. Das Prozess-Modell – Die Person sich selbst näher bringen

Die Person – das Freie im Menschen

Existentielles Coaching zentriert sich um die Person, um das Wesen des Menschen. Damit verbunden ist die praktische Frage: Wie kann man im Coaching näher an den Menschen herankommen und die Person dabei unterstützen, mehr auf die Welt zu kommen, mehr sich selbst zu werden, inmitten ihrer Aufgaben und im Hinblick auf den Sinn ihres Daseins? Von der philosophischen Tradition her ist die Person definiert als das Freie im Menschen. Wenn man dieses Verständnis ernst nimmt, bedeutet das u. a.: Die Person kann nicht festgehalten werden, man kann nie sagen: „Das bist du, so bist du!“. Frankl sagte einmal treffend: „Die Person kann immer auch anders werden“ (1987a, 61).

Um die Rolle der Person besser zu verstehen, ist die Person in ihrem Kontext zu sehen. Die Person ist ja nicht einfach in einem luftleeren Raum da, sondern immer in einer Welt, immer in einem lebenden Körper, immer im Erleben, sich gegeben zu sein, und steht immer vor einer Zukunft und in größeren Kontexten. Darin zu stehen und damit umzugehen bedeutet „existieren“. Vergegenwärtigen wir uns hier den Begriff der *Existenz*, um besser zu verstehen, welche Schlüsselposition die Person als Trägerin der Existenz einnimmt. Dieses Verständnis ist wichtig, um im Coaching die Person (das Geistige) mehr gegenwärtig machen zu können und den Coachee darin zu unterstützen, sein Leben persönlich zu leben und zu gestalten.

Zustimmung zum Leben

Unter Existenz wird ein sinnvolles, in Freiheit und Verantwortung gestaltetes Leben verstanden, das der Mensch als das Seinige erlebt und worin er sich als Mitgestalter versteht (Längle 2013). Existieren heißt also nicht bloß sich reaktiv oder unter dem Druck einer Psychodynamik verhalten, sondern alles das zu integrieren, zu seinem zu machen oder sich davon zu distanzieren. Dann kann der Mensch entschieden da sein, dabei sein, handeln und erleben. Grundlage dafür ist das Finden einer inneren *Zustimmung*, eines Inneren Ja, das in vier Dimensionen zu geschehen hat:

- Faktizität: Das Ja zu den Bedingungen, die man akzeptieren muss, um eine Handlungsbasis zu haben – *ich kann*;
- Wert: Das Ja zu den Gefühlen und Werten, zu denen eine Beziehung aufgenommen wird – *ich mag*;
- Identität: Das Ja zum eigenen So-Sein und zum So-Sein des anderen sowie zu dem, was einem selbst wichtig ist. Dazu muss man sich auch kennen und es wagen, dafür einzustehen – *ich darf*;
- Sinn: Das Ja zur Zukunft, zur Veränderung und zur Entwicklung – *ich soll*.

Zustimmung ist somit eine komplexe Leistung der Person bzw. des Ichs, sie umspannt, kurz gesagt, vier Dimensionen: das Können, das Mögen, das Dürfen und das Sollen. Erst dann ist ein *wirkliches Wollen* möglich, ein authentisches, mit seiner Welt abgestimmtes Ja zum eigenen Verhalten. So wird verständlich, dass es nicht immer leicht ist, zu einer inneren Zustimmung zu kommen. In einem Existentiellen Coaching unterstützt der Coach diesen Zustimmungs-Prozess. Ziel ist es, dass der Coachee mit innerer Zustimmung sein eigenes, persönliches Leben führen kann – und nicht das Leben der anderen.

Das Potenzial des Geistigen

Die Person ist das Zentrum der Existenz. Sie ist ein Potenzial von Kraft, eine Dynamik, eine Wahrnehmung, die uns immer wieder in Schwingung versetzt, die jedoch selbst keine Substanz aufweist, also „nichts zum Angreifen" ist. Die Person lässt sich vergleichen mit der Flamme einer Kerze. Sie ist sichtbar, aber nicht greifbar. Man kann durch sie hindurchgreifen, ohne dass sie Widerstand bietet. Halten wir die Hand in die Flamme, spüren wir die Kraft und ihre Wirkung. Gleiches lässt sich über die Person sagen: Das Geistige hat keine Substanz, doch es ist spürbar und beginnt zu leuchten, wenn der Mensch kraft seiner Person wirkt.

Das Geistige ist ein sehr abstrakter Begriff. Wir können es nicht finden, es ist nicht fassbar. Weil das Geistige aber eine Kraft ist, ist es antreffbar.

Wir stark diese Kräfte sein können, zeigen uns kleine Kinder, wenn sie das Wort „nein“ entdeckt haben. Haben sie nicht die Fähigkeit mit unglaublicher Stärke und Unbeugsamkeit Widerstand zu leisten? Frankl (1990) beschreibt diese Fähigkeit als die „Trotzmacht des Geistes“, Scheler den Geist als „Nein-Sager“ (2007), Längle (2008) als „Ja-Sager“, weil aus ihm die Zustimmung kommt.

Existentielles Coaching zapft diese Kraft an. Es mobilisiert sie, provoziert sie und nutzt sie, wo Entfaltungsprozesse stocken oder blockiert sind. So zum Beispiel, wenn der Coachee Schwierigkeiten hat, gegebene Bedingungen zu akzeptieren („können“), sich emotional auf Werte und Beziehungen einzulassen („mögen“), eine Entscheidung zu treffen („dürfen“) oder sich im größeren Zusammenhang zu sehen, also bei Sinnfragen („sollen“).

Charakteristika der Person

Die Person (das Geistige im Menschen) ist der Mittelpunkt der Existenz. Sie ist das Wesen, das die Existenz trägt, und ist definiert als das Freie im Menschen. Wie kann man im Coaching mit etwas arbeiten, wenn man es nicht festhalten kann? Wie lässt sich diese nicht substanziell fassbare, aber dynamische Kraft der Person für Entwicklungsprozesse im Coaching nutzen? Denn das ist typisch für die Arbeit mit dem Geistigen.

Die Person ist nicht fassbar, aber antreffbar. Wie die Flamme der Kerze blitzt sie in der Begegnung mit Inhalten der Innen- und Außenwelt auf, zeigt sie ihr Licht, die Wärme, manchmal auch die unerschütterliche Festigkeit neben aller Flexibilität und Wendigkeit. Die Person hat entsprechend ihrem Wesen drei Grundcharakteristika, die aufleuchten, wenn man sich ihr von außen nähert: Sie ist *ansprechbar, verstehend* und *antwortend.*

1. Person ist **ansprechbar** von außen: Wenn wir einen Menschen ansprechen („Du!“) oder ihn bei seinem Namen nennen, ist klar, dass niemand anderer gemeint ist als diese Person. Es geht um diesen Menschen, er ist auf die Bühne gerufen. Das ist im Grunde ein erschütternder Moment des In-die-Welt-gerufen-Seins. Und diesem Ruf des Gemeint-Seins kann der Mensch sich nicht entziehen. Hat er den Ruf vernommen („Du!“), steht es ihm nicht mehr frei, auf dieses Angesprochensein nicht zu antworten. Was immer er nun tut, ist eine

Antwort – auch keine Antwort ist eine Antwort. Die Situation ist für ihn nicht delegierbar. Er ist „höchstpersönlich" gemeint und damit unersetzlich in dieser Situation. Oder anders formuliert: Indem wir Menschen ansprechen, wecken wir ihr Person-Sein. Die Person ist dann erreicht, wenn sie sich *angesprochen* fühlt.

2. Die Person ist **verstehend**. Einmal angesprochen und zur Antwort genötigt, will sie sich erst einmal orientieren, um ihre Antwort finden zu können. Darum will sie den Kontext verstehen, in dem das geschieht, den Inhalt erfassen, um den es geht, und sich damit in persönlichen Bezug bringen, d. h. das Neue mit ihren Werten und anderen Bezügen abstimmen. So kann sie sich in den Zusammenhängen sehen und verstehen, was sie jetzt bewegt.
3. Die Person ist **antwortend**. Sie nimmt Bezug auf die Welt und kommt zurück auf die Ebene der Realität.

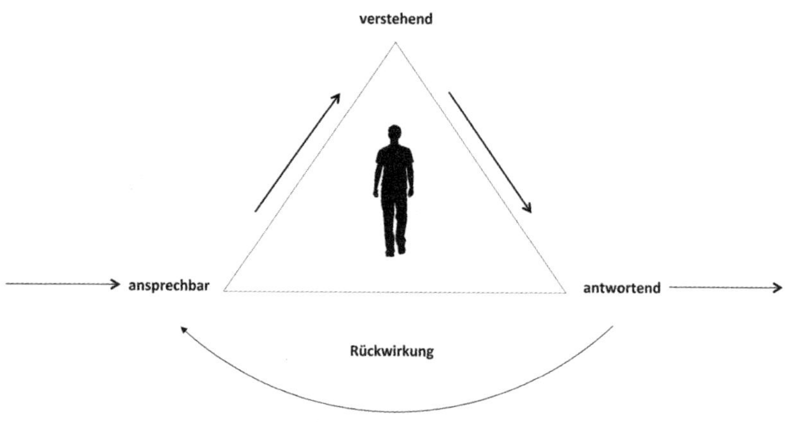

Abb. 11: Charakteristika der Person in der Begegnung von außen: ansprechbar – verstehend – antwortend

1. Die Person ist ansprechbar – der Prozess von innen betrachtet

Betrachten wir den Prozess von innen, steht für das Angesprochen-Sein im subjektiven Erleben der **Eindruck**. Angesprochen sein bedeutet, dass etwas auf das Ich „eindrückt". Das kann ein Gedanke von innen oder etwas von außen sein. Der Eindruck ist vergleichbar mit einem Stempel oder einem Fuß, der im weichen Sand einen Abdruck, eine Spur, hinterlässt.

Welche Form der Eindruck hinterlässt, hängt auch von der Unterlage ab. Ein Fuß hinterlässt einen anderen Abdruck abhängig davon, ob wir auf Granitgeröll oder einer Wiese wandern, vielleicht hinterlässt er auch gar keinen. D. h., die hinterlassene Information (informieren – „in-formare", in Form bringen) hängt auch von der Trägersubstanz ab. Ist das Ich „hart", wird es wenig bis gar nicht beeindruckt (man ist unberührt, hartherzig, kalt), ist das Ich zu weich – z. B. durch ein Aufgewühlt-Sein nach einer Verletzung –, hinterlässt die leiseste Berührung einen starken Eindruck.

Im Unterschied zum Fußabdruck im Boden ist der „Untergrund" beim Menschen, das Ich also, lebendig. Dadurch kommt es zu einem zusätzlichen Phänomen. Lebendiges hat die Eigenschaft, nach einem Eindruck wieder in seine ursprüngliche Form zurückzugehen. Drücken wir mit dem Daumen auf die Hand, entsteht eine Delle, die nach wenigen Sekunden wieder verschwindet und nicht mehr sichtbar ist – sofern das Gewebe gesund ist und sich regenerieren kann. Analog verhält es sich mit unserem seelisch-geistigen Erleben. Dinge können uns beeindrucken, über uns kommen, uns in Beschlag nehmen, uns packen, fesseln und uns ihre Form aufprägen. Wir sind befasst, manchmal auch besetzt, von seelisch-geistigen Eindrücken, denn Eindrücke lassen sich nicht verhindern. Sie drücken auf unser Leben, weil wir als Person ansprechbar sind. Sie hinterlassen – wie der Daumen auf der Hand – eine Delle. Wie das Gewebe hat auch der Geist die Fähigkeit, Dellen wieder auszugleichen. So spüren wir schon im Eindruck einen reaktiven Impuls, eine vital gestützte Kraft, sie sich dem Eindrückenden entgegenstellt. Im Eindruck ist also schon eine Dynamik enthalten, die sich auf das bezieht, was als Inhalt des Geschehens (bewusst oder unbewusst) erfasst wurde.

2. Die Person ist verstehend – der Prozess von innen betrachtet

Die Person ist verstehend, weil sie die Fähigkeit hat, mit sich in einen inneren Dialog zu treten und so zu einer **Stellungnahme** zu gelangen. Was mache ich mit diesem Eindruck, mit den Worten, die mich getroffen haben, mit diesem Neuen, das in mein Leben getreten ist? Hier braucht es ein Sich-neu-Verstehen in diesem Licht, ein Erkennen, was das für mich und für mein Leben bedeutet, wie ich mich dazu stellen soll und was ich damit machen soll. So schafft das Ich aus der Tiefe des eigenen Person-Seins eine Positionierung aus dem Inneren heraus als eine Welle der Gegenbewegung zu dem, was sich mir eingedrückt hat. So zeigt die Person die Fähigkeit, dem Leben und der Welt etwas entgegenzustellen – nämlich sich selbst.

Diese Gegenbewegung lässt sich gedanklich nicht *machen*, sondern ist ein Horchen, ein Freilassen, ein Vernehmen des „in mir Sprechenden", wie wir die Person auch bezeichnen können (Längle 1993). Diese Stimme kommt aus der Tiefe des Wesens – und in Bezug auf die Frage, ob das Verhalten richtig ist oder falsch, nennen wir sie auch Gewissen. Oft braucht es Übung und manchmal auch Mut, dieser inneren Stimme zuzuhören, ihren Hinweisen zu folgen, die Spur aufzunehmen und zu einer Stellungnahme zu gelangen. Zur inneren Stellungnahme gehören auch die Reflexion und die Einbindung der Erfahrung. Sie kommt zum Abschluss, wenn sich ein Willenskeim findet. Im Spüren, was man nun tun will, bekommt die eigene Positionierung eine „Einfleischung" (Merleau-Ponty), um sich in der Welt zeigen und so bestehen zu können.

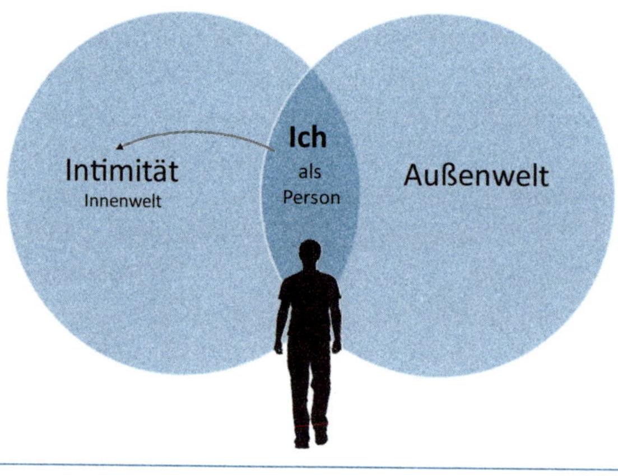

Abb. 12: Das Ich kann sich auf die eigene Intimität beziehen und mit ihr verbunden sein

3. Die Person ist antwortend – der Prozess von innen betrachtet

Die Person ist antwortend und hat dadurch die Fähigkeit, durch ihr Nach-außen-Gehen eine Wirkung in der Welt zu haben und sich so zu realisieren („ver-wirklichen"). Der Ausdruck ist das, was sich in mir rund um die Information und ihre Bezugnahme zu meiner eigenen Tiefe nun geformt hat. Sich zum **Ausdruck** bringen bedeutet, sich zu zeigen, sich zu stellen und sich einzusetzen. Im personalen Ausdruck wird das Eigene zum Ereignis dazugestellt, indem das in mir Geformte zum Ausdruck gebracht wird. Dieser Ausdruck – die Antwort – muss nicht immer ein konkretes Tun sein. Er kann auch in einer Haltung bestehen oder dem Einnehmen einer bestimmten Position. Ein personaler Ausdruck – ein authentischer Ausdruck, der meinem Wesen entspricht – ist abgestimmt mit den Gegebenheiten, Möglichkeiten und Erfordernissen der realen Welt. Er ist der Ausdruck vom Eigenen in mir und die neue Position zu dem, was mich angesprochen hat. Und dieses, was ich da in die Welt geben will, wird nun ständig im Lichte der möglichen Wirkung betrachtet, und zwar der Wirkung auf die anderen und das andere, aber auch in der Rückwirkung auf mich selbst. Dabei ist immer zu prüfen, ob die zu erwartenden Folgen (Konsequenzen) auch vor dem Gewissen zu vertreten sind (d. h. mir entsprechen) und ob ich die Auswirkungen auf mich selbst auch tragen kann.

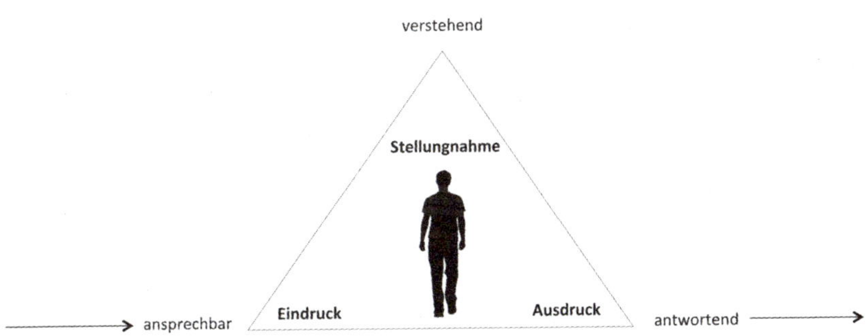

Abb. 13: Im Innenleben hat die Person einen Eindruck, findet ihre persönliche Stellungnahme und bringt sich zum Ausdruck.

Resultat: Durch diesen Verarbeitungsprozess erschafft sich die Person in jeder Situation wieder neu, findet zu ihrer Ursprünglichkeit zurück und integriert die neuen Inhalte (bzw. löst sich von ihnen). Die Person hat die Kraft, die eigene Form (das eigene Leben) zu erhalten, sodass wir von den inneren und äußeren Eindrücken auch wieder freikommen, damit sie uns nicht weiter irritieren, ständig besetzt halten oder uns gar anhaltend aus der Bahn werfen.

Was wir dem Eindruck entgegenstellen – das bin ich als Person!

Abb. 14: Die Fähigkeit, Eindrücken etwas entgegenzuhalten und sich dank der Kraft der Person wieder zu restituieren

Das Prozess-Modell in der Praxis

Existentielles Coaching setzt immer am Erleben der Person an mit dem Ziel, die Person zu erreichen und sie in ihren Grundfunktionen zu stärken. Der Coach unterstützt den Prozess *Eindruck – Stellungnahme – Ausdruck* dort, wo er nicht von sich aus läuft oder wo er behindert ist:

- bei vielen Eindrücken und Einflüssen, die sortiert und eingeordnet werden müssen (Situationen, Fragen, Beziehungen oder Zielsetzungen im Coaching klären);
- bei Entscheidungsrückständen, Unklarheiten oder fehlender Stellungnahme (berufliche Standortbestimmung, Aufgeschobenes betrachten und im Coaching bearbeiten);
- als Unterstützung, um frei Stellung zu beziehen (sich klarmachen, was man will, sich besser bei sich „auskennen“);
- um Dinge ins eigene Verständnis zu bringen („immer wieder passiert mir, dass ich mich nicht abgrenze, obwohl ich es mir fest vorgenommen habe ...“);
- um sich von andauernden Eindrücken zu lösen und bei der Planung der nächsten Schritte (Dinge, die schwer im Magen liegen; Situationen, in denen es nicht weitergeht).

Mit dem Prozess-Modell ist der Coach auf die Prozessfähigkeit der Person, auf das Einsetzen des freien Fließens des Geistigen bedacht. Gelungen ist der Prozess, wenn der Coachee sich von der Situation, in der er sich befindet, an-sprechen lässt, über eine innere und äußere Auseinandersetzung zu einer Stellungnahme findet und durch diese persönlich gefundene Entscheidung (Wille) die Welt und sein eigenes Sein gestaltet. Das entspricht auch einer ersten kurzen Beschreibung des Existenzvollzuges – über sich Hinausgehen (ex-sistere) und sich auf andere(s) einlassen (Selbst-Transzendenz).

Daraus leiten sich folgende Bereiche und Fragen des Prozess-Modells ab:
- Beschreibung: Was liegt vor?
- Eindruck: Wie ist das für Sie?
- Stellungnahme: Was halten Sie davon?
- Ausdruck: Wie können Sie das realisieren, was Sie wollen?

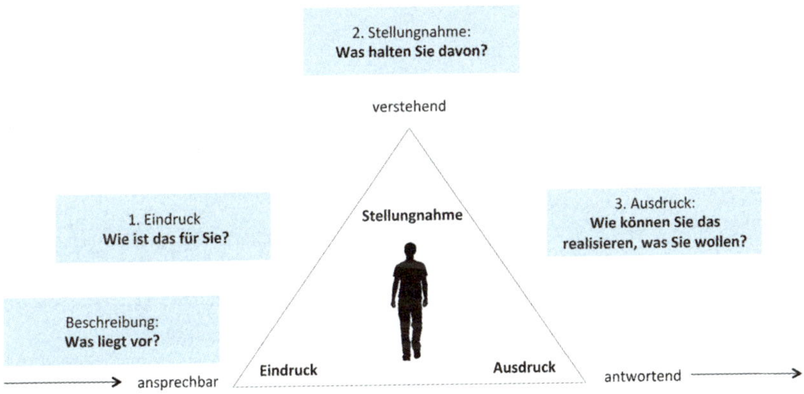

Abb. 15 : Die Prozessfähigkeit der Person unterstützen

Beschreibung			
Ziel	**Grundfrage**	**Haltung des Coachs**	**Beobachtungen zum inneren Ja des Coachee (Zustimmung)**
Sachliche Beschreibung der Fakten.	**Was liegt vor?**	Kognitives Verstehen; dem Narrativ zuhören und Nachfragen bei Unklarheiten, Widersprüchen; auf Sachlichkeit achten, Reflexionen, Affekte, andere Erfahrungen und Meinungen zurückstellen.	**Faktizität:** Nimmt der Coachee Bezug zu den Fakten? Enthalten seine Erzählungen und Schilderungen ein Ja zu den Bedingungen, die er akzeptieren muss, um eine Handlungsbasis zu haben?
1 .Eindruck			
Ziel	**Grundfrage**	**Haltung des Coachs**	**Beobachtungen zum inneren Ja des Coachee**
Beziehungsaufnahme zum Vorgefallenen durch Sich-berühren-Lassen. Das Wesentliche im Eindruck erfassen.	**Wie ist das für Sie?**	Empathisches Zuhören und Nachfragen (was kommt zum Vorschein?)	**Wert:** Kann der Coachee seine Gefühle und Impulse im Zusammenhang mit dem Geschehenen aufnehmen, zulassen, ernst nehmen, sich dazu stellen? Sieht er den Wert des eigenen Erlebens?
2. Stellungnahme			
Ziel	**Grundfrage**	**Haltung des Coachs**	**Beobachtungen zum inneren Ja des Coachee**
Neues mit Bekanntem in Verbindung setzen. Die Gegenbewegung von innen her wahr-nehmen und im Sich-Verstehen seine Position finden.	**Was halten Sie davon?**	Authentisch – konfrontativ – begegnend	**Identität**: Hat der Coachee ein Ja zu seinem Sosein und zu seiner Lebenserfahrung? Was hält der Coachee für richtig? Hat er den Mut, sich zu sich zu stellen und sich dafür einzusetzen, seine Freiheit im Wollen zu ergreifen?
3. Ausdruck			
Ziel	**Grundfrage**	**Haltung des Coachs**	**Beobachtungen zum inneren Ja des Coachee**
Das im Inneren Entstandene in die Welt bringen.	**Wie können Sie das realisieren, was Sie wollen?**	Ermutigend-schützende Begleitung	**Sinn:** Kann er die Folgen tragen und verantworten? Wofür will sich der Coachee engagieren? Ist in seinem Vorhaben der Wert für die Zukunft (Sinn) deutlich?

Tab. 4: Das Prozess-Modell im Überblick

Grundfähigkeiten der Person

Existentielles Coaching arbeitet immer mit konkreten Situationen (*Beschreibung*) und der Frage, wie der Coachee seine Person besser anfragen kann, um herauszufinden, was er will.

Selbst-Annahme: Der Prozess beginnt mit der Beziehungsaufnahme zum Vorgefallenen und verlangt eine *Selbst-Annahme*, das heißt, eine akzeptierende Zuwendung zu sich selbst und zu dem, was der Coachee fühlt. Diese Offenheit gegenüber sich selbst – was sich in ihm tut, was sich in ihm rührt, was sich von selbst einstellt – ist als eine Realität ebenso zu akzeptieren wie die äußere Wirklichkeit. Ihr soll man sich widmen und sich dafür im Coaching auch genügend Zeit nehmen.

Selbst-Distanzierung: Nach dem Heben des *Eindruckes* braucht es eine *Selbst-Distanzierung*, d. h. ein Auf-Distanz-Gehen zu den eigenen Affekten, Impulsen und Gefühlen. Sie ermöglicht es, dass sich der Mensch aus dem Bann des Eindruckes lösen kann und die Situation nicht nur aus der aktuellen Befindlichkeit heraus versteht und behandelt. Oder anders formuliert: Dank der Fähigkeit der Person, mit sich in eine innere Zwiesprache zu treten, kann sich das Ich aus der Ebene des reinen Betroffen-Seins lösen und über sich zu stehen kommen, eine „Über-Legung" zur Situation anstellen und sie aus einem übergeordneten Blickpunkt (im Zusammenhang mit der eigenen Biografie, dem Gewissen und dem Allgemeinwissen) betrachten. Sie schafft sich innerlich einen Freiraum, den personalen Raum im Mit-sich-Sein. Auf diesem Boden wird sie dann wieder gestaltend, nachdem sie sich selbst wieder sein lassen und in Empfang nehmen konnte. Ohne Selbst-Distanzierung wird es dem Coachee schwerfallen zu erkennen, worum es eigentlich geht und welche Bedeutung das Vorgefallene für ihn hat.

Selbst-Transzendenz: Aus der Innerlichkeit, das heißt aus dem *Verstehen* der Bedeutung des Vorgefallenen für sich selbst, dem Urteilen und dem Entscheiden (*Stellungnahme*) geht die geistige Bewegung wieder hinaus in die Welt und es erfolgt die Hinführung zum *Ausdruck*. Der Mensch ist auf Austausch und Begegnung angelegt; um sich zu sein, bedarf er des anderen. Um diesen anderen (bzw. um diesen Sachbezug) soll es nun wieder gehen, nachdem er sich selbst innerlich „wiedergefunden" hat. Für diese intentionale Ausrichtung des Menschen auf etwas anderes, das außerhalb seiner selbst liegt, steht der Begriff der *Selbst-Transzendenz* (Frankl 1990): Sich hingeben an etwas – im Dienst an einer Sache, einer Liebe, einem Sinn, einer Aufgabe – darin besteht das Fruchtbarwerden des Daseins. In diesem Schritt, in dem es um den Vollzug des Daseins im Moment, im Zusammenhang geht, soll nun die gesamte Aufmerksamkeit gebündelt werden.

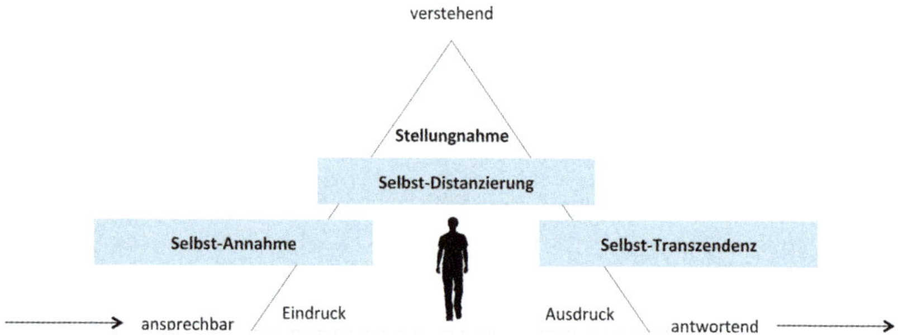

Abb. 16: Grundfähigkeiten der Person im Umgang mit sich selbst: Selbst-Annahme – Selbst-Distanzierung – Selbst-Transzendenz

Praxissituation

Ein 45-jähriger Coachee, Abteilungsleiter in der Entwicklungsabteilung einer Software-Firma, erzählt in der Sitzung von einem Vorfall mit seinem Chef. Bei der Produktion einer neuen Software ist es zu Verzögerungen gekommen, weil sich im Nachhinein Programmierungsfehler gezeigt haben. Der Coachee wollte dem Chef die Situation schildern und auch seine Überlegungen darlegen, wie die Situation zu korrigieren sei. Dazu gab ihm der Chef gar keine Gelegenheit, sondern reagierte ungehalten, bemängelte die schlampige Arbeit und meinte, in der Entwicklungsabteilung stünde es schon seit langem nicht mehr zum Besten mit der Qualitätssicherung. Der Coachee erzählt, wie ihn die Situation belastet, insbesondere deshalb, weil er kein Gehör findet, um an einer Lösung aktiv mitzuarbeiten und seine Verantwortung wahrzunehmen. Die Situation sei ziemlich verfahren – der Chef habe angekündigt, mit der Geschäftsleitung ein ernstes Gespräch zu führen ...

Beschreibung: Was liegt vor?

Der Coachee hat den Chef über die Verzögerung der Software-Produktion informiert. Es liegt ein Programmierungsfehler vor, für den der Coachee formal verantwortlich ist. Deshalb hat er bereits vor dem Gespräch mit seinem Chef Maßnahmen definiert, mit denen das Problem zu lösen wäre. Zu einem sachlichen und lösungsorientierten Gespräch ist es jedoch nicht gekommen. Der Chef hat dem Coachee gar nicht zugehört, sondern hat ärgerlich und in einem Rundumschlag die Arbeitsqualität der ganzen Abteilung kritisiert. Obwohl der Fehler für die termingerechte Auslieferung der Software gravierend ist, ist es nicht zutreffend, dass die Abteilung im Ganzen unsorgfältig arbeitet; bei diesem Vorkommnis handelt es sich um einen Einzelfall. Insofern liegt kein Grund dafür vor, dass die Leistung der Abteilung als Gesamtes in diesem Ausmaß vom Chef abgewertet wird. Es entspricht auch nicht der Kultur in der Firma, dass jemandem bei einem Problem dermaßen der Kragen platzt und er sich einem sachlichen Lösungsgespräch entzieht.

Während des Erzählens fällt dem Coach auf, dass es dem Coachee sehr gut gelingt, eigene Meinungen, Gefühle, Impulse – also Aspekte, die uns beim Schritt *Eindruck* interessieren – von der sachlichen Beschreibung der Fakten zu trennen. Die kognitive *Selbst-Distanzierung*, d. h. die Fähigkeit einen Abstand zu sich selbst zu gewinnen und sich nicht in Gefühlen, Affekten oder Impulsen zu verlieren, die auch schon in der Beschreibung der Situation zur Aufrechterhaltung der Sachlichkeit zum Zuge kommt, ist bei ihm in dieser Situation gut ausgebildet. Er beschreibt die Umstände ohne Beschönigung und kann auch die Tatsache annehmen, dass er als Leiter für den Fehler verantwortlich ist und in seiner Funktion für eine Lösung zu sorgen hat. Als Abteilungsleiter weiß er auch, dass er eine Ergebnisverantwortung hat und es zu seiner Aufgabe gehört, bei Problemen der Geschäftsleitung Rede und Antwort zu stehen (inneres Ja zu Faktizität).

1. Eindruck: Wie ist das für Sie?

Der Coachee hatte ein „schlechtes Gewissen", nachdem er selbst den Fehler bemerkt hatte. Hier habe er eindeutig die Kontrolle vernachlässigt. Er wollte einem Nachwuchs-Gruppenleiter eine richtige Aufgabe geben, hätte aber die Kontrolle engmaschiger führen müssen. Dass sich der Feh-

ler mit entsprechenden Maßnahmen beheben lässt und sich der Schaden so im Rahmen hält, habe ihn dann doch wieder einigermaßen beruhigt. Aber die Fehleinschätzung seines Mitarbeiters wurmt ihn jetzt noch. Andererseits tut ihm der Mitarbeiter auch ein bisschen leid – er wird sich sicher miserabel fühlen, wenn die Geschichte in der Geschäftsleitung auf den Tisch kommt. Als dem Chef dann aber so der Kragen geplatzt sei, sei er erschrocken und verunsichert gewesen. Hat er die Situation und ihre Konsequenzen völlig unterschätzt? Wenn er jetzt an die Situation zurückdenkt, kommt gleich wieder Ärger hoch – so habe man ihn schon lange nicht mehr abgekanzelt. Er fragt sich sogar, warum er nicht wortlos das Büro des Chefs verlassen habe – so spricht man nicht mit einem Abteilungsleiter. Er fühlt sich auch gekränkt, weil sein Chef ihm indirekt gesagt hat, dass seine Abteilung schlecht arbeite. Es ist richtig, dass bei dieser Software schlecht gearbeitet wurde. Dass der Chef ihm aber den Eindruck vermittelt, die Abteilung arbeite schon länger unsorgfältig, sei unfair und macht den Coachee jetzt noch wütend. Da bisher noch keine Klärung stattgefunden hat, liege ihm das „angedrohte" Gespräch mit der Geschäftsleitung sehr im Magen – es lässt sich schwer abschätzen, was als nächstes kommt. Mit Intransparenz und unklaren Verhältnissen habe er sich immer schon schwer getan. Er fühlt sich abgewertet und unsicher in Bezug auf das, was noch auf ihn zukommt. Zum Schluss meint er: „Mit mir kann man es ja machen."

Der Coachee kann sein Erleben und Befinden gut beschreiben, er lässt sich auf die emotionalen Aspekte des Vorgefallenen ein. Mehr noch: Er kann die unterschiedlichen emotionalen Reaktionen klar benennen und danach sortieren, welcher Teil der Situation bei ihm welches Gefühl hervorgerufen hat (wegen der vernachlässigten Kontrolle hat er ein „schlechtes Gewissen"; mit dem Mitarbeiter, der den Fehler verursacht hat, hat er Mitgefühl; gegenüber dem Chef fühlt er Ärger). Das Zentrale für ihn ist aber die Kränkung durch den Chef und die Wut darüber, dass man ihn jetzt so in der Luft hängen lässt. Der Coachee ist auch so offen, dass er sich probehalber den Gedanken erlaubt, das nächste Mal ein solches Gespräch abzubrechen. Mit der akzeptierenden Zuwendung zu sich selbst und seinen Gefühlen bringt der Coachee auch die Fähigkeit der *Selbst-Annahme* zum Ausdruck. Das heißt, er verleugnet sich nicht, sondern nimmt sich mit seinen Reaktionen an. Der Coach entnimmt den

Schilderungen auch, dass Werte wie Klarheit, Transparenz und Fairness für den Coachee wichtig sind. (Inneres Ja zu Werten, die er auch benennen kann.)

2. Stellungnahme: Was halten Sie davon?
   Der Coachee findet es berechtigt, in so einer Situation gekränkt zu sein. Dass man ihn wegen einer Fehlleistung gleich pauschal abwertet, lässt er dem Chef nicht durchgehen. Er versteht nicht, dass der Chef in seiner Vorbildfunktion „kulturell" derart danebengreifen kann. Er beschreibt den Chef als Choleriker, der auch schon andere Kollegen ungerecht behandelt habe. Er weiß, dass der Chef seit längerem unter großem Druck steht. Seit einem halben Jahr ist er geschieden, zwei Söhne im Teenager-Alter leben seither bei ihm. Vor diesem Hintergrund kann der Coachee verstehen, dass der Programmierungsfehler beim Chef das „Fass zum Überlaufen gebracht" hat – auch ein Chef darf seinen Ärger zeigen. Aber von einem Manager auf dieser Stufe erwartet er, dass er sich wieder beruhigt, sich entschuldigt und dann gemeinsam mit ihm als verantwortlichem Abteilungsleiter sachlich nach Lösungen sucht. Wenn er sich die Sache aber so überlege, sei es vielleicht auch gar nicht so wichtig. Choleriker lassen sich nicht ändern, Schwamm drüber, die Geschäftsleitung werde ihm schon nicht den Kopf abreißen ...

Der Coach stellt bei diesen Schilderungen fest, dass der Coachee für sich weiß, was richtig ist und wofür er steht. Er zeigt Verständnis für die Situation des Chefs, aber sein Verhalten kann er damit nicht entschuldigen – hier bleibt sich der Coachee seinen Werten und dem, was er im Innersten für richtig und wichtig hält, treu. Gegen Ende der Erzählung nimmt die Eindeutigkeit seiner Stellungnahme merklich ab und seine Position gegenüber dem Umstand, dass er gekränkt wurde, wird unscharf. Ein inneres Ja zum eigenen So-Sein und zu dem, was ihm wichtig ist (Wertschätzung, faire Behandlung), hört der Coach noch wenig heraus. Doch Ausdruck ohne Stellungnahme ist ein reaktives Verhalten, das von der Situation dominiert ist – *ohne Stellungnahme fehlt die Person.* Der Coach unterstützt den Schritt der Stellungnahme, indem er nachfragt: „Finden Sie, dass das gut, richtig, berechtigt war? Was ist Ihre Meinung dazu? Ist ‚Schwamm drüber' grundsätzlich das Passende bei so einem Vorfall? Entspricht das Ihnen? Wird man Ihnen damit gerecht? Werden Sie sich damit gerecht? Was wäre das passende, richtige Verhalten? Was wollen Sie tun?“

Der Coachee nimmt den Ball auf und merkt, dass es ihm wichtig, ist, diesen Punkt beim Chef anzusprechen und richtigzustellen.

3. Ausdruck – Wie können Sie das realisieren, was Sie wollen?
   Der Coachee entschließt sich, zuhanden des Chefs und der Geschäftsleitung einen umfassenden Bericht über den Programmierungsfehler und die geplanten Maßnahmen zu verfassen. Das kränkende Verhalten des Chefs wird er im Report nicht erwähnen. Diesen Punkt will er mit dem Chef persönlich unter vier Augen besprechen. Hierfür vereinbart er am nächsten Tag einen Termin.

Zusammen mit dem Coach bereitet er das Gespräch vor. Am Ende klärt der Coach nochmals, ob das Vorhaben des Coachees ein freies und ganzheitliches Wollen ist:

- Ist das Wollen realisierbar? Sind die Bedingungen gegeben und annehmbar (*können*)? Woran könnte es scheitern – und hätte es sich dann dennoch gelohnt?
- Ist das Vorhaben gut? Entspricht es den Werten, die dem Coachee wichtig sind (*mögen*)? Will er sich darauf einlassen? Was daran berührt ihn, gibt es ihm Zug und Power?
- Ist es persönlich wichtig und stimmig? Nimmt die Entscheidung Bezug auf das, was der Coachee tief im Innersten für richtig hält (*dürfen*)? Kommt darin das Eigene des Coachee zum Ausdruck? Und wenn er tief in sich hineinhorcht: Überlässt er sich dem, was da in ihm aufkommt? (*Selbst-Transzendenz* – die Hingabe des Menschen an etwas, das über ihn hinausgeht. Selbst-Transzendenz ist aktive Weltoffenheit.)
- In welchem größeren Zusammenhang steht das Gespräch mit seinem Chef – wozu mit ihm sprechen (*sollen*)?

5. Das Struktur-Modell – Die vier Bausteine der Existenz

Existenz haben wir definiert als ein sinnvolles, in Freiheit und Verantwortung gestaltetes Leben. Im Coaching sind Erkennen und Motivation zentrale Themen. Immer geht es darum, den Coachee in seinem Anliegen zu unterstützen. Denn er will in seinem Aufgabengebiet gut sein und optimale Wirkung entfalten können. Oder anders formuliert: Die Aufgabe liegt darin, die Kräfte, die den Coachee zum eigenständigen Erkennen und Handeln bewegen, zu wecken, zu entwickeln und zu unterstützen. Mit dem Prozess-Modell haben wir dazu die einzelnen Schritte aufgezeigt.

Handeln geschieht jedoch nicht im luftleeren Raum. Existentiell gesehen geht es darum, dass der Mensch Bezug nimmt zu den fundamentalen Tatsachen, die mit dem Mensch-Sein einhergehen.

Dazu gehören:

- **Faktizität**: Die Tatsache, dass wir als Menschen in eine Welt hineingeboren sind, die uns Möglichkeiten, aber auch Begrenzungen entgegenstellt. Das führt zur existentiellen Frage: *Ich bin – aber kann ich sein?*

  Praxissituation: Ein Coachee hat seit 2 Monaten neu eine Führungsfunktion übernommen. Von seiner Chefin hat er viele Vorschusslorbeeren erhalten. Gleichzeitig ist er neu in dieser Aufgabe, unsicher und will die Erwartungen, die man in ihn gesetzt hat, nicht enttäuschen. *Ein Fokus im Existentiellen Coaching:* Wie kann der Coachee Boden und Sicherheit gewinnen, was braucht er – ganz basal gesehen –, um in dieser Situation sein zu können?

- **Wert:** Die Tatsache, dass wir als Menschen vitale, fühlende Wesen sind und Wertvolles wie auch Leidvolles in dieser Welt erfahren. Das führt zur existentiellen Frage: *Ich lebe – aber mag ich leben?*

  Praxissituation: Im Rahmen einer Laufbahnberatung will ein Coachee für sich eine neue berufliche Ausrichtung festlegen. Als hochqualifizierter Manager im besten Alter fehlt es ihm nicht an passenden Angeboten. Im Coaching selbst kommt er aber nicht richtig voran. Er hat viele Ideen, aber so richtig Zugkraft und Power kommt bei keinem

Angebot auf, das der Coach mit ihm näher betrachten will. „Alles ist möglich und nix ist fix", wie der Coachee scherzhaft zu sagen pflegt.
Ein Fokus im Existentiellen Coaching: Wie kann sich der Coachee den einzelnen Optionen auch emotional zuwenden, sodass er eine Grundlage hat zu spüren, was ihn tatsächlich anspricht, und damit Gleichwertiges nicht gleichgültig wird? Was mag er wirklich? Welchen Wert sucht er?

- **Identität**: Die Tatsache, dass wir unser Leben als Individuum führen müssen und vor der Aufgabe stehen, das Eigene, zu dem wir stehen können, herauszufinden und Stellung zu beziehen. Das führt zur existentiellen Frage: *Ich bin ich – aber darf ich so sein?*

  Praxissituation: Eine Managerin, die schon seit Jahren im Geschäft ist, kommt ins Coaching, weil in der Firma das 360°-Feedback neu eingeführt wurde und ihr nun zum ersten Mal eine solche Auswertung vorliegt. Das Feedback, sie sei zögerlich bei Entscheidungen, wolle es allen recht machen und manchmal wisse man nicht so recht, woran man bei ihr sei, hat sie sehr nachdenklich gemacht. „Wenn man nicht weiß, woran man bei jemandem ist, kann man ihm auch nicht vertrauen – das beschäftigt mich am meisten", meint sie. Im Coaching will sie deshalb an ihrer Greifbarkeit und an ihrer Fähigkeit arbeiten, nach außen entscheidungsstark zu wirken.
  Ein Fokus im Existentiellen Coaching: Was braucht der Coachee, um in seiner Stellungnahme nach außen hin spürbarer zu werden? Was ist so sehr sein Eigenes, mit dem er sich exponieren will und auch bei Widerstand dazu stehen kann? Wie kann er die Bereitschaft und die Fähigkeit entwickeln, zu dem zu stehen, was er für richtig hält – im Wissen, dass er es nicht allen recht machen muss?

- **Sinn:** Die Tatsache, dass Leben ein ständiges Fließen ist und wir vor der Aufforderung stehen, unser Handeln in Zusammenhänge zu bringen, damit aus Veränderung wertvolle Entwicklung werden kann. Das führt zur existentiellen Frage: *Ich lebe – aber wofür soll mein Leben gut sein?*

  Praxissituation: Ein Coachee wurde im Rahmen einer Reorganisation aus seiner Führungsfunktion entlassen und in einen sog. Very Experienced Senior-Pool eingeteilt. Faktisch bedeutet dies, dass er zwar nicht entlassen ist, aber dass er nur noch punktuell für Managementaufgaben herangezogen wird; eine eigentliche Linienfunktion hat er nicht mehr. Obwohl er finanziell abgesichert ist und auch weiterhin substanzielle Aufgaben bekommt, leidet er unter Sinnlosigkeitsgefühlen und fragt sich, wie aus dieser Situation noch was Gutes werden kann. Bis zur Pensionierung sind es noch 6 Jahre – zu viel, um passiv in den Tag hinein zu leben, wie er meint.

Ein Fokus im Existentiellen Coaching: Wo kann der Coachee auch unter den neuen Bedingungen fruchtbar werden? Wie kann er sein (Berufs-)Leben so gestalten, dass er das Gefühl hat, gefragt zu sein? Wozu könnte seine Seniorität gut sein und in den Dienst welcher Sache könnte er sie stellen – innerhalb oder außerhalb der Firma? Hat er einen (Lebens-)Bereich, wo er gebraucht wird?

Die vier Dimensionen werden in diesem Kapitel vorgestellt und exemplarisch mit Coaching-Fragen verdeutlicht. Kenntnisse in den einzelnen Dimensionen geben dem Coach eine Landkarte in die Hand, mit der er den Coachee darin unterstützen kann, Existenz zu realisieren – und auf sein Können, Mögen, Dürfen und Sollen in seinem Leben Bezug zu nehmen. Sie sind die Säulen für ein ganzheitliches, entschiedenes Wollen.

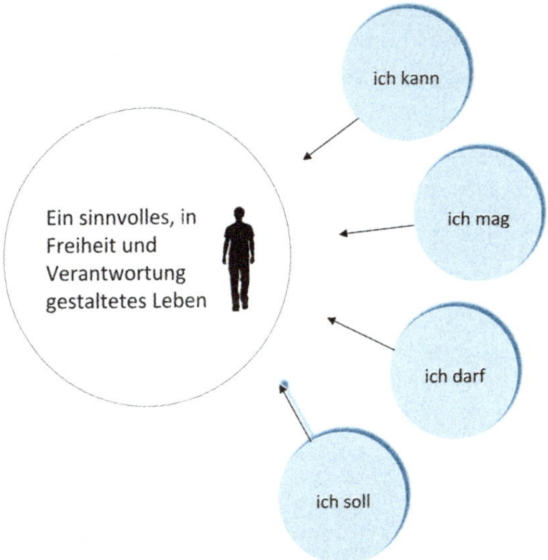

Abb. 17: Das existentiell erfüllende Leben und Handeln beruht auf den vier Grunddimensionen der Existenz.

Bausteine der Motivation

Eine Motivation, in der das Thema Sinn nicht enthalten ist, gibt es nicht. Es ist dem Menschen nicht möglich etwas zu tun, was er als sinnlos ansieht. Meist wird dies zwar nicht explizit zum Ausdruck gebracht, gerade weil es so eine Selbstverständlichkeit ist. Jeder Mensch ist aber blockiert und es lähmt ihn, wenn er Sinnlosigkeit erfährt. Daher ist Motivation immer auch Thema des Sinns. Doch in der Motivation ist nicht nur das Thema Sinn enthalten. Es gibt Bausteine der Motivation; sie sind zugleich Elemente des Sinns.

Jede ganzheitliche Motivation – und darauf ist Existentielles Coaching ausgerichtet –, die zu einem erfüllten Erleben führt, bezieht sich nicht auf einen einzelnen dieser existentiellen Aspekte, sondern setzt sich aus allen vier Grundzügen zusammen:

- aus dem *Können*, das heißt dem Beherrschen der Möglichkeiten, dem Blick für die Realität;
- aus dem *Mögen*, das heißt aus einem emotionalen Bezug zum Wertvollen, zu dem also, worum es gehen soll;
- aus dem *Dürfen*, das heißt der inneren Erlaubnis und Abstimmung mit dem, was einem selbst wichtig ist, womit man sich identifiziert und was man verantworten kann;
- und dem *Sollen*, das heißt der Abstimmung mit der aktuellen Situation und dem, was in ihr werden kann. Dadurch kann eine Zukunft ins Leben Eingang finden und es wird ein Kontext geschaffen, in den man sich stellen mag.

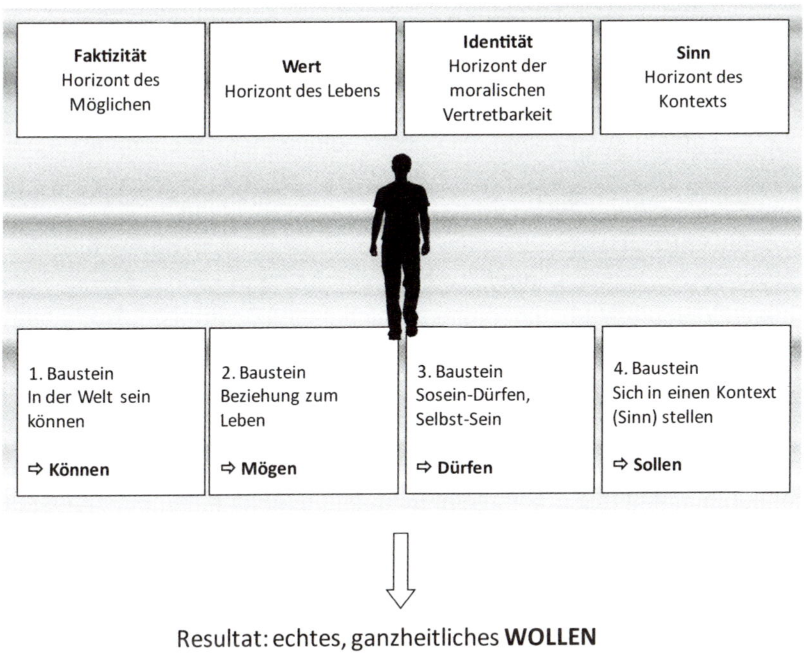

Abb. 18: Bausteine der Existenz

Sein-Können in dieser Welt

Beim ersten Baustein geht es um die Grundfrage der Existenz: Ich bin da – aber *kann* ich als ganzer Mensch da sein? Habe ich den Raum, den Schutz, den Halt dafür? Diesen erfährt der Mensch vor allem im Angenommen-Sein, was ihm selbst wiederum erlaubt, annehmen zu können. Annehmen hat die Sicherheit der Existenz zur Voraussetzung, anderenfalls muss um diese erst gekämpft werden.

Die erste Grundfrage der Existenz

Dasein-Können ist nur möglich, wenn man sich nicht bedroht fühlt. Kann ich sein in dieser Welt – mit ihren Bedingungen und mit meiner Ausstattung? Die erste existentielle Aufgabe besteht also darin, in dieser Welt zurechtzukommen, die Regeln und Gesetze zu erkennen, sich einerseits einzufügen und sich den Bedingungen des Seins zu unterwerfen, sich aber andererseits abzugrenzen, Dinge zu verändern und sich zu behaupten. All dies beinhaltet die erste Grundfrage der Existenz: Kann ich sein?

Das Können hat existentiell gesehen eine besondere Bedeutung: Es vermittelt den Zugang zu dem, was ist; es erschließt mir das Sein, verknüpft mich mit der Welt und stellt mich in ihr frei. Und umgekehrt: Das Sein gibt mich frei zum Können und gibt mir die Kraft. Darum ist das Gefühl, nichts tun zu können, so bedrohlich – man kann sein *Sein* nicht mehr erleben. Können ist das Gegenteil von Ohnmacht (ohne Macht sein) und Können ist eine Macht, mit der etwas bewirkt werden kann.

Das Können gründet im „ich bin" und „es ist". Alles, was ich kann, ist existentiell relevant, weil es mich ein Stück mehr in die Welt bringt und ich „mehr da" bin. Ich erlebe mein *Sein* an dem, was ich *kann*. **„Ich bin – weil ich kann."**

✓ *Wo kann ich gut und sicher sein? – Was lässt mich nicht in Ruhe sein?*

Äußere und innere Ressourcen

In der Welt sein können beruht auf dem „Stärken haben". Das Können lässt sich von zwei Seiten her entwickeln: *Stärken ausbauen* und *Schwächen abbauen.* Um Stärken auszubauen, braucht es von außen Schutz, Raum und Halt in der Welt, um die eigenen Fähigkeiten zur Entfaltung zu bringen. Von innen braucht es Gesundheit, ein gutes Körpergefühl, Kraft, Kenntnis und Erfahrung der eigenen Fähigkeiten. Dazu gehört auch die Wahrnehmung seiner selbst, die Liebe zur Wahrheit, Mut und Vertrauen, Hoffen-Können, bis hinein zur Klarheit über den eigenen Glauben.

Der andere Zugang zum Können ist das Abbauen von Schwächen. Der Schlüssel zu einem besseren Umgang mit Schwächen liegt in der Arbeit am Annehmen-Können, in der Konfrontation mit dem verunsichernden oder gar bedrohlichen Aspekt der Schwäche, der oft mit Angst verbunden ist. Lernt man, zur Schwäche zu stehen, entsteht die Grundlage, an ihr arbeiten zu können, zu lernen, zu wachsen, zu verändern – denn ohne Annehmen der Schwäche ist man mit ihrer Verdrängung, Leugnung oder Verheimlichung beschäftigt und steht in Gefahr, zu stagnieren. Sie aber als die eigene zu sehen, macht aus ihr eine Aufgabe, die man nun in Händen hält und nicht mehr so einfach von sich wegschiebt.

Stärken ausbauen und Schwächen abbauen – beides führt zu Vertrauen, zu Selbstvertrauen und zum Vertrauen darauf, dass man auch in schwierigen Situationen *sein kann.*

Das Gefühl, ich kann

Das grundlegende Gefühl für Motivierbarkeit ist das Gefühl: „Ich kann ‚hier' (in dieser Welt, unter diesen Umständen) sein." Äußerlich, indem ich mit der Welt verknüpft bin und die „Welt habe" („pouvoir") und innerlich mit meiner Kraft und meinem Wissen („savoir"). Jede Motivation hat ganz basal diese beiden Anteile. Beide Anteile in der Motivation zu spüren führt zum Gefühl: ich kann.

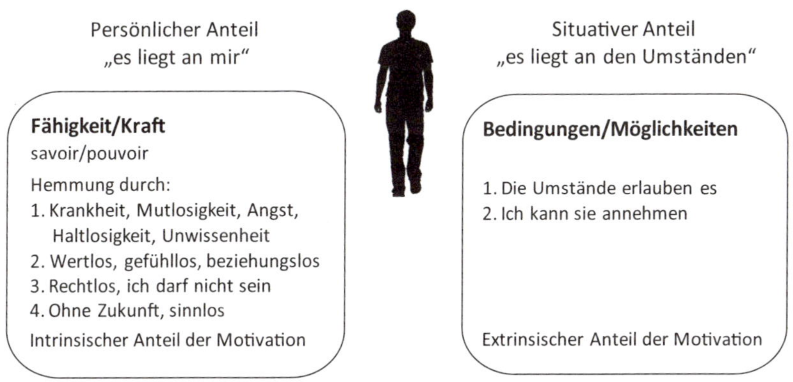

Abb. 19: Persönlicher und situativer Anteil des Könnens

Die erste Voraussetzung, um motivierbar zu sein, ist daher „Sein-Können". Sein-Können bedeutet:

Subjektiv die Kraft haben, um zumindest durchhalten zu können, bzw. das Wissen zu haben, um etwas anfangen zu können. ⟷ Die objektiven Bedingungen lassen mich sein bzw. ermöglichen es mir, die Realität anzunehmen.

Fehlt die Kraft oder lassen mich die Bedingungen nicht sein, ist die Motivation auf der basalen Ebene blockiert und es fehlt an den Grundlagen der Freiheit: dem Zusammentreffen von Fähigkeit und Möglichkeit.

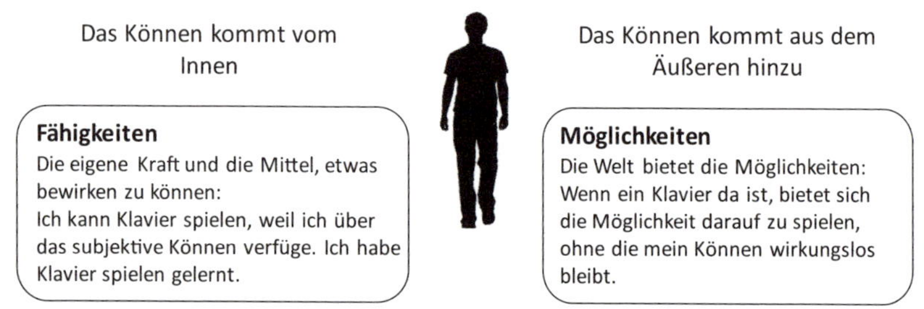

Abb. 20: Die Grundlage von Freiheit – das Zusammentreffen von Fähigkeit und Möglichkeit

Die zwei Pole der Welt: Möglichkeit und Begrenztheit

Was kann ich tun und welche Bedingungen brauche ich, um sein zu können? Vergegenwärtigen wir uns nochmals das erste existentielle Grundthema: Es geht um das Sein-Können in dieser Welt, in die der Mensch ungefragt hineingeboren ist. Die Welt ist vor dem Menschen da. Sie gibt ihm die Möglichkeit (Raum) zu existieren, gibt ihm den Boden, den Halt, den Schutz. Zugleich aber stellt ihm diese Welt auch Bedingungen und Begrenzungen entgegen (Widerstand) und stellt ihn vor Ungefragtes, Unerwünschtes, Unabänderliches, Bedrohliches. Auch damit muss der Mensch zurechtkommen. Diese Realität, die unbeugsam ist, verlangt vom Menschen immer ein Annehmen, ein Bereit-Sein, Dinge zunächst einmal zu nehmen, wie sie sind, sie sein zu lassen, um dann damit etwas machen zu können. Wenn das nicht gelingt, entsteht Angst. Je stärker sich der Pol der Bedingtheit im Leben bemerkbar macht, desto größer wird der Druck (Unfreiheit) und die Verunsicherung, die mit der Existenz verbunden ist.

✓ *Kann ich in dieser Welt sein mit all ihren Begrenztheiten? Spielt sich mein Leben mehr am Pol der Begrenztheit ab oder mehr am Pol der Möglichkeiten?*

Können und Lassen

Das Können beginnt mit einem *Lassen* – es sein lassen können. Im Leben gibt es vieles zu lassen: Etwa die Vorstellung von einem perfekten Partner, eines nicht alternden Körpers oder die Vorstellung, das ganze Leben hindurch von Leid und Schicksal verschont zu bleiben – diese Wünsche und Bilder sind früher oder später zu lassen. Das Können besteht in einem geschickten Einsatz von Lassen. Ein Trapezkünstler ist ein Beispiel für sichtbar gewordenes Lassen. Er arbeitet nicht gegen die Kräfte, sondern stimmt sich gänzlich ab auf die Gesetze der Schwerkraft und arbeitet mit ihnen. Er lässt sie sein und schwimmt nicht gegen die Strömung, sondern *mit* ihr. Er macht kaum etwas, er steuert nur und setzt Akzente – das ist die *Kunst des Könnens*. Auch am Arbeitsplatz und in Beziehungen heißt Können die Weichen zu stellen und es wieder *geschehen zu lassen*. Darin drückt sich das Vertrauen in die Kraft des Seins aus. Mit dem arbeiten, was da ist, das ist Können.

Alles Können hat vier Voraussetzungen, ohne die es nicht zustande kommt. Es bedarf der

1. Kenntnis der Realität und der sie bedingenden Gesetze (savoir);
2. Einschätzung der Energie (pouvoir);
3. Wahl der geeigneten Werkzeuge (habilitas, ability) und der
4. Wahl eines Konzeptes, eines inneren, die Handlung vorwegnehmenden Bildes (Vision).

Das Wechselspiel vom Können und Nicht-Können

Der Traum des Menschen ist das Leichte, Freie, Unbeschwerte. Wer kennt sie nicht, diese Sehnsucht nach dem Grenzenlosen? Doch Bedingtheit und Begrenztheit gehört zum menschlichen Dasein. Menschliche Existenz bedingt daher das Kippen vom Können in das Nicht-Können, das Erleben von Freiraum im Erleben von Begrenztheit. Die materielle Realität, in der alles Mensch-Sein steht, gehorcht nicht unserem Willen und folgt nicht den Wünschen des Menschen. Der Mensch muss sich ihr beugen und sich dem unterwerfen („sub-jectum"), was sich ihm entgegenstellt („ob-jectum"). Weil die Realität in sich steht und nicht von uns geschaffen ist, bietet sie Widerstand, setzt uns Grenzen, schränkt ein, lastet, drückt. Der Mensch ist in eine festgefügte Realität gestellt – die aber andererseits auch trägt, hält, Boden und Schutz bietet, Raum auftut.

Worin besteht die Begrenztheit und wie gehen wir damit um? Dass da eine Welt ist, die nicht unserem Willen gehorcht, die uns mit ihrer eigenen Gesetzmäßigkeit in Empfang nimmt und geleitet, hat für den Menschen zwei Gesichter:

1. Die Welt bietet mit ihren Gesetzmäßigkeiten Verlass, Halt und Strukturen, von denen wir getragen sind (Boden, Körper).
2. Das andere Gesicht ist Anlass zur Auflehnung, zur Empörung, zur Aggression. Es ist das alte Motiv von der Welt und dem Körper als dem „Kerker der Seele" (Platon). Die Welt zeigt uns dieses Gesicht dann, wenn uns die dinghafte, eigengesetzliche, widerständige Welt zu wenig Raum lässt, um sein zu können, wenn sie uns beschneidet, bedroht, die Luft zum Atmen nimmt, uns an die Wand drückt. Dann macht uns die Bedingung dieses Daseins Angst. Das Dasein gerät in Gefahr, und der Halt droht verloren zu gehen.

Nicht-Können eröffnet neue Lebensräume

Es gehört zur Alltagserfahrung, dass wir aus dem Können in ein Nicht-Können kippen: Man fährt und bleibt im Stau stecken; man will ins Kino und bekommt keine Karten mehr; man möchte jemanden sprechen, kann ihn aber nicht erreichen; man plant eine Reise und wird krank; man will das Auto starten, aber die Batterie ist leer. Was geschieht uns, wenn wir an diese Grenzen stoßen und in ein Nicht-Können kippen? Nicht-Können ist mit einem Seins-Verlust verbunden: ich kann dort nicht sein, wo ich sein wollte. Wenn wir jemanden sprechen wollen und ihn nicht finden können, dann können wir nicht mit ihm sein. Jedes Nicht-Können ist eine kleine Form von Nicht-Sein, ein „weniger" Sein. Im Nicht-Können gewinnen die Vorgaben die Oberhand über die Person. Sie ist den Bedingungen unterlegen und erfährt sich als ohnmächtig. Der Mensch ist der Unterlegene. Die alltäglichen Erfahrungen des Nicht-Könnens sind im Allgemeinen nicht von besonderer Tragweite, weil immer ein Können übrig bleibt, wenn auch ein anderes Können als geplant. Wer im Stau steckt, kann zwar nicht fahren, aber es eröffnet sich ihm ein anderes Können: Er kann Musik hören, kann sich entspannen, kann denken, lernt vielleicht das Warten-Können. Es bleiben genug Spielräume für Formen der Existenz, die sinnvoll sind. Die Erfahrung des Nicht-Könnens kann insofern sogar wichtig sein, weil sich dadurch neue Möglichkeiten und Lebensräume eröffnen.

✓ *Wie wirkt sich das Nicht-Können bei mir selber aus? Welche Erfahrung, welche Geschichte des Nicht-Könnens zieht sich durch mein Leben? Welche Auswirkungen hatte die Erfahrung des Begrenzt-Seins, wie bin ich mit ihr umgegangen? Ist mir das Scheitern und das Nicht-Können Ansporn zum Training oder lasse ich mich einschüchtern, schnell entmutigen?*

Die Copingreaktionen beim Nicht-Können

Wenn auch viele Erfahrungen der Grenzen und des Nicht-Könnens im Alltagserleben keine weiteren Probleme darstellen, so bedeuten sie aber im Grunde doch eine Erfahrung von Behinderung und Ohnmacht. In anderen Fällen kann das Erleben von Ohnmacht mitunter so weit gehen, dass der Halt in der Realität verloren geht und Unsicherheit entsteht, schließlich Angst. Wenn jemand z. B. ein Anliegen nicht zur Sprache bringen kann und sich dieses Unvermögen in seiner Schüchternheit wiederholt, so gerät er in Gefahr, Schiffbruch zu erleiden. Oder: Wer immer wieder erfahren muss, dass er nicht „nein" sagen kann, wenn andere Menschen von ihm etwas wollen, für den werden die Mitmenschen bedrohlich.

Wenn die Voraussetzungen für das Können nicht gegeben sind, wenn das Können also blockiert ist, dann stellen sich Reaktionen ein, die ganz von selbst und automatisch kommen und nicht entschieden worden sind. Sie kommen nicht aus der *Freiheit der Person*, sondern aus der Psychodynamik. Diese psychodynamischen Reaktionen nennen wir „*Copingreaktionen*" (von engl. to cope: umgehen). Copingreaktionen sind Schutzreaktionen, automatisch ablaufende Verhaltensweisen, die der unmittelbaren Bewältigung der Situation dienen („situationale Bewältigungsmechanismen"). Sie können angeboren oder erlernt sein. Kennzeichen ist jedenfalls, dass sie nicht *entschiedenes* Verhalten darstellen und somit kein Handeln sind, sondern eine *Reaktions*weise. Copingreaktionen dienen einzig dem Erhalt des Lebens, dem Überstehen der Situation, aber weder stellen sie eine ursächliche Lösung des Problems dar, noch eröffnen sie die Welt; sie grenzen daher auch ein.

Muster	Der Versuch ...	Beispiel
1. Grundbewegung: Vermeidungsverhalten	... das Grundvermögen möglichst zu erhalten	„Ich kann hier nicht sein“
2. Paradoxe Bewegung: Aktivismus	... die Behinderung zu beseitigen	„Flucht nach vorne“
3. Abwehrbewegung: Aggression (Hass)	... die Kräfte maximal zu mobilisieren	„Ich könnte meinen Chef erwürgen“
4. Totstellreflex: Lähmung, Verleugnung	... die Aktion aufzuschieben	„Das kann doch nicht wahr sein“

Tab. 5: Die vier Grundmuster von Copingreaktionen der 1. Grundmotivation im Überblick

Grundbewegung (Vermeidungsverhalten): Wenn die Voraussetzungen für das Sein-Können so mangelhaft sind, dass sie als Gefahr oder Bedrohung empfunden werden, besteht die Grundbewegung darin, sich durch Vermeidung oder Flucht in Sicherheit zu bringen. Sie ist die häufigste unwillkürliche Reaktion, wenn Unsicherheit oder Angst aufkommt. Man geht nicht hin, vermeidet den Kontakt, schiebt das Problem vor sich her, wechselt die Straßenseite, kündigt panikartig die Arbeitsstelle, verlässt fluchtartig den Raum usw. Vermeiden und fliehen kann man aber nur, solange man der Situation auch tatsächlich entkommen kann.

Paradoxe Bewegung (Aktivismus): Wenn man der Situation nicht mehr entkommen kann, muss man sich anders schützen, nämlich mit Auflehnung und Kampf. In dieser Überaktivität werden blindlings Aktionen unternommen, die die Ursache beseitigen sollen, damit man der Situation doch noch entkommt: Man trommelt nervös mit den Fingern auf den Tisch, läuft unruhig im Raum hin und her, schreibt sinnlose Mails an verschiedene Leute, versucht durch ständiges Zureden zu beruhigen (erzeugt aber meist das Gegenteil). Es wird mit vielen (nervös wirkenden) Aktionen versucht, eine Bedrohung oder Gefahr abzuwenden, oder für ein Ziel gekämpft (nicht „aggressiv“, sondern hyperaktiv). Wenn auch damit nicht ausreichend Sicherheit entsteht, kommt es zur maximalen Mobilisierung der Kräfte:

Abwehrbewegung (Aggression vom Typus Hass): Hält die Bedrohung an, kann man sich nur noch *gegen* sie wenden und versuchen, das Bedrohende zu vernichten und zu zerstören. Da es in dieser Dimension um den Schutz des Sein-Könnens geht, muss auch die Aggression auf der Seins-Ebene ansetzen. Sie zielt daher auf die Vernichtung der Bedrohung (schreien, fluchen oder jemandem sogar körperliches oder psychisches Leid zufügen wollen). Weil die Situation subjektiv als unausweichlich und zerstörerisch empfunden wird, geht es nur noch um „entweder du oder ich", um Sein oder Nicht-Sein. „Wenn dein Sein mein Sein nicht sein lässt, kann ich dein Sein nicht sein lassen!" Die destruktive Form der Aggressivität ist der Hass: man möchte den Kollegen am liebsten umbringen, weil er das getan hat, würde den Chef am liebsten auf den Mond schießen oder will den Konkurrenten wirtschaftlich vernichten.

Totstellreflex: Der äußerste Schutzmechanismus ist der Totstellreflex, den auch Tiere in lebensbedrohlichen Situationen als letzen Ausweg einsetzen. Wenn alle Aktivität nichts hilft und die Gefahr trotzdem anhält, fühlt man sich teilweise bereits überwältigt. Das Äußerste, was noch zum eigenen Schutz getan werden kann, ist wie gelähmt zu erstarren. Man ist gar nicht mehr in der Lage etwas zu unternehmen, steht wie gebannt da, hält den Atem an, während man sieht, wie sich das Unheil zusammenbraut, und tut nichts mehr dagegen. Wie das Kaninchen vor der Schlange versucht man allenfalls noch dem, was da ist, die Existenz abzusprechen: „Das gibt es doch nicht! – Das kann nicht wahr sein!"

Aushalten und Annehmen

Im Gegensatz zu den Copingreaktionen, die automatisch ablaufende Schutzreaktionen sind, gibt es auch *personale* Verarbeitungsmöglichkeiten von Situationen des Nicht-Könnens. Personal bedeutet, der Situation mit innerer Zustimmung zum eigenen Handeln zu begegnen.

Was können wir selber dazu tun, um unter widrigen Bedingungen sein zu können und damit die Grundlage allen Motivierens, allen Handelns und Existierens zu erhalten? Sein-Können, wenn uns die faktische Welt zu wenig Raum lässt, um sein zu können, artikuliert sich in zwei personalen (das heißt entschiedenen) Aktivitäten:

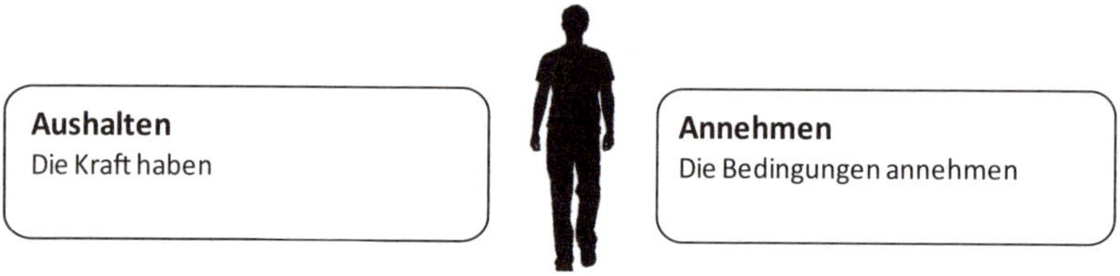

Abb. 21: Aushalten und Annehmen

Beides sind Formen des *„Sein-Lassens"*. Das existentielle Können ist in erster Linie ein Lassen-Können. Mit jedem Aushalten und Annehmen wird die existentielle Basis gestärkt, ist man weniger ausgeliefert, ist man geschützter, hat mehr Möglichkeiten. Etwas sein lassen kann man aber nur, wenn das eigene Dasein dabei nicht in Gefahr gerät (z. B. kann man eine Kündigung schwer annehmen oder aushalten, wenn man das Gefühl bekommt, es bedeute den finanziellen und sozialen Ruin). Annehmen bedeutet: Es kann sein – ich kann sein – wir können beide sein: nebeneinander, vielleicht miteinander, „trotzdem". Annehmen bedeutet im Kern die Akzeptanz des Daseins einer Sache, eines Verhaltens, eines Menschen: Ich kann es (dich) sein lassen, wenn es (du) mich sein lässt. Ich kann die misstrauische Kontrolle des Vorgesetzten dann annehmen und aushalten, wenn ich das Gefühl habe, dass ich trotzdem meine Arbeit machen kann, dass es mich ja trotzdem sein lässt, auch wenn es mich stört. Ich kann den übermäßigen Stress aushalten, wenn ich spüre, dass ich noch die Kraft habe, ihm zu widerstehen. Ich kann den neuen Kollegen ertragen, wenn ich sehe, dass ich trotzdem meine Position behalten kann.

Lassen (aushalten und annehmen) ist im Unterschied zu den Copingreaktionen eine personale Fähigkeit. Das persönliche Lassen spricht dem Sein *dessen* Sein zu im Bewusstsein des eigenen Seins. Durch das Lassen-Können platziert der Mensch sein Sein in der Realität. Dadurch schafft er sich einen Freiraum, wie ein Heraustreten aus dem Dunkel des Waldes „in die Lichtung des Seins" (Heidegger 1979, 133; 170). Im Lassen-Können nimmt das Ich bewusst die Gegebenheit (inklusive der Bedingtheit) seiner Existenz an und setzt sich gleichzeitig über das damit verbundene Hinderliche soweit hinweg, dass er sich ein Können erhält, zumindest ein Sein-Können. Im könnenden Zugegensein inmitten der Bedingungen des Seins verwandelt die Person diese Bedingungen zu Möglichkeiten.

Lassen-Können: aushalten und annehmen

Aus-halten heißt

- Feststellen, dass da etwas ist, dem man sich mit eigener Kraft entgegenstellen kann/muss, um selbst am Leben zu bleiben;
- Spüren, dass man diese Kraft hat;
- entschlossen sein, nicht zu weichen, den Platz zu halten (nicht aufzugeben, sich im Sein zu halten), bis es „aus" ist, d. h. vorüber ist oder die Kräfte zu Ende gehen. Darin ist eine „Treue zum Dasein" enthalten und darum ist Aushalten nicht wenig, sondern viel.

An-nehmen heißt

- eine Sache oder einen Menschen „sein lassen können" und zuzustimmen zu dem, was ist. Das lässt dem anderen den Lebensraum (das innere Ja zu den Bedingungen und Umständen).

Im Annehmen ist alles vom Aushalten enthalten. Mit dem Annehmen macht man das Gegebene zu seiner Realität (Wahrheit) und bezieht sich darauf. Das hat drei Konsequenzen:

1. Man nimmt die Realität wahr, macht das Geschehen zur eigenen „Wirklichkeit" und nimmt es in sein Leben herein. Beim Aushalten bleibt es „draußen" vor der Tür, beim „An"-nehmen nimmt man es an sich „heran", in seine Wirklichkeit herein.
2. Man betritt dadurch die Ebene der Wahrheit – der schöpferische, schaffende Geist des Menschen bezieht sich auf die Realität und macht sie zu seiner Wirklichkeit, nach der er seine Entscheidungen ausrichtet.
3. Man lässt von Vorstellungen und Wünschen los, unterwirft sich als Subjekt („sub-jicere") und nimmt es (das Objekt) als das, was es ist. Darin ist die Haltung der Demut.

✓ *Habe ich schon einmal etwas erlebt, wo es um das Thema aushalten/annehmen ging? Gibt es etwas in meinem derzeitigen Leben, wo es darum geht, etwas anzunehmen oder auszuhalten? Was macht das Annehmen/Aushalten zur Herausforderung? (Was würde möglicherweise in Gefahr geraten, wenn ich es täte?) Welche positiven Erfahrungen habe ich in meinem bisherigen Leben mit Annehmen und Aushalten gemacht?*

Schutz, Raum und Halt

Annehmen und aushalten können sind Aktivitäten der Person. Was aber braucht der Mensch, um diese personalen Fähigkeiten einsetzen zu können?

Die Voraussetzung, um annehmen zu können, ist das Gefühl: „Ich kann damit sein" – umgangssprachlich ausgedrückt: *„Ich kann damit leben."* Es ist genug *Raum* da für mich, um atmen zu können, um mich bewegen zu können, um mich entfalten zu können; ich bin nicht bedroht, es ist genug *Schutz* da; und ich verliere den Boden nicht, ich habe genügend *Halt.* Und darum ist genug *Raum* da auch für das andere, für das Problem. Es kann auch da sein, denn es lässt auch mich da sein und nimmt mir nicht den Lebensraum. So basal ist das Annehmen im Sein verankert.

Schutz

Um da sein zu können, braucht der Mensch Schutz vor den Widrigkeiten des Seins, vor der Kälte, Bedrohung, Gefahr. Als stärkster Schutz für das Sein-Können erweist sich das Angenommen-Sein von anderen. Angenommen-Sein erfahren zu haben gibt ein Gefühl der Sicherheit. Der Schutz lässt mich sein. Er lässt mein Sein zu, bedroht es nicht und hält ihm einen Raum auf. Wer mich annimmt, sagt mir: Es gibt dich. Für mich gibt es dich. Für mich bist du da und ich gebe meine Einwilligung, dass du bist. Von mir aus kannst du da sein, für mich gehörst du zu meiner Welt dazu.

✓ *Gibt es Orte für mich, wo ich ruhig werden kann, wo ich mich sicher und geschützt fühle? Wo habe ich Orte, die mir gehören? Wohin habe ich mich als Kind zurückgezogen, wenn es zu Hause Probleme gab oder um den Streitigkeiten der Eltern zu entkommen? Was sind heute noch gute Plätze für mich? Wohin ziehe ich mich zurück, wenn es Schwierigkeiten gibt am Arbeitsplatz, in der Beziehung, mit den Kindern?*

Raum

Um Raum zu gewinnen, in welchem sich das Können entfalten kann, braucht es zunächst etwas *Abstand* zu dem, worin man steht. Wir brauchen etwas *Distanz,* um die Umstände betrachten und auf die Situation schauen zu können. Der Raum, der nun entsteht, ist so groß wie der Abstand, den man sich geschaffen hat. Das kann ein tiefes Ein- und Ausatmen sein, ein Sichtwechsel, ein Zeitraum, in dem man z. B. eine Nacht über etwas schlafen kann, ein Sprechen oder ein Nachdenken, bei dem man die Ebene des Abstrakten betritt.

✓ *Wie viel Raum haben die Dinge in meinem Leben, die mir wichtig sind? Wird mir dieser Raum regelmäßig eingeschränkt – wodurch? (Von wem oder was lasse ich mir rasch den Raum einschränken?) Und wo ich mich begrenzt fühle: Kann ich den Raum wieder erweitern?*

Halt

Halt gibt Festigkeit, Stabilität, Rückhalt und Kraft. Er schützt vor dem Fallen und gibt daher *Sicherheit.* Halt bietet aber notwendigerweise auch Widerstand, denn was Halt gibt, muss in sich fest sein und dem anderen widerstehen können. Sonst kann man sich nicht darauf *„ver-lassen“.* Ein Boden gibt Halt und vermittelt zugleich, dass man nicht nur auf sich allein gestellt ist, sondern durch den Bezug auf anderes (!) Halt gewinnt. Wenn man sich einem Halt überlassen kann, gewinnt man Freiheit dazu; schon allein körperlich kennen wir das: Wenn ich mich nicht festhalten muss, sind meine Hände frei. Halt gewinnen wir im Leben durch unterschiedliche Erfahrungen: Durch Menschen, die etwas mit einem *„aus-halten“*, oder die Erfahrung mit sich selbst, dass man etwas durchstehen kann und dass das Leben weitergeht. Die Erfahrung, dass die Welt hält, nicht auseinanderbricht durch eine Schwierigkeit oder ein Missgeschick, beginnt mit dem Haltgefühl im physischen Bodenkontakt und geht bis hin zum Gefühl, *getragen* zu sein von dieser Welt.

Halt kann in unterschiedlichen Bezügen erlebt werden:
Welt: Ordnung, Struktur, Regelmäßigkeiten, Normen, Gesetze, Traditionen, Rituale, Beruf, Wohnung
Beziehungen: Nationalität, Heimat, Kultur, Verlässlichkeit, Treue, Verbindlichkeit, Unverbrüchlichkeit (da ist jemand – immer wieder, trotz allem), Unnachgiebigkeit
Ich selbst: Vertrauen auf sich selbst, Fähigkeiten, Mut, Körper, Lebenskraft, die Erfahrung, Ähnliches schon durchgemacht zu haben, zu sich stehen (Gewissen)
Geistige Inhalte in der Welt: Geistige Haltungen wie Hoffnung, Treue, Wahrheit, Glaube

✓ *Was hat meinem bisherigen Leben Halt gegeben? Worauf kann ich mich bei mir selbst verlassen? Worauf kann ich auch in der Krise voll und ganz vertrauen? Ist da eine Restunsicherheit? Gab es schon Situationen in meinem Leben, wo ich den Halt verloren habe? Wie habe ich wieder Boden unter die Füße bekommen? Was ist die wichtigste haltgebende Struktur in meinem Leben (Menschen, Bedingungen, Gedankliches, Glaube)?*

Vertrauen – die Brücke über die Unsicherheit

Vertrauen ist die Einwilligung, sich einer haltgebenden Struktur zu überlassen, um die wahrgenommene Unsicherheit (Risiko) zu überbrücken. Der *tiefe Halt* sind geistige Haltungen mit Inhalten, die *Vertrauen* vermitteln. Je tiefer die geistige Haltung gründet, desto mehr Halterfahrungen sind möglich.

Tragfähigkeit – die Grundlage des Vertrauens

Die Basis des Vertrauens ist die Tragfähigkeit (Halt), die Festigkeit bzw. Konstanz. Es muss etwas da sein und stark oder groß genug sein, um mich halten oder auffangen zu können. Sein Sein muss mit mir durchhalten können, ohne dass es weicht. Darin besteht die Vertrauens-*würdigkeit* (z. B. der Halt des Seils, die Verlässlichkeit des Anästhesisten, des Flugzeugs, die Verlässlichkeit des Partners und die Gewissheit, dass das Versprochene gehalten wird). Wenn die Vertrauenswürdigkeit gegeben ist, kann die Kontrolle, das heißt die eigene Zurückhaltung abgegeben werden und es entsteht echtes Vertrauen, „sehendes“ Vertrauen.

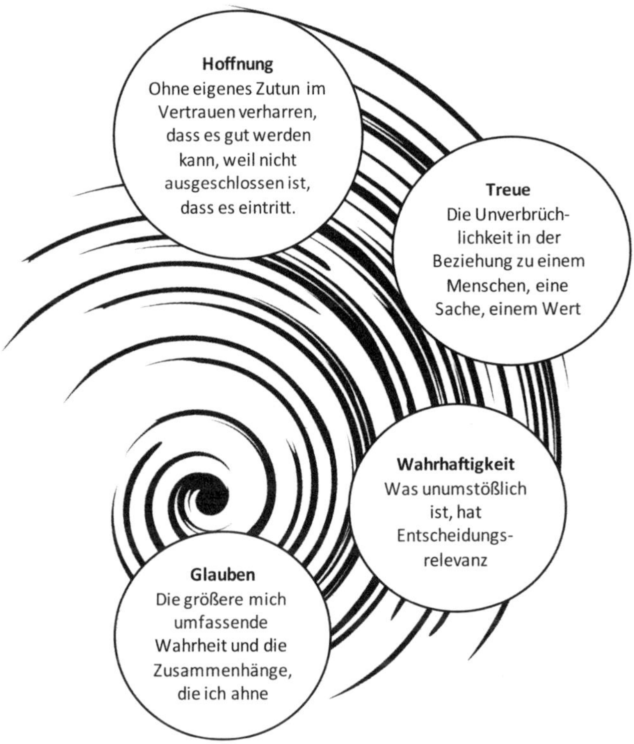

Abb. 22: Geistige Haltungen, die Vertrauen vermitteln

Selbstvertrauen: Selbstvertrauen ist das Vertrauen in den Halt in sich selbst, in die eigenen Fähigkeiten. Kann immer wieder die positive Erfahrung gemacht werden, Halt in sich selbst zu finden, entsteht ein Gefühl der Sicherheit – *Selbst*sicherheit. Selbstsicherheit gründet zwar im Vertrauen, hat aber den Schwerpunkt des Erlebens bereits verlagert auf die Selbstverständlichkeit, Halt in sich zu finden und Schwierigkeiten ohne Zweifel und Unsicherheit begegnen zu können.

Das tiefe Vertrauen: Darunter wird ein „intimes, innerlichstes Vertrauen in sich selbst" verstanden, das als unbedingte Selbsttreue erlebt wird und in der größten Intimität verankert ist. Es ist ein Vertrauen in die Fähigkeit und Bereitschaft, sich selbst unbedingt treu zu sein und unter allen (auch schwierigsten) Umständen zu sich zu stehen. Es ist die Haltung und Entschiedenheit: „Ich lass mich niemals im Stich – auch nicht im äußersten“. Mein Dasein-Können als die Person, die ich bin, hängt von meiner Entscheidung und Treue für mich ab. Intimes Vertrauen in die eigene Entscheidung zu sich verschafft das Gefühl*: Ich bin bei mir aufgehoben.*

Grundvertrauen: Das Vertrauen, dass auch diese Welt noch gehalten ist, geht über in ein *transzendentales* Vertrauen, weil das, worauf vertraut wird, alles Verstehen und Erkennen übersteigt. Grundvertrauen ist der letzte Grund von allem Vertrauen. Es ist das Vertrauen in den letzten erlebbaren Halt und ein (zumeist unbewusst) vollzogener Akt des Sich-Einlassens auf den als „letzten“ erlebbaren Halt im Dasein – auf das, was einem als *„Seinsgrund“* entgegenkommt. Das Grundvertrauen beruht also auf der Erfahrung, dass immer etwas „da ist“, das auffängt und Halt gibt, auch wenn alles aus den Fugen gerät. Erlebensbezogen läuft das Grundvertrauen auf das Gefühl hinaus, dass es „nie aus ist, sondern immer irgendwie weitergeht“. Es ist das Empfinden und Sich-Verlassen darauf, dass diese Welt nicht „grundlos“ ist. Es ist psychologisch gesehen der *Grundakt* und die Urerfahrung des Glaubens. Grundvertrauen gründet

1. in „mir selbst“, meinem Lebensgefühl und meiner Entschiedenheit für mich;
2. in der Erfahrung mit anderen Menschen und ihrer Treue zu mir;
3. in der Erfahrung eines Seinsgrundes, eines größten, umfassenden Ordnungsprinzips – für Gläubige liegt hier der Übergang in die Gotteserfahrung.

Seinsgrund als letzter Grund: Der Seinsgrund ist der tiefste Grund in dieser Dimension der Existenz. Er ist wie der Boden, in dem die Wurzeln des Grundvertrauens stecken (vgl. Heidegger 1979). Der Seinsgrund hat eine psychologische Bedeutung, weil er das Gefühl eines umfassenden, von äußeren Umständen unabhängigen, *letzten Gehaltenseins* vermittelt. Der Seinsgrund ist im (spirituellen) Erleben ein Aufgehoben-Sein „in jedem Fall“. Selbst wenn man stirbt, ist etwas da, worauf man sich verlassen kann. Auch wenn es ein Nichts ist – dennoch handelt es sich um eine letzte Ordnung, die gefühlsmäßig Bestand hat.

Aus der Erfahrung dieses letzten Gehaltenseins – und des Staunens, dass es mich gibt – stammt das freie *„Ja zur Welt“*, das „Ja zum Dasein“ und zu seinen Bedingungen. Es ist die Einwilligung und Zustimmung zum „auf der Welt Sein“ und zu dem, „was ist“, sodass man es als gegeben *annehmen* und das, was schwer ist, *aushalten* kann.

✓ *Wann habe ich auf meinem Lebensweg Wahrheit, Hoffnung, Treue, Glaube erlebt? Wo habe ich es nicht erlebt? Wo hätte ich es mir besonders gewünscht? Kann ich – jetzt, wo ich darüber nachdenke – diesen Phasen zustimmen? Kann ich annehmen, dass es so war – und wo nicht? Was hat mich in Krisen und dunklen Stunden am meisten getragen? Gibt es etwas, worüber ich heute staune?*

Leben-mögen

Beim zweiten Baustein der Existenz geht es um die Grundfrage des Lebens: Ich lebe – aber *mag* ich eigentlich leben? Erlebe ich die Fülle, die Verbundenheit, das Zeit-Haben für Werte? Das Leben als Wert erfährt der Mensch vor allem durch Zuwendung, Nähe und Liebe. Das öffnet ihn selbst wieder, um sich anderem (Menschen, Dingen) zuwenden zu können. Sich etwas oder jemandem zuwenden zu können hat zur Voraussetzung, dass das eigene Leben als Wert empfunden wird. Dieser Grundwert besteht in dem tiefen Gefühl, dass es gut ist, dass es mich gibt.

Die zweite Grundfrage der Existenz

Neben der existentiellen Herausforderung, den Realitäten und Notwendigkeiten zu entsprechen, geht es darum, mit dem Leben zurechtzukommen. Als biologisches Wesen ist der Mensch unaufhebbar einem Wachsen, Reifen und Altern unterworfen. Leben stellt einen weitgehend unabhängig ablaufenden Prozess dar, in den der Mensch ungefragt gestellt ist, den er aber gestalten kann. Leben geht mit Beziehungen und Gefühlen einher. In einem existentiellen Licht stellt ihn dieses Faktum vor die herausfordernde Frage: Wie beziehe ich mich zum Faktum des Lebendig-Seins und den damit verbundenen Konsequenzen? Durch die Vitalität des Daseins ist es möglich, dass der Mensch das Leben *er*leben kann. Erleben heißt, Gefühle zu haben und in Beziehungen zu stehen. Das ist mehr als nur Dasein. Es bedeutet Freude haben, aber auch Leid erfahren. Damit zurechtzukommen ist eine existentielle Aufgabe. Fehlt es dem Menschen an Beziehungen zu Wertvollem, fehlt es an Grundlagen für ein „Ja, ich mag mein Leben". Die Grundfrage des Lebens ist auf mein Gefühl des Lebens selbst zu beziehen und lautet daher: Ich lebe – **mag ich leben?**

✓ *Lebe ich mit Freude? – Was macht mein Leben lebenswert? – Was bringt Leben in mein Leben?*

Das Mögen – das Erleben von Bewegung

Etwas mögen oder nicht mögen beschreibt das Erleben dessen, dass Bewegung in mir aufkommt. Oder umgekehrt formuliert: Ich spüre ein Mögen oder ein Nicht-Mögen bei allem, was mich in Bewegung bringt. Bei allem, was den Menschen erreicht (von innen oder außen), entsteht ein „ich mag" oder ein „ich mag nicht", z. B. ich mag dieses Buch lesen, ich mag diese Arbeit, ich mag die unangenehmen Konsequenzen nicht, wenn ich das jetzt tue. Alles Erleben des Menschen liegt zwischen den Polen „Mögen – Nicht-Mögen".

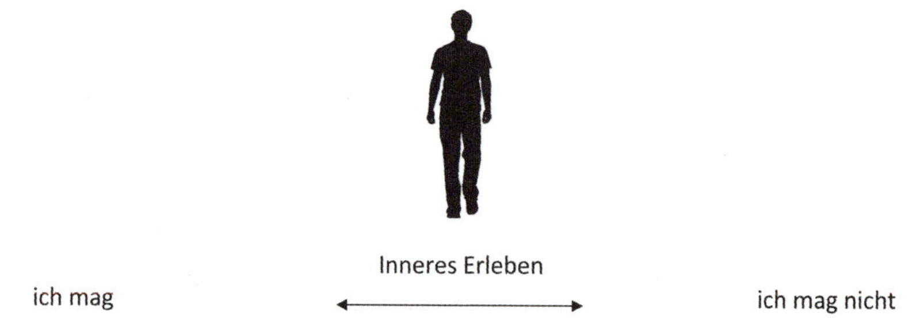

Abb. 23: Mit dem Erleben verbunden ist immer entweder Anziehung oder Abstoßung.

Überall, wo ich ein Mögen erlebe, habe ich Anteil am Leben. Mögen ist ein Element der Motivation; es „startet" den Motor, steuert die emotionale Kraft bei und bringt Leben auf. Diese Kraft kann von innen heraus (Lust) oder von außen (Wert, Attraktivität) her kommen. Ein Mögen in sich zu finden, heißt nicht automatisch, dem nachzugehen, was man mag: ich kann den Kuchen vor mir mögen, ohne ihn jetzt gleich zu essen. Manchmal mag man auch Dinge, die verboten sind, denn Mögen ist lediglich ein Gefühl der Attraktion. Ein solches zu haben heißt aber noch lange nicht, dass ich es gleich tun soll oder dass ich es mir erlauben darf – doch ich soll es annehmen und mir eingestehen, dass es mich anzieht. Man ist dem Aufkommen des Mögens ausgeliefert, weil es von selbst entsteht. Darum *bin* ich auch das, worin sich mein Mögen zeigt. Man kann es nicht bestimmen oder sich vorschreiben, was man mag.

Das Gefühl, ich mag

Mögen beinhaltet zwei Zugänge zur Emotionalität. Der eine ist der lustbetonte, d. h. man verspürt Lust auf etwas und geht dem aktuellen Bedürfnis nach. Der andere Zugang ist der wesenhaft-personale: Ich mag etwas tun, weil es mir ein (persönliches) Anliegen ist. Beide kommen zusammen in dem Gefühl: „Ich mag leben." Etwas zu mögen oder nicht, bedeutet immer Bezugnahme auf das Leben, auf das Wohlsein, darauf, dass es mir gut geht. Jedes Mögen, sei es eine Sache, ein schöner Moment in der Beziehung zu einem Menschen, eine für mein Leben wichtige – vielleicht aber schmerzliche – Entscheidung, stärkt die Beziehung zum Leben und zum Gefühl „Ich mag gerne leben in dieser Welt mit *ihren* Werten und *meinen* Gefühlen. Es ist gut, dass es mich gibt". Bildhaft ausgedrückt könnte man sagen: Wenn ich etwas tue, was ich mag, „küsst" mich das Leben.

✓ *Wo lebe ich auf? – Wo habe ich das Gefühl, zu leben, Leben zu spüren? Wie viel Raum kann ich dem geben, was ich mag? – Darf ich mit meiner Lebendigkeit vorkommen, statt nur zu denken: „Du musst, ob du magst oder nicht"? Mag ich mich einem Genuss hingeben? – Tue ich es? Oder bekomme ich immer ein schlechtes Gewissen dabei? Worauf freue ich mich in der nächsten Zeit meines Lebens? Warum sind mir meine Interessen wichtig – kommt ein Mögen darin vor? Wie bin ich erzogen worden – was hat in unserer Familie gezählt? Was hat Wert gehabt bei uns und war wichtig?*

Das Nicht-Mögen

Im Leben gibt es häufig Situationen, in denen man etwas tut, obwohl man es nicht mag (z. B. in einer Sache nachgeben, weil es sonst Streit gibt; früh aufstehen, weil der Arbeitsweg lang ist). Die Gründe dafür können sehr unterschiedlich sein. Doch sie hinterlassen immer unangenehme Gefühle. Unangenehm ist das Gefühl deshalb, weil Leben oder Lebensqualität verloren geht.

Ein Nicht-Mögen soll nicht einfach übergangen werden. Es soll verstanden und ernst genommen werden und wir sollen es wagen, es zu empfinden. Dieses Verständnis von Mögen bedeutet nicht, dass wir uns in der Entscheidung ausschließlich danach richten, was wir mögen und nicht mögen. Das Mögen ist lediglich *ein* Element der Entscheidung. Aber es ist eben *auch* ein Element, und nicht keines.

✓ *Steht hinter dem, was ich nicht mag, ein höherer Wert, für den ich einstehen mag? Ist der größere Wert (z. B. Harmonie und Frieden) tatsächlich wichtiger oder ist es die Sache eigentlich weniger wert als (unbedachterweise) angenommen?*

Die Copingreaktionen des behinderten Lebens

Leben ist behindert, wenn nicht genügend Wertvolles wahrgenommen werden kann. Dafür gibt es unterschiedliche Gründe. Es können Defizite vorherrschen, weil

- zu wenig Genüssliches da ist oder weil man nicht genießen kann;
- es an Beziehung zu Schönem fehlt;
- man den Ausgleich vernachlässigt und nur die Pflichten, die Arbeit und das Geforderte sieht;
- ein lang andauernder Mangel besteht, z. B. durch zu wenig Zuwendung und die Erfahrung, zu kurz gekommen zu sein;
- man einem funktionalen Lebensstil verfolgt, wo nur gearbeitet wird und wo wenig Zeit füreinander bleibt;
- man den Verlust von Werten erlebt hat, wie z. B. den frühen Tod der Eltern, die Erfahrung, älter zu werden und körperliche oder mentale Fähigkeiten zu verlieren.

Wenn nicht genügend Möglichkeiten bestehen, zu einem Leben-Mögen zu kommen, setzen Schutzmechanismen ein.

Muster	Der Versuch ...	Beispiel
1. Grundbewegung: Rückzug	... zumindest die Beziehung zu sich zu erhalten	„Ich kann hier nicht sein", „Sich unter die Bettdecke verkriechen"
2. Paradoxe Bewegung: Aktivismus	... sich nicht den eigenen Gefühlen zuwenden zu müssen	Unbegrenzte Hilfsbereitschaft
3. Abwehrbewegung: Aggression (Wut)	... den Verlust von Wertvollem zu verhindern – die Beziehung zum anderen wachzurütteln	„Du blöder Kerl, du zerstörst ja unsere Beziehung!"
4. Totstellreflex: Resignation	... nicht zur Gänze vom Problem überwältigt zu werden	Sich aus der Beziehung „ausklinken"

Tab. 6: Die vier Grundmuster von Copingreaktionen der 2. Grundmotivation im Überblick

Grundbewegung (Rückzug): Man schafft es nicht in die Welt zu gehen, sondern bleibt bei sich in der Innenwelt. Man wird gleichgültig und zieht sich innerlich oder äußerlich aus den Beziehungen zurück an Orte, wo es warm ist und wo noch zumindest die Beziehung zu sich selbst möglich ist („sich in sein Schneckenhaus verkriechen"). Mit dem Aufschieben erreicht man einen Zeitgewinn mit der Chance, dass es nachher besser geht.

Paradoxe Bewegung (Aktivismus): Gelingt dies nicht, entsteht eine gegenläufige Reaktion. Man beginnt sich der Leistung zu verschreiben, statt sich den eigenen Gefühlen zuzuwenden. In Beziehungen wird man überfürsorglich und opfert sich auf aus Angst, zu wenig geliebt zu werden. Man vergleicht und entwertet sich („das ist nichts Besonderes, was ich da gegeben habe") oder schließt sich Gruppen an, die einem helfen, die eigene Schwäche, d. h. die Beziehung zu dem, was man an sich selbst nicht wertvoll findet, zu überwinden (das weinende Kind, das Verstärkung bei den Eltern holt).

Abwehrbewegung (Aggression vom Typus Wut): Wut ist darauf aus, dafür zu kämpfen, dass mir *das* erhalten bleibt, was ich mag und was mir wertvoll ist. Diese Aggression zielt daher meistens auf das Wecken und das Erhalten von Beziehungen ab. Die Wut ist ein inneres Aufwallen des Lebens („ich könnte platzen vor Wut"), das seine Behinderung oder gar „Tötung" nicht einfach hinnehmen will (sie schreit gleichsam und rüttelt am anderen: „Wenn du so weitermachst, dann zerstörst du unsere Beziehung"). Wut ist eine Kraft zum Schutz von Werten, Liebe und Beziehung: „Ich will leben – aber wenn ich das zulasse, was hier läuft, bedroht es das, woran ich hänge, und es nimmt mir die Qualität in meinem Leben."

Totstellreflex: Er ist die letzte Sicherung, um vom Problem nicht ganz überwältigt zu werden. Man verfällt in die Passivität und versucht, die Sache an sich vorübergehen zu lassen. Die Kräfte gehen verloren und man fühlt sich kräfte- und gefühlsmäßig wie tot (Erkalten der Emotionen). Schließlich nimmt man sich völlig aus der Beziehung, weil man die Hoffnung auf eine Änderung verloren hat.

Noch einige Worte zum *Umgang mit Wut*: Da Wut eine beziehungssuchende Form der Aggression ist und verhindern soll, dass es kalt und leblos wird im Leben, ist es wichtig, sie zu verstehen und auch möglichst fruchtbringend einzusetzen. Sie soll nicht einfach verpuffen oder abreagiert werden, sondern konstruktiv eingesetzt werden. Als Copingreaktion kommt Wut erst auf, wenn man sich mit etwas Wertvollem in Bedrängnis fühlt und sich nicht mehr zu helfen weiß. „Wenn sich der blöde Kerl so benimmt ..." ist die wütende Reaktion darauf, dass uns das Verhalten eines Kollegen aus der Fassung bringt. In der Wut möchte man den anderen am liebsten anschreien und so dazu bringen aufzuhören.

Es geht darum, zu verstehen und zu wissen, dass Wut einen bedeutsamen Wert schützt; dass sie daher eine (subjektive) Berechtigung hat. Daher sollten wir zu verstehen versuchen, welcher Wert in Gefahr geraten ist. Damit greifen wir den Sinn der Wut auf und können die mit ihr verbundene Kraft auch zum Einsatz bringen, um uns umso mehr Gehör zu verschaffen.

Zusammenfassend bedeutet das: Die Wut soll „sehend" gemacht werden (die „blinde" Wut richtet Schaden an):

1. Sehend nach außen: Was ist es eigentlich, was mich (bzw. den Coachee) so wütend macht? Gegen wen richtet sich die Wut wirklich?

2. Sehend nach innen: Welcher Wert ist dadurch in Gefahr bei mir (bzw. beim Coachee)?
3. Sehend für Mittel: Wo kann ich die mobilisierte Kraft am besten zum Einsatz bringen? Was ist der Wert, den ich erreichen will?

Diese Vorgehensweise gilt im Übrigen für alle Formen von Aggression in jeder Grundmotivation.

Zuwendung und Trauer

Abgesehen von den automatisch ablaufenden Copingreaktionen gibt es auch in dieser Dimension der Existenz *personale* Verarbeitungsmöglichkeiten. Das Trauern und die Zuwendung zu den Werten sind die Elemente, die das Leben tragen. Ein personal-existentieller Umgang ermöglicht eine Bewältigung und Verarbeitung, die aus einem *Verstehen* der Situation und einer *Stellungnahme* entsteht. Das bedeutet, das Leid zu meinem zu machen, den Schmerz spürbar zu machen, mich ihm zu stellen und ihm nicht hilflos zur Gänze ausgeliefert zu sein.

Trauern – die Zuwendung zum Unwerten

Dank seiner Vitalkraft ist es dem Menschen möglich, Gefühle zu haben, Nähe, Wärme und Werte zu erleben und Beziehungen emotional zu empfinden. Zugleich bringt die Lebendigkeit aber auch das Empfinden von Leid, Schmerz und der Schwere des Lebens mit sich. Das stellt den Menschen vor Unliebsames, Wertloses, vor Verluste und Belastungen, die mit dem Leben, den Werten und den Beziehungen verbunden sind und mit denen er sich auseinandersetzen muss, um leben und lieben zu können. In der Zuwendung zum Unwerten, Leidvollen oder einem Wertverlust, entsteht das Gefühl der Trauer. Bei Verlusten geht etwas Wertvolles verloren und der Trauernde steht vor der Frage, ob das noch ein Leben ist, was ihm nach dem Verlust verbleibt. „Kann das noch ein *gutes* Leben werden?“ – Für ein (gutes) Leben nach einem erlittenen Verlust braucht es eine Neuorientierung. Sie ist nicht machbar mit Gedanken („das Leben muss weitergehen; die Zeit heilt alle Wunden“). Vielmehr muss man sich neu einrichten im Leben und auf der Gefühlsebene mit diesem Leben wieder in Beziehung kommen. Nur mit dem Schmerz, mit Pflichten und Aufgaben weiterzuleben, wäre kein gutes Leben. Mit dem Leben wieder in Berührung zu kommen, geschieht in der Trauer. Sie beginnt mit der Zuwendung zum Verlust.

Weinen – die Haltung des Sein-Lassens: Im Aufgeben des sich Wehrens, im Zulassen des Geschehenen kann ich den Verlust an mich heranlassen und dadurch ein Gefühl bekommen. Ich lasse es geschehen – ich lass die Tränen fließen. Die Tränen sind die „Botschaft", dass es in mir trotzdem noch lebendig ist, obwohl ich glaubte, das Leben verloren zu haben. Weinen bedeutet, dass das Leben sich wieder in mir rührt, mich wieder neu be-rührt. Ich weiß zwar nicht, wie es weitergehen kann, aber immerhin ist in mir Leben. Tränen sind die Boten des Lebens. Sie sind wie Knospen am Baum nach dem harten Winter oder, nach den Worten Camus' (1938/1957, 874): „In der Tiefe des Winters erfuhr ich, dass in mir ein unbesiegbarer Sommer liegt."

Mich in Empfang nehmen: Erst auf der Basis dieser Berührung kann ein inneres Sprechen dazukommen: „Ja es ist wahr, ich habe etwas ganz Wertvolles verloren, das eine große Lücke hinterlässt. Ein Stück wurde aus mir herausgerissen." Mitgefühl für sich selbst schafft Nähe. Diese Zuwendung und dieses Sich-in-Empfang-Nehmen ist die Basis für den Zuspruch zu sich selbst. Dieses Sprechen in mir bleibt nicht in der Situation, sondern verweist auf die Zukunft, auf das, was wird. Das Gefühl kommt langsam auf, das wie ein Sprechen ist: „Du weißt, das muss jetzt weh tun. – Aber es wird schon ...". In dieser Form gibt man sich Trost.

Auf das Leben neu zugehen: Dieses Geschehen-Lassen schafft die Voraussetzungen, um sich von anderen Werten neu berühren zu lassen und darin Leben neu zu verankern. Man ist wieder freigegeben für das Leben, wehrt sich nicht gegen ähnliche Situationen und kann den Wert empfinden, der auch durch neue Beziehungen ins Leben kommt. Ein guter Trauerprozess führt zum Ergebnis: „Ich habe etwas verloren – aber ich habe dadurch ein Leben wiedergewonnen". Wenn man sich weiterhin in der Zuwendung hält und sich in seiner Situation in den Blick nimmt, kommen schließlich praktische Fragen auf: Was brauche ich? Was tut mir gut?

✓ *Wann trauere ich? Was tue ich, wenn ich trauere? Wie sorge ich für mich, wenn ich traurig bin?*

Zuwendung

Um Leben zu er-leben (Wertvolles – „ich mag"; Unwertes – „ich mag nicht") braucht es ganz allgemein eine Beziehung zu dem jeweiligen Menschen oder Objekt, denn Werterleben findet nur in Beziehung statt. Wenn etwas nicht als Wert erlebt werden kann, so stellt sich die Frage, ob überhaupt eine wirksame Beziehung besteht oder zustande kam. Zuwendung ist die Aktivität, um mit etwas oder jemanden in Beziehung zu treten. Zuwendung bedeutet Öffnung für die Nähe und die aktive Bereitschaft, sich dabei berühren zu lassen, innere Fühlung aufzunehmen und die Wirkung zu empfangen: Was macht es mit mir? Wie wirkt es auf mich? Was in mir kommt dadurch ins Schwingen? Ohne Zuwendung fehlt es an Resonanzbereitschaft für das Bewegtsein und das Fühlen von Leben. Denn was mich bewegt, weckt mein Leben in mir und macht es fühlbar.

✓ *Wovon lasse ich mich leicht bewegen? Was waren besonders wichtige Momente in meinem Leben und was war das Bewegende daran?*

Beziehung, Zeit und Nähe

Um Zuwendung geben (und aushalten) zu können, um das Leben zu mögen, um es trotz unvermeidbarer Widrigkeiten lieben zu können und um fühlen zu können, haben sich drei Voraussetzungen als notwendig erwiesen: Beziehung, Zeit und positive Nähe-Erfahrung.

Beziehung

Ein emotionales Berührtsein ist die Grundlage jeder Beziehung. Erst dadurch kann ein Gefühl für den anderen entstehen und zugleich ein Gefühl für sich selbst. Ist man in einer Beziehung „mit dem Gefühl dabei" (d. h. hat man das Gefühl bei sich präsent), dann lebt sie und hat mit *dem eigenen* Leben zu tun, unabhängig davon, ob man den anderen hat oder nicht hat, ob man mit ihm zusammen ist oder von ihm getrennt ist. Wo eine gefühlsmäßige Verbundenheit besteht, ist mir der andere nicht gleichgültig – ich bin fühlend mit dabei. Deshalb geht es mir in einer positiven Beziehung auch schlecht, wenn es dem anderen schlecht geht.

Etwas mögen heißt also in einem ersten Schritt: *Ich mag mich damit in Beziehung bringen* und die Beziehung halten zu dem, was ich tue. Das empfinde ich als Wert, weil darin Leben schwingt. Die Grundform der

Beziehung entsteht automatisch. Sobald man mit jemandem zusammen ist, ist unweigerlich eine Beziehung da, ob in der Straßenbahn, im Aufzug oder überall, wo man mit Menschen zusammenkommt. Dies ist eine *unpersönliche* Form von Beziehung, denn sie ist nicht ausgestaltet, weil man nicht in sie „eingetreten" ist. Dennoch ist es Beziehung, weil man Bezug nimmt auf den anderen, sein Verhalten ändert oder vielleicht schon etwas von ihm fühlt, z. B. Sympathie, Abstoßung oder Fremdheit. Man kann eben nicht *nicht* Beziehung haben!

Zuwendung kann nur im Rahmen von Beziehungen gegeben werden. Sie sind deshalb so wichtig, weil

- sie Schutz geben und den sicheren Rahmen darstellen, in dem Zuwendung stattfinden kann;
- sie das Terrain und der „Boden" sind, auf dem die Zuwendung gegeben werden kann, bzw. die Brücke darstellen, über die die Zuwendung laufen kann;
- sie den gemeinsamen Verstehenshorizont bilden, der die Zuwendung einbettet – das, was wir jetzt gemeinsam haben (Thema, Situation) und worum es uns gemeinsam geht.

Jedes Werterleben setzt an der Beziehung zum eigenen Sein an. Deshalb ist es wichtig, dass die innere Zugänglichkeit zu sich selbst erhalten bleibt, während man sich anderen zuwendet. Dafür gibt es zwei Gründe.

1. Beziehung zu sich selbst bedeutet *Offensein für die eigenen Gefühle*, gegenüber dem eigenen Körper, den eigenen Gedanken und Erinnerungen. Diese Offenheit ist der Boden dafür, Lust zu erleben und Gefühle zu bekommen. In der Lust ist eine Offenheit für sich selbst enthalten. Lust und Gefühle resultieren aus der Beziehung zu sich selbst.
2. Durch die Selbstbeziehung in der Gegenwart des anderen kann man sich mit sich abstimmen und das machen oder sagen, was man auch selbst mag und was einem in der Begegnung „am Herzen liegt". Dann verliert man sich nicht in der Beziehung, sondern kann sie *in ihrem Wert erleben.*

✓ *Was brauche ich, um Zuwendung geben zu können? Was ist besonders wichtig, wenn ich Beziehung aufnehmen möchte? In welchen Lebensbereichen/Situationen, bei welchen Menschen/Themen fällt es mir leicht, mich einzulassen? Wo will ich lieber auf Distanz bleiben?*

Zeit

Sich Zeit nehmen enthält schon im Keim die Zuwendung, denn Zeit für etwas haben heißt zugewandt sein. Dort, wofür ich mir Zeit nehme, findet mein Leben statt, kommt das Lebensgefühl auf. Oder umgekehrt formuliert: Existentielles, gutes (erfüllendes) Leben findet nur dort statt, wo man sich Zeit nimmt, d. h. wo man etwas so Kostbares wie die eigene Lebenszeit investiert. Für etwas Zeit haben deckt die existentielle Wichtigkeit auf, die es für die Person hat: *Das, wofür ich die Zeit aufbringe, ist das, wofür ich lebe.*

✓ *Wofür bringe ich Zeit auf? Ist es das, wofür ich leben will?*

Zeit haben ist Zuwendung geben im *Verweilen.* In der Hektik gibt es keine Zuwendung. Doch dort, wofür ich mir Zeit nehme, wird Zuwendung möglich. Durch das Verweilen wird den Gefühlen Raum verschafft und es kann eine emotionale Schwingung zum Inhalt der Zuwendung auftreten. Zeit ist der „Raum" der Gefühle und damit der Entfaltungsraum der Beziehung. Man gibt der „Bewegung", die erst durch die Nähe entsteht, „Raum" und lässt die Bewegung in sich zum Schwingen kommen – bei jedem Erleben, ob ich nun ein Bild betrachte, einem Sonnenuntergang zuschaue, ein Du erlebe in der Begegnung ... Beziehungen leben aus dem „Zeit füreinander Haben". Daher ist Zeit wie ein „Thermometer" der Lebendigkeit einer Beziehung. In der Verliebtheit hat man viel Zeit, in zerrütteten Beziehungen ist jede Minute des Zusammenseins zu lang. Aus einer existentiellen Sicht bedeutet keine Zeit haben, keine Möglichkeiten zu haben. Umgekehrt formuliert bedeutet Zeit haben, entschieden zu sein für das, was ich tue. Je mehr Wahlmöglichkeiten zur Verfügung stehen, desto mehr sind wir in Gefahr, wenig Zeit zu haben. Das Mögen ist dabei ein wichtiges Mittel, um bewusst zu werden, wofür die begrenzte Zeit eingesetzt werden soll.

✓ *Wofür nehme ich mir Zeit – in der Beziehung zum Partner, bei der Arbeit, mit den Kindern, wenn ich für mich allein bin? Für wen/für was habe ich immer Zeit? Wofür nie? Wer hat für mich Zeit? Deckt sich das, wofür ich Zeit habe, mit dem, was mir wichtig ist im Leben?*

Nähe

Sich jemandem zuwenden bedeutet Nähe aufnehmen. Nähe kann als angenehm oder unangenehm empfunden werden. In beiden Fällen geht dem Erleben ein inneres Bewegtsein voraus, verbunden mit dem Gefühl von Wärme bzw. Kälte. Diese spontane Reaktion ist ein Zeichen dafür, vom Leben berührt zu sein. Ohne Berührung kann keine Nähe entstehen. Nähe aufnehmen erzeugt Wärme, weil es das eigene Gefühl von Lebendigkeit mobilisiert; Nähe „rührt" mein Leben an, „be-rührt" mein Lebendigsein. Distanz hingegen erzeugt Kälte. Kann in einer Beziehung keine Nähe gelebt werden, „lässt sie einen kalt", und es findet kein Berührtsein von Leben statt. Von nichts Positivem berührt zu sein bedeutet immer auch einen Verlust von Lebenskraft und -gefühl. Das Leben fließt in der Beziehung – oder sonst nicht. Denn ohne Beziehung – kein Leben.

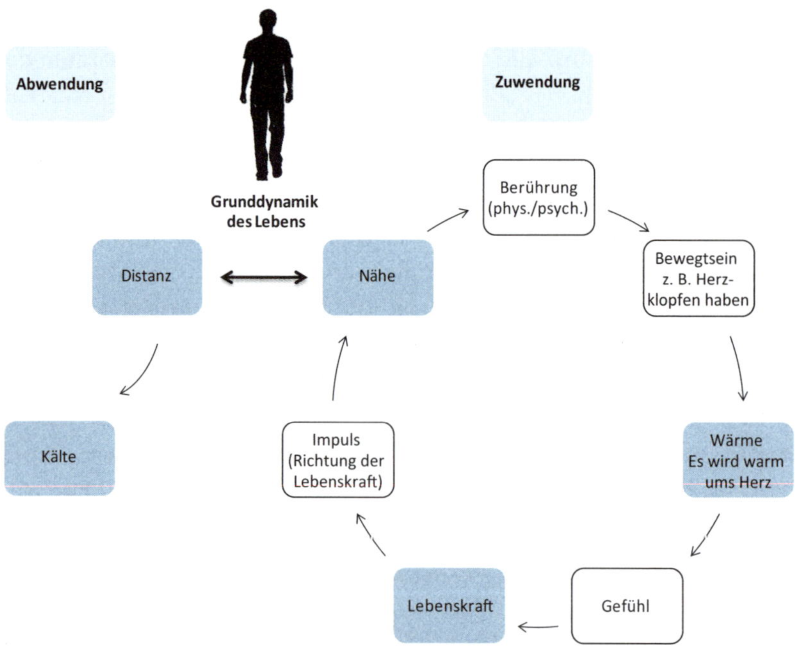

Abb. 24: Grundform der Beziehung

✓ *Wovon habe ich mich heute schon berühren lassen? Hat mich heute etwas bewegt? Was empfinde ich dabei? Was erzeugt Wärme in meinem Leben? Lebe ich Nähe in der Beziehung? Was tue ich da konkret? Wem oder wo kann ich leicht Nähe geben – wo fällt es mir schwer? Wie sieht eine gute Beziehung für mich aus? Wo erlebe ich Kälte und Distanz in Beziehungen? Wovon lasse ich mich da nicht berühren?*

Grundbeziehung – die Brücke zum eigenen Leben

Hinter allen Formen der Zuwendung steht die Zuwendung zum eigenen Leben und die Frage, woran sich die Qualität des Lebens ausfindig machen lässt. Aus einer existentiellen Sicht besteht die Aufgabe des Menschen darin, sich dem Leben zu stellen und es zu seinem zu machen. Sich auf das Leben selbst zu beziehen ist die Grundlage aller Beziehungen; sie wird als Grundbeziehung bezeichnet. Sie ist jene Verbindung, die vom Menschen ausgeht und ihn an das Leben bindet. Sie ist die tiefste und emotional empfundene Beziehung zum eigenen Leben. Wenn man sich auf das Leben beziehen mag, hat man das Gefühl: „Ich mag leben". Die Grundbeziehung wird am meisten gestärkt durch positive Beziehungserfahrungen. Positive Beziehungserfahrungen entstehen

- durch Nähe-Erfahrungen mit Menschen und Beziehungen, in denen man Zuwendung erfahren kann;
- durch das Erleben der Vitalität des eigenen Körpers (dazu gehört auch die Sexualität);
- durch Beziehungen zur Natur;
- durch die Beziehung mit sich selbst als Person, besonders in der Stille;
- durch die Beziehung zu geistigen Inhalten wie Kunst und durch transzendentale Erfahrungen.

Die Grundbeziehung zeigt sich vor allem in der Sorge und im pflegenden Umgang mit dem eigenen Körper, den Gefühlen, der Zeit (Lebenszeit) und den Beziehungen zu anderem Leben. Durch diese Beziehungen wird eine Qualität wahrgenommen, die uns vom Leben entgegenkommt und auf die sich Beziehung bezieht. Wir bezeichnen sie als Grundwert.

✓ *Fühle ich mein Leben, meine Lebendigkeit? Hat mein Leben Qualität? Welche Gefühle kommen auf, wenn ich an mein Leben denke? Wie oft habe ich Zeiten der Stille, in der ich selbst Nähe aufnehmen und Zuwendung geben kann? Wie fühlt sich mein Leben an? Mag ich so leben?*

Grundwert – es ist gut, dass ich lebe

In dieser Beziehung zum Leben kann man sich nun auf das Leben in seiner Ganzheit beziehen und sich fragen: Wie ist es *für mich persönlich*, dass ich lebe? Damit wird das Leben in seinem Wert empfunden. Meistens führt dieses Fühlen zu der Wahrnehmung: „Es ist gut, dass ich lebe." Praktisch formuliert besteht es im Empfinden, Spüren, Fühlen oder Ahnen, dass es letztlich *gut* ist zu *sein*. Dieser empfundene Wert des Lebens ist der eigentliche Grund, warum eine Zustimmung zum eigenen Leben gegeben werden kann. Somit kann all das als Wert bezeichnet werden, was die Grundbeziehung zum eigenen Leben verstärkt, was die Zustimmung zum Leben fördert und was Bedeutung für die eigene Lebensgestaltung hat.

Der positive Grundwert: Alles, was im Leben als „gut" erfahren wird, stärkt die Beziehung zum Leben. Aber das gilt auch umgekehrt: Die Grundbeziehung zum Leben ist der Maßstab, an dem Werte gemessen werden. Werte verstärken die Beziehung zum Leben und bringen Leben in uns zur Schwingung. Darin liegt der Sinn von Werten. Sie lassen uns immer wieder die Erfahrung machen, dass es gut ist, da zu sein. Darum ist es wichtig, sie in uns schwingen zu lassen, sie zuzulassen, an uns heranzulassen, weil sie die Nahrung sind für den Grundwert und für die Grundbeziehung zum Leben. Macht man im Leben immer wieder gute Erfahrungen und erlebt wiederholt, dass einem das Erlebte gut tut, dass es wertvoll ist, so entsteht in der Wahrnehmung ein Gefühl, dass es eigentlich gut ist zu leben. Dieses Gefühl summiert sich im tiefen Wert des Lebens und in der Dankbarkeit für den Wert des Lebens an sich – auch wenn das Leben manchmal mühsam ist.

Der negative Grundwert: Wenn sich das Leben hingegen schlecht anfühlt, kommt es zu einem negativen Bilanz-Gefühl: Es mag sein, dass das Leben an sich gut ist und andere Menschen es so erleben, aber das eigene Leben wird nicht so empfunden. Diese Botschaft vom Leben mit all seinen Schwierigkeiten und Problemen führt zu einem *negativen* Grundwert. Menschen hungern sich dann emotional durch das Leben, machen nach besten Kräften weiter, aber es ist kein gutes Leben, weil zu wenig Werte erlebt werden können, die dazu führen, dass sie das Leben mögen, dass sie es *lieber* leben mögen. Der Mensch braucht immer wieder Erfahrung von Werten – von Dingen, die gut sind. Werte sind seelisch-geistige Nahrung, die uns in Bewegung bringen und uns vermitteln: Es ist schon gut. Wenn Menschen nicht rechtzeitig wahrnehmen, dass Werte ihnen nichts bedeuten, und nichts dagegen unternehmen, kann das zu Depressionen führen. Depressionen haben heißt: „Du bist von deinem Leben zu weit entfernt" (was aber nicht immer nur durch psychische, sondern auch durch physische Störungen entstehen kann).

✓ *Welchen Wert hat das, was ich gestern/heute erlebt habe? Wie wertvoll ist es für mich? In welchen Situationen erlebe ich Lebensfreude? Spüre ich den Unterschied zwischen unterhaltungsbezogenem Spaß und innerem Berührtsein durch einen Wert? Wovon gibt es mehr in meinem Leben? Worum sorge ich mich im Leben – welcher Wert steht dahinter? Was ist mein höchster Wert im Leben, für den ich mich engagiere? Wann empfinde ich Dankbarkeit?*

Selbstsein dürfen

Beim dritten Baustein der Existenz geht es um die Grundfrage der Person: Ich bin ich – aber *darf* ich so sein, wie ich bin? Erfahre ich Achtung, Respekt, erhalte ich Wertschätzung? Den Selbstwert erfährt der Mensch vor allem durch das Einstehen für sich, durch Anerkennung und Ernstgenommenwerden durch andere und aktiv durch sich: sich selbst sehen, ernst nehmen und wertschätzen. Das erleichtert ihm umgekehrt, andere Menschen anerkennen zu können. Anerkennen können hat die sichere Abgrenzung des Eigenen von dem anderen zur Voraussetzung.

Die dritte Grundfrage der Existenz

Jeder Mensch hat mit sich selbst zu tun. Das Dasein ist Ich-haft und kann nur als Subjekt geführt werden. Das macht den Menschen zum unverwechselbaren Einzelnen, der aber trotz aller Individualität das Personsein nur durch Begegnung mit anderen finden, entwickeln und leben kann. Dies stellt den Menschen vor die Aufgabe, einerseits ein authentisches Selbst-Sein zu finden und es andererseits mit anderen in Begegnung zu bringen. Dafür bedarf er des intuitiven Spürens, um das jeweils Richtige in der Situation und das ihr entsprechende Eigene herauszufinden. Es geht dabei um folgende Fragen: „Wie kann ich ‚ich selber' sein? – *Darf* ich so sein, wie ich bin? – Kann ich ‚ich' sein vor den Augen der anderen wie vor meinen eigenen Augen (Authentizität)? Was gibt mir Selbstwert, damit ich auch vor beidem *bestehen* kann und nicht verloren gehe, dass ich mich zeigen kann und nicht verstecken muss?" Existentiell geht es um den Kern des Ich, um das Finden und Wertschätzen des Eigenen und um die Frage der Identität, der Authentizität und der Ethik: „Ich bin ich – **darf ich so sein?"**

✓ *Geht es in meinem Leben (auch) um mich? Komme ich in meinem Leben selbst vor? Oder lebe ich an mir vorbei? Stehe ich zu mir – trete ich für mich ausreichend ein? Habe ich das Gefühl, ich darf so sein, wie ich bin?*

Abgrenzung des Eigenen

Das Eigene kann nur bestehen, wenn es unterschieden und abgegrenzt ist vom anderen. Dafür sind zwei Schritte notwendig: Einerseits die Grenzen ziehen („nein" sagen können) zum anderen und andererseits das Eigene, das Ursprüngliche, das mit mir selbst stimmig ist, zu finden („ja" sagen können). Oder anders formuliert: Ein äußeres „Nein" ist ein inneres „Ja" zum Eigenen, und diese Bejahung des Eigenen stellt das Nein auf einen Boden und gibt ihm Kraft. Es geht darum, das „Ja" bewusst fühlbar zu machen, das hinter dem „Nein" steckt. Komplett ist die Sichtweise, wenn man sagen kann: Weil ich zu dem einen „Ja" sage, sage ich zu dem anderen „Nein" nach dem Leitsatz: Der Grund fürs Nein liegt in einem Ja.

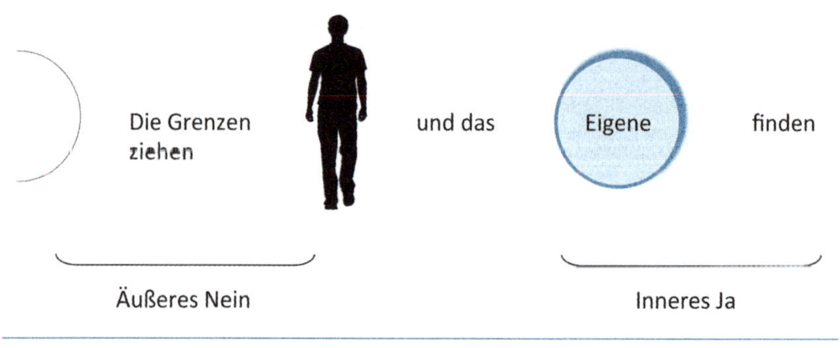

Abb. 25: Zur Selbstbildung ist Abgrenzung nötig und das Fühlen des Eigenen.

✓ *Wo tue ich mir schwer und wo leicht mit dem Abgrenzen? Wenn es nach mir ginge, wie würde ich leben? Richte ich mich einfach nach dem, was mir das Leben täglich vorlegt und was erledigt gehört? Lebe ich eher danach, was von mir erwartet wird? Bei wie viel Prozent meines Lebens geht es nach mir nach dem, was ich bin, was mich ausmacht, was in mir zum Leben drängt? Wie sehr finde ich mich in dem wieder, was ich tue?*

Die häufigsten Ängste beim Abgrenzen sind die Angst vor Beziehungsverlust, die Angst, den anderen zu verletzen und sich schuldig zu machen oder auch die Angst, selbst verletzt zu werden. Das eine tut leid, das andere tut weh. Auch die Angst vor Selbstwertverlust ist ein häufiger Grund, das Eigene nicht zu leben, aus der Befürchtung heraus nicht bestehen zu können, „falsch zu liegen" oder in eine peinliche Situation zu kommen, weil man etwas von sich preisgibt und glaubt, sich dafür schämen zu müssen.

Das Gefühl, ich darf

Wie komme ich zu einem Wissen über mich? Wie weiß ich, wer ich bin? Diese Selbstfindung verläuft über zwei Wege: über den Anstoß von außen (Identitäten) und über das Innen (Authentizität). In der Mitte steht als integrierende Institution das Ich.

Identität ist das, was so zu mir gehört, dass ich mich dadurch definiere, erkenne und verstehe. Das Erleben der Identität zeigt sich, wenn man ganz in seinem Element ist bei dem, was man tut. Dass es möglich ist, bei all den Anforderungen und dem Hin und Her im Alltag sich selbst zu bleiben, hängt mit vier Eigenschaften des Menschen zusammen:

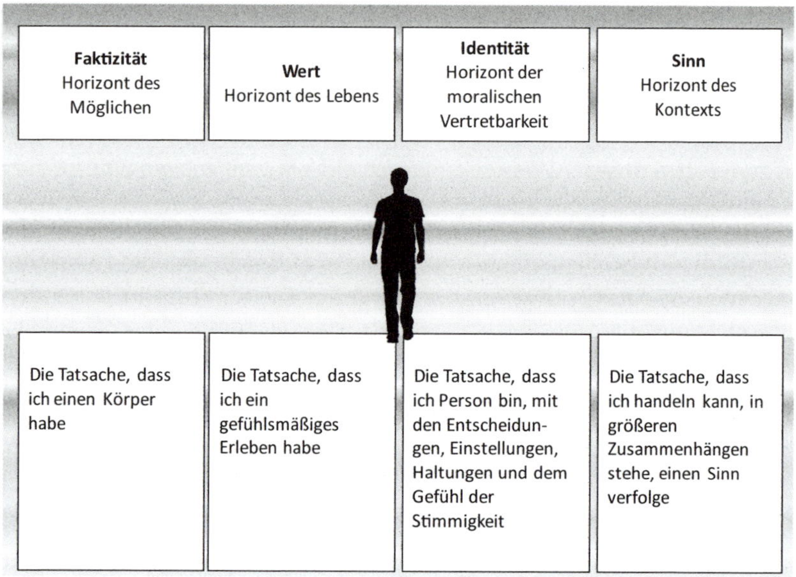

Abb. 26: Die Säulen der Identität

Das Selbstbild

Antworten auf die Fragen, wer ich bin, wie ich mich verstehe, wie ich sein kann, woran ich mich orientiere und wie ich zu mir stehe, werden von zwei Polen her entwickelt:

- durch das Innenerleben, die Selbstwahrnehmung und Stellungnahme zu sich selbst sowie durch Vorbilder (Entdeckung meines Selbst) und
- durch die Spiegelung und das Verhalten der anderen (Außensicht).

Diese zwei Pole („Spiegel“) sind für das Selbstbild und für die Selbsteinschätzung wichtig. Hierfür braucht es einen dialogischen Prozess zwischen dem Ich und der inneren und äußeren Welt.

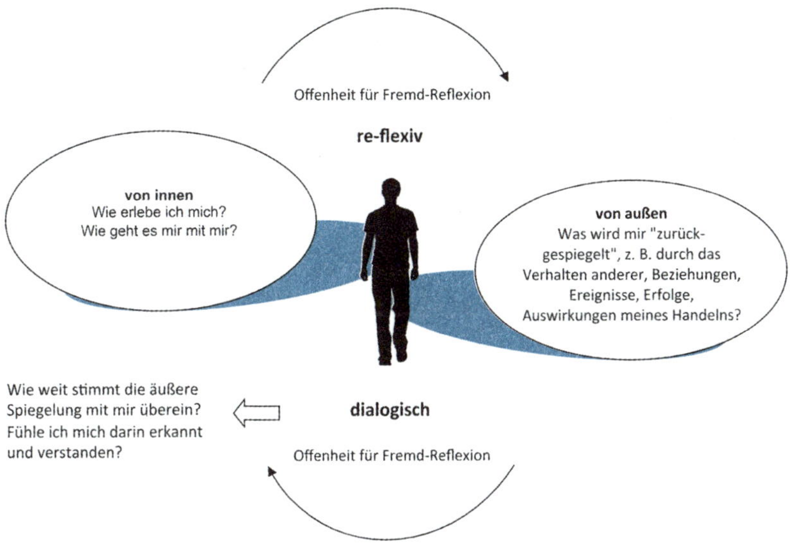

Abb. 27: Die zwei Spiegel für die Schaffung des Selbstbildes (und in der Folge der Selbsteinschätzung)

Das authentische Selbst

Das Selbstbild, das aus der Innensicht, aus Identifikationen und aus der Außensicht entsteht, stellt uns vor neue Fragen, vor Fragen der Stichhaltigkeit, der Beurteilung, des Bestehens, des Sich-Behaupten-Könnens mit dem Bild von sich selbst. Dem Kern nach stellt es uns vor die Frage: „Ist es recht, dass ich so bin?" Das Sosein-Dürfen ist ein existentielles Grundthema. Wenn wir in uns das Gefühl tragen: „Ich darf so sein, wie ich bin", so eröffnet das einen inneren Raum, der das Selbstsein (meine Individualität und Persönlichkeit zu leben) erlaubt. Fehlt dieser Raum, entsteht das „Problem der Maske" und das Bedürfnis, sich zu verstellen. Doch aufgrund wovon lässt sich sagen: „Das bin ich"? Woher weiß ich das? Eine praktische Wendung der Frage ist, wenn ich sagen kann: *Da kann ich zu mir stehen.* Dies lässt sich nur sagen auf der Basis eines Gefühls der Stimmigkeit. Ein Gefühl der Stimmigkeit ist da, wenn ich sagen kann, dass ich so mit mir in die Zukunft gehen kann und mag und glaube, dass es von verlässlichen Anderen geschätzt wird oder wurde. Dieses Gefühl ist die

Bestätigung und die Quelle für das Gespür, dass etwas „richtig" ist, dass es „stimmig" mit mir ist. Darin liegt der Keimpunkt der Authentizität, der Stimmigkeit und des unverwechselbar Echten, das sich in mir einstellt.

Zu sich finden

Vollzogen ist die Authentizität, wenn ich mich auf mich abstimme, das heißt aus der Stimmigkeit lebe, ursprünglich echt bin und wenn ich mein Handeln in der Welt mit mir abstimme. Was bedeutet das? – Das Echte, Eigentliche ist keine fixe Größe, sondern die Kraft und die Fähigkeit, mich mit dem Außen in Abstimmung zu bringen, darin ein Gefühl von Stimmigkeit zu finden und den Mut zu haben, mich auf diese Stimmigkeit zu beziehen und aus ihr heraus zu leben.

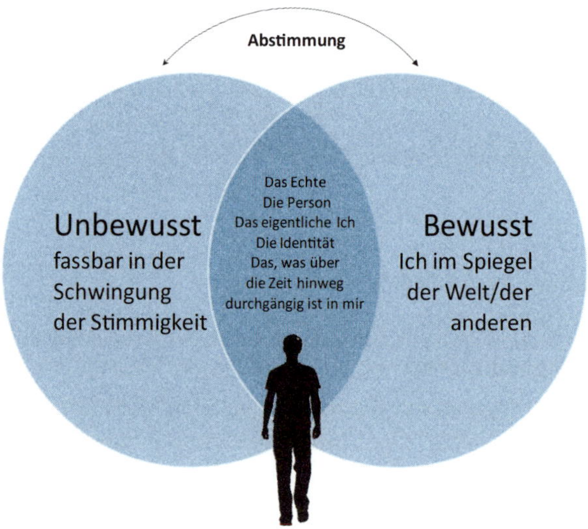

Abb. 28: Der Prozess des Sich-in-Abstimmung-Bringens

Um sich zu finden, braucht es zweierlei: Fühlung zu sich aufnehmen und Stellung beziehen. Diese – im Fühlung Aufnehmen und Stellung Beziehen vereinte – Selbstfindung geschieht durch den inneren Dialog. Wir öffnen uns nach innen, klopfen an uns selbst an mit der Frage: „Empfinde ich, dass es so richtig ist?" Bei dieser Frage ist auf das Gespür zu achten und auf die Antwort, die in mir zu lauten beginnt. Damit öffne ich mich als Person, öffne mir das Tor zu meiner Ursprünglichkeit, zum Echtesten, zum Originären und zur Tiefe, die mir aus einer Unbewusstheit entgegenkommt. Ich kann diese Ursprünglichkeit nicht herstellen, ich kann nur aus ihr schöpfen. In diesem inneren Dialog erreichen wir den tiefsten Punkt des Personseins, die Quelle des Ichs – den Zugang zum Authentischsein. Doch ich bin nur dann mit mir identisch, wenn ich auf diese Stimmigkeit rekurriere und mich auf sie beziehe – nur dann bin ich wesentlich.

So gehören zur Definition von Authentizität folgende Elemente:

- Das Finden des eigenen Wesens durch Bezugnahme auf die innere Stimmigkeit
- Das Sich-zu-sich-selbst-Stellen: „Das entspricht mir – das will ich!"

Das Ursprüngliche von mir, das, was ich im Wesen bin, kommt mir nicht anders zu Gesicht als im Gefühl der Stimmigkeit. Diese Stimmigkeit stammt aus der Intimität mit mir selbst und dem Grundgefühl: „So kann es gehen – das bin ich, so will ich sein." In der Außenwirkung zeigt sich das als Ausstrahlung, Charme, natürliche Autorität oder eine Wirkung, die von anderen wahrgenommen wird und Gewicht hat. Ich *bin* das.

Die Abstimmung auf sich selbst und das eigene Gespür hat auch eine ethische Dimension. In der Abstimmung auf mich als Person handle ich moralisch, weil ich zu mir stehen und mein Eigenes verantworten kann. Damit betreten wir die Ebene der Ethik, weil es um mein Wesentlich-Sein geht in Abgrenzung und Auseinandersetzung mit dem Wesen des anderen. Ethik ist die Richtung, die zum Wesentlichen weist, zum nicht Verfremdeten. Das „Zu-sich-stehen-Können" ist der Ursprung der Verantwortung und bedeutet im Tiefsten: „Wenn ich zu mir stehen kann, dann kann ich mich auch von anderen sehen lassen und brauche mich nicht zu schämen."

✓ *Z. B. in Entscheidungssituationen: Was sage ich ganz persönlich dazu – ganz im Tiefsten, im Innersten? Was spüre ich, wenn ich an diese Möglichkeit denke? Glaube ich, dass ich da hingehöre? Finde ich mich darin wieder? Steht mir das, gehört das zu mir? Bin ich das? Würde ich es wieder tun?*

Die Copingreaktionen beim verlorenen Selbst

Erlebt der Mensch das Gefühl, selbst verloren zu gehen, sich fremd zu werden oder wenn das Eigene, das ihm wichtig ist und womit er sich identifiziert, zerstört wird, setzen Schutzmechanismen ein, um die Situation mit möglichst wenig Verletzung des Sich-Selbst-Seins zu überstehen. Das durchgängige Muster dabei ist die schützende Grundbewegung des *Auf-Distanz-Gehens.* Die Distanznahme kann sich in unterschiedlichen Formen zeigen, verfolgt aber immer das Ziel, sich zu entziehen, Abstand zu gewinnen und sich Luft zu verschaffen.

Muster	Der Versuch ...	Beispiel
1. Grundbewegung: Auf Distanz gehen	... sich etwas vom Leibe zu halten	„Ohne mich!"
2. Paradoxe Bewegung: Aktivismus	... der Leere zu entgegnen, sich zu rechtfertigen oder es zu überspielen	„Flucht nach vorne"
3. Abwehrbewegung: Aggression (Trotz-Ärger-Zorn)	... Grenzen zu ziehen oder wiederherzustellen und Respekt einzufordern, um das Eigene schützen zu können	„Das ist doch die Höhe"
4. Totstellreflex: Resignation	... den Selbstwert zu schützen	„Das war zu viel!" – beleidigt, gekränkt, verbittert, gefühllos

Tab. 7: Die vier Grundmuster von Copingreaktionen der 3. Grundmotivation im Überblick

Grundbewegung (auf Distanz gehen): Wenn der Mensch in seinem So-sein-Dürfen eingeschränkt wird, besteht die erste Schutzreaktion darin, auf Distanz zu gehen. Man nimmt sich aus der Situation, indem man nichts dazu sagt, vom Thema ablenkt, es verschleiert oder es herunterspielt. Man macht Witze, nimmt den anderen in dem, was er sagt, nicht ernst oder reagiert schnippisch und schneidet die Beziehung ab („Du weißt es ja eh besser"). Distanz gewinnen lässt sich auch durch Formalismus (sich unpersönlich verhalten) und Dazwischenschalten von Sachlichkeit, indem man sich etwa perfektionistisch auf die Sache konzentriert, um sie auch wirklich gut zu machen. Auch die Distanz zu sich kann Ausdruck der Schutzbewegung sein, wenn man sich einsam oder verloren fühlt, einen inneren Konflikt hat und *von sich weg*kommen will. Auf die Frage „Wie geht es dir?" geht man nicht ein, sondern dreht sie um und wendet sie nach außen: „Und wie geht es dir?""

Paradoxe Bewegung (Aktivismus): Hier zeigen sich unterschiedliche Formen von Umtriebigkeit und Ruhelosigkeit: viel reden und nichts sagen, sich in den Vordergrund stellen und „Theater" machen oder mit „Erledigen" beschäftig sein. Manche Menschen schützen sich, indem sie funktionieren wie ein „Rädchen im Getriebe", um nicht noch mehr kritisiert zu werden, oder sind auf der ständigen Suche nach Ablenkung und Erlebnissen („Kick"), um der Leere zu entgehen, die entsteht, wenn man sich selbst fremd ist. Auch Mitspielen, Mitlachen, dem anderen Recht geben (man schlägt sich auf seine Seite und entledigt sich so des Problems), sind Versuche, dem Beschämenden oder der Verletzung zu entgehen. Zum Aktivismus gehört auch das Sich-Rechtfertigen, bei dem das Persönliche herausfällt und das Sachliche in den Vordergrund tritt, um sich mithilfe von Argumenten zu behaupten.

Abwehrbewegung (Aggression vom Typus Trotz, Ärger, Zorn): Ziel der Aggression ist es, gesehen zu werden, um nicht weiter verletzt zu werden. Das zeigt sich in Unduldsamkeit, Empörung, aufbrausendem Verhalten oder Trotz (sich innerlich dagegenstellen). Typisch ist das Vorwurfsvolle darin und der Charakter der Zurechtweisung („Das lasse ich mir nicht bieten"). Ärger tritt auf, wenn etwas nicht so geht, wie man will, wenn sich etwas der eigenen Absicht in den Weg stellt, das Eigene übergangen wird und Erwartungen enttäuscht werden. Man ist mit einer Behinderung konfrontiert, die nicht „zu Recht" besteht, und ist bestrebt, das Eigene durchzusetzen und die Grenze wiederherzustellen. Der Ärger kann in Zorn übergehen, wenn das Eigene nicht gelebt werden kann. Oft richtet sich der Zorn in der inneren Verhaftetheit gegen einen selbst: Es kostet mich etwas und ist obendrein sinnlos. Im Zorn zerschlagen Menschen manchmal Gegenstände, denn der Zorn will gesehen werden.

Totstellreflex: Beleidigung und Kränkung sind typische Gefühlsreaktionen, wenn der Selbstwert der Person verletzt wird oder sie sich in ihrem Wert verkannt fühlt (das Gefühl, ungerecht behandelt worden zu sein, sich zurückgestellt fühlen). Beim Gekränktsein handelt es sich nicht mehr „nur“ um ein Beleidigtsein in der Ehre, sondern es ist ein persönliches Betroffensein, das auch die Beziehungsebene involviert. Es ist ein tieferes Getroffensein, das „innerlich leidigt“, so zentral trifft es. Dauert dies über längere Zeit an, können Beziehungen auch krank machen (z. B. Migräne – der Körper schwingt mit). Selbstverlust kann auch lähmen: Man wartet ab, verstummt, lässt den anderen reden, will die Not schamvoll verbergen und nichts mehr von sich zeigen, in der Hoffnung, es gehe vorüber. Ständige Grenzverletzungen können auch zu Verbitterung führen, wenn sich die Erstarrung im Ärger chronifiziert. Auf der psychischen Ebene kann es zur Spaltung von Kognition und Emotion kommen und zu dem Gefühl, nicht mehr man selbst zu sein. Man erzählt emotionslos, registriert nicht mehr, was man fühlt, und tut so, als ob nichts wäre.

Verzeihen und Bereuen

Im Unterschied zu den automatisch ablaufenden Schutzreaktionen, die einsetzen, wenn der Mensch durch innere oder äußere Bedrängnis nicht sich selbst sein kann, besteht das personale Verhalten im Verzeihen und Bereuen. Verzeihen und Bereuen sind zwei Begriffe, die oft im religiösen Kontext verwendet werden, und es kann anfänglich Schwierigkeiten bereiten, sie grundsätzlich als existenzerschließende Aktivitäten zu verstehen. Widerfährt einem Unrecht und wird die Person übergangen, „nicht gesehen“, besteht die personale Überwindung im Verzeihen. Für den Fall, dass man etwas tut (tat), zu dem man selbst nicht stehen kann, ist Bereuen die Handlungsweise der Person. Beide Aktivitäten haben das Ziel, die Integrität der Person wiederherzustellen, sodass man sich mit seinem Verhalten „sehen lassen kann“ (vor sich oder vor anderen).

Verzeihen – die Freigabe von weiteren Forderungen

Verzeihen bedeutet, jemanden aus der Schuld zu entlassen – den anderen oder sich selbst (man kann auch sich selbst verzeihen). Verzeihen ist eine Haltung dem anderen gegenüber, die nichts mehr von ihm einfordert. Man ist insofern zur Ruhe gekommen, man kann es lassen. Eine Begegnung wird wieder möglich, wenn keine „offene Rechnung“ mehr dazwischen steht. Der andere steht nicht mehr in meiner Schuld: Ich verlange keine Genugtuung mehr von dir, keine Wiedergutmachung des

Schadens, den du an meinem Eigenen angerichtet hast, oder habe sie nun erhalten. Verzeihen führt nicht automatisch zur Versöhnung. Man kann im Stillen verzeihen, ohne den anderen wieder getroffen zu haben. Man kann auch verzeihen, ohne eine Beziehung wieder leben zu wollen („es ist besser, wenn wir geschiedene Leute sind"). Eine Trennung kann sogar wichtig sein, wenn man merkt, dass man nicht mehr zusammenfindet. Verziehen zu haben bedeutet eben nicht notwendigerweise versöhnt zu sein. Bei der Versöhnung ist die Beziehung wiederhergestellt, man kann wieder miteinander und ist wieder vereint.

Verzeihen beinhaltet drei Schritte:

1. *Einschätzung des Geschehenen und Schaffung eines Überblicks:* Was hat mir der andere wirklich angetan? Was genau ist der Schaden? Welche Folgen hatte das? Wie hat sich das ausgewirkt auf die Ganzheit meines Lebens? Wie weit ist es verständlich, dass er so gehandelt hat? Was könnte seine Absicht gewesen sein? Und was halte ich davon?
2. *Fassen der Emotion:* Wie geht es mir/ging es mir mit dem, was passiert ist? Wie habe ich das erlebt? Was löst das heute noch in mir aus? Was bedeutet das Geschehene tatsächlich für mein Leben? Gebe ich mir genug Zeit dafür?
3. *Treffen der Entscheidung:* Wie gehe ich weiter damit um? Was genau verlange ich vom anderen, was brauche ich? Wovon kann und will ich (innerlich) abrücken? Hat der andere mir bereits etwas gegeben? Was fehlt noch, um es gut sein zu lassen?

Oft gelingt das Verzeihen nicht, weil man nicht genau weiß, was man noch fordern will, oder es dem anderen nicht sagt aus Angst, Selbstunsicherheit, Resignation oder weil man den Kontakt meiden will. Auch nach dem Verzeihen kann ein schmerzliches Gefühl weiterbestehen. Jemanden aus der Schuld zu entlassen ist nicht zu verwechseln mit dem Spüren eines Schmerzes. Manchmal glaubt man, man könne nicht verzeihen, weil etwas noch immer weh tut. Doch manchmal tut es weniger weh, wenn man verziehen hat.

Bereuen – sich selbst wieder gewinnen

Bereuen („das hätte ich nicht tun sollen") ist wie das Verzeihen eine Entscheidung und damit ein personaler Akt. Parallel zum Verzeihen ist

Bereuen aber ein Prozess nach innen hin, der manchmal schwierig ist, weil er mit Scham besetzt ist. Bereuen ist wichtig für die Konturierung meiner selbst, damit ich (wieder) fühle und sehe, wer ich wirklich bin, was zu mir passt und was nicht. Auch für die Gemeinschaft ist Bereuen entscheidend, weil es dadurch möglich wird, trotz Fehler, Schuld oder Verletzungen wieder in die Begegnung zu kommen.

Manchmal verwechseln Menschen Bereuen und Trauern. Obwohl beide personale Aktivitäten sich auf einen Werteverlust beziehen, sind unterschiedliche Aspekte des Menschseins an der Situation beteiligt. Es kann mitunter viel Aufmerksamkeit brauchen, um gefühlsmäßig das eine vom anderen zu unterscheiden:

	Trauern	**Bereuen**
Erleben	Ich habe etwas Wertvolles verloren	Ich habe etwas Schlechtes gemacht
Verlust	Lebensbezug	Selbstverlust
Gefühl	Leid, Bedrücktheit	Schmerz, Bedauern
Thema	Verarbeitung eines Wertverlustes	Verarbeitung einer Schuld
Aufgabe	Sich vom Leben wieder berühren lassen	Zu sich selbst zurückfinden (Integrität)

Tab. 8: Trauern und Bereuen – zwei personale Aktivitäten mit unterschiedlichen Themen

Beachtung, Gerechtigkeit, Wertschätzung

Um das Selbstsein entwickeln zu können oder es unter den Eindrücken einer Situation aufrechtzuerhalten, bedarf es der Beachtung, Gerechtigkeit und Wertschätzung des Eigenen durch sich selbst *und* durch andere.

Beachtung

Beachtung und Gesehenwerden beginnt mit dem Erhalten von Aufmerksamkeit. Selbst kleine Aufmerksamkeiten im Alltag bedeuten, dass mich der andere sieht und er auf mich aufmerksam geworden ist. Aufmerksamkeit, zum Beispiel in Form einer persönlichen Begrüßung, ist der erste Schritt, um aus der Masse des Undefinierten herausgehoben zu werden. Intensiver wird die Beachtung, wenn man von anderen *an*gesehen wird. Es bedeutet, beachtet und gesehen werden, *so, wie man ist.* Damit wird nicht nur die Individualität, die Einzigartigkeit und Einmaligkeit der Person unterstützt. Gesehenwerden ist auch ein Schutz der Ich-Grenzen, weil die Person nicht übersehen wird und eine für das Hinsehen notwendige Distanz eingehalten wird. Jedes wirkliche Ansehen ist bereits die Keimzelle des Respektierens dieser Person, denn Beachtung zu geben bedeutet Rücksicht zu nehmen. Wer Rücksicht nimmt, zollt Respekt.

✓ *Gibt es in meinem Leben genügend Menschen (Begegnungen), die mir Aufmerksamkeit schenken? Wo es mir möglich ist, so zu sein, wie ich bin? Wo ist das erlaubt und erwünscht? Pflege ich die Beziehung zu diesen Menschen?*

Gerechtigkeit

Um „sich selbst" sein zu können, bedarf es einer gerechten Behandlung durch andere. Ungerecht behandelt zu werden ist schmerzlich, denn es bedeutet:

1. Ich bin nicht gesehen worden.
2. Man lässt mich nicht so sein, wie ich bin, und nimmt nicht Bezug auf den Wert, den ich habe.

Um dem Wesen eines Menschen gerecht zu werden, braucht es nicht nur einen verweilenden Blick für das Beachten seines Daseins und seiner Grenzen, sondern auch eine Beziehungsaufnahme zu seiner Person. Erst ein interessierter, offener und tiefer Blick für sein Inneres ermöglicht das Sehen des ganz Eigenen der Person: „Wer ist dieser Mensch? Was kann er? Wie fühlt er, wie denkt er, was ist ihm wichtig?" Dieses Zugestehen des Eigenen ist keine bloß formale Gerechtigkeit (Gleichbehandlung), sondern eine inhaltliche und personbezogene Gerechtigkeit, um dem Menschen in seinen Bedürfnissen und seinen Fähigkeiten *gerecht* zu werden.

✓ *Habe ich Begegnungen, bei denen ich erlebe, dass man sich für mich interessiert, wie ich denke und fühle? Gibt es in meinem Leben genügend Beziehungen, in denen ich sein darf, wie ich bin, ohne mich rechtfertigen zu müssen? Wissen die Menschen, die mir wichtig sind, was mir wichtig ist, was mich berührt und was mich bewegt? Habe ich Menschen, die für mich einstehen und zu mir stehen?*

Wertschätzung

Um sich in seiner *Gänze* finden zu können und seinen *Selbstwert* ganz zu entwickeln, sind wir auch auf die *Wertschätzung* der anderen angewiesen. Wertschätzung bedeutet, dass andere Menschen ihr persönliches Urteil über uns abgeben. Darin erfahren wir nicht nur, *was* sie in uns sehen, sondern auch, *wie* das, was wir tun, *für sie* ist. Wertschätzung ist ein Kriterium für das Sehen des anderen als Person. Empfinden wir keine Wertschätzung, haben wir diesen Menschen als Person nicht gesehen. Wertschätzung weckt im anderen das Gefühl, im Innersten etwas zu sein, das ihn ausmacht und von *Wert* ist. Erst durch Wertschätzung kann der Selbstwert, das heißt die Wertschätzung für sich selbst, zur Entfaltung kommen. Selbstwert ist darin begründet, dass ich mein Dasein (mein Leben) und mein Verhalten (meine Fähigkeiten) als *gut* ansehe. Er geht mit dem Gefühl einher: „Ich bin jemand, weil ich Wertvolles erleben und bewirken kann." Dieses Gefühl ist nicht in allen Situationen und Lebenslagen gleich stabil vorhanden. Trotz aller inneren Aktivität bleibt eine Unsicherheit über sich selbst und den eigenen Wert: Wie kommt das, was ich bei mir selber sehe, bei den anderen an? Kann ich bestehen? Werde ich ernstgenommen? Um mit dieser Unsicherheit adäquat umgehen zu können, braucht es das Gegenüber, die Rückmeldung und den Dialog im Sinne der „Qualitätssicherung": „Ist es auch wirklich gut? Oder irre ich mich? Hat es Bestand? Lässt es sich damit leben in der Gemeinschaft, auf die ich ja auch angewiesen bin?"

Die Kunst besteht darin, heute mit sich leben zu lernen anstatt zu warten, bis man perfekt ist. Dieser Entwicklungsprozess ist nie abgeschlossen. Wir können viel von uns wissen, aber wir werden immer wieder Neues entdecken, Tieferes, andere Aspekte. Wir können uns als Person nicht umfassen, wie auch den anderen nicht als Person.

Wir können uns nur immer wieder finden, antreffen. Das ist Leben.

✓ *Wer waren Menschen in meinem Leben, die mich wertgeschätzt haben? Fällt es mir leicht, mich zu geben wie ich bin, oder drängt es mich nach Anpassung, um nicht ausgeschlossen zu werden? Bin ich nur dann „jemand", wenn ich zeige, was ich kann, und eine Leistung vorweise?*

Selbstwert – die Brücke zu mir

Beachtung, Gerechtigkeit und Wertschätzung bekommen stellt die eine Seite dar, durch die der Selbstwert gebildet wird. Es braucht aber auch die *eigene Aktivität*, um den Selbstwert auszugestalten und zu festigen.

Selbstwahrnehmung durch Distanzgewinnung: Um einen Blick auf sich selbst zu bekommen, muss man einen Schritt zurücktreten von dem, was man tut, und Distanz zur Welt nehmen, indem man sich aus dem Geschehen etwas herausnimmt. Erst dann kann man sein Eigenes und seine Grenzen sehen und einhalten.

Sich ernst nehmen bedeutet, sich in seinem *Wert* gelten und sein Wesen *bestehen* zu lassen. Zuerst ist das sich Sehen wichtig, aber dann geht es darum, das, was wir in den Blick bekommen, ernst zu nehmen und Beziehung aufzunehmen zu dem, wie wir uns dabei fühlen.

Stellung beziehen zu sich und urteilen über sich selbst. Das geschieht zum einen kognitiv durch eine Selbst-Beurteilung (sie schafft die kritische Distanz, die mich freigibt), zum anderen spürend durch das Gewissen. Wirkliches Stellungbeziehen erfolgt dadurch, dass die Reflexion und die Entscheidung, das Bewusste also, auf das *Gespür* bezogen werden. Was ich vor Augen habe und sehe, wird mit dem Gespür abgestimmt. Erst aus dem heraus kann ich sagen, „was ich davon halte", und erfahren (schauen), ob es *stimmig* ist. Das ist weitaus mehr als Denken. Ich bekomme eine Antwort in Form eines Gefühls, und ich nehme Kontakt mit mir im Inneren auf.

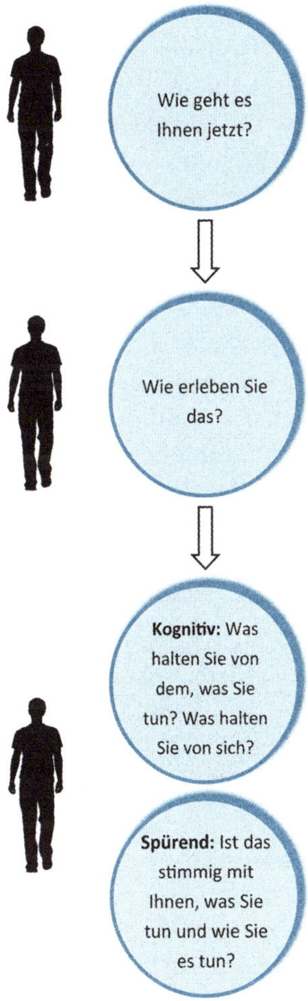

Abb. 29: Fragen an den Coachee

Von sich selbst beschenkt sein

Bei aller Verbundenheit mit dem Leben und den Menschen empfindet sich jeder Mensch auch als anders, als verschieden. Als Person ist er durch seine Einzigartigkeit gekennzeichnet, die ihn zum Ich macht und von allen anderen abgrenzt. Daraus ergibt sich auch die Grundfrage des Personseins: Ich bin ich – darf ich so sein? Habe ich das Recht, so zu sein, wie ich bin, und mich so zu verhalten, wie ich mich verhalte? Das ist die Ebene der Identifikation, der Selbstfindung und der Ethik. Um sie zu beantworten, braucht der Mensch Beachtung, Gerechtigkeit und Wertschätzung. Fehlen ihm diese, so entsteht Einsamkeit und das Sich-Verstecken hinter der Scham. Hat er hingegen diese drei Bedingungen, dann findet er zu seiner Authentizität, zu Trost und Selbstrespekt. Die Summe dieser Erfahrungen bildet seinen Selbstwert und sein Personsein, den tiefsten Wert seines Ichs.

In dieser Tiefe steht der Mensch vor sich selbst als einer „Unfasslichkeit": Wer ist dieses „Ich"? Wo kann dieses „Ich" festgemacht werden? Dem Grund seines „Ichs" nähert sich der Mensch an, wenn er das aufgreift, was sich in ihm zu Wort meldet, gefühlsmäßig anmeldet. „Es" spricht zu ihm – und es sagt etwas zu „ihm selbst". Dieses innere „Laut-Werden" ist begleitet von einem Gefühl des Gemeint-Seins. Wenn das „Ich" dieses „Es", also das, was in der Person zu „sprechen" beginnt, aufnimmt, ist der Mensch authentisch. Personsein heißt deshalb im Grunde: sich in Empfang nehmen als ein sich Anvertrauter, sich gegenübertreten. Der „Ort" der Begegnung der Person mit sich selbst (des „ich mit mir"), dort, wo sie mit sich selbst zusammentrifft, ist der Ort ihrer Intimität. Es ist der Ort der „Keimschicht" der Person. Person sein bedeutet, ständig von sich selbst beschenkt zu werden.

Der Mensch steht vor dem Geheimnis, vor dem Unfasslichen, zu dem er in einem intimen Kontakt steht: Denn nichts ist uns näher als unser Innerstes, unsere Identität, unser Ich – und doch erleben wir es in der Tiefe auch als etwas, das uns zufließt, das sich unserer Verfügungsgewalt zwar entzieht, aber das in uns zur Erscheinung kommt und auf das wir uns beziehen können.

Ehrfurcht vor der Würde der Person

Sehen wir die Person als jemanden, der in seinem Ursprung aus einer unbegreiflichen und daher notwendig unbewussten Tiefe und Weite kommt, die selbst unserem eigenen Ich nicht zugänglich ist, dann kann in uns ein Gefühl der Ehrfurcht aufkommen. Ehrfurcht ist die Haltung gegenüber dem Übermächtigen, dem respektvoll zu begegnen ist und das ob seiner Mächtigkeit auch zu „fürchten“ ist. Dieser Aspekt der Person in ihrer eigenen Ursprünglichkeit (die Person hat Bestand in sich und eine eigene Quelle, die in ihr fließt) und in ihrem Eigenwert verleiht ihr Würde. Würde haben bedeutet, *Wert* aus sich heraus zu haben, aus dem bloßen Faktum des Personseins und der Tatsache, dass dieses nicht von uns gemacht wurde und die Person daher in ihrer Herkunft unantastbar ist. Jemandem die Würde belassen bedeutet die Anerkennung des *eigenen* Bestandes, des *Wertes für sich*, und das *Bewahren des Abstandes*, durch den dieses Wertvolle geschützt wird. Wo Würde ist, ist Respekt gefordert.

Respekt ist die Haltung, in der man vor der Unantastbarkeit der Person, ihrer Autonomie und ihrer Ursprünglichkeit zurücktritt. Was bedeutet das für den Coach? Tabelle 9 zeigt, wie der Coach diese Haltung in der Gesprächsführung konkret umsetzen kann, indem er sich auf die konstituierenden Elemente von Respekt bezieht:

Elemente des Respekts	Beispiel
Die Person beachten	Es interessiert mich sehr, was Sie hier sagen ...
Etwas Eigenes sehen von der Person	Was Sie eben sagen, scheint mir sehr wichtig ...
Die Person wertschätzen	Es beeindruckt mich, wie Sie damit umgehen ...
Die Person für sich bestehen lassen (sie in sich und in der Distanz lassen)	Ich bin schon gespannt, wie Sie das machen werden ...

Tab. 9: Respektvolle Haltung gegenüber der Person

✓ *Was schätze ich an mir? Inwieweit gestalte ich mein Leben so, wie ich es für richtig halte? In welchen (Lebens-)Bereichen gelingt es mehr, in welchen weniger? Bei welchen Tätigkeiten kann ich mein Eigenes, meine Unverwechselbarkeit zum Ausdruck bringen?*
In der Gesprächsführung: Habe ich einen Blick dafür, die anderen in dem zu sehen, was das ihre ist – was ihnen wichtig ist? Kann ich dafür auch Wertschätzung aufbringen, sie darin unterstützen, oder will ich sie eher

korrigieren, gleich Vorschläge machen? Kann ich mich gut in respektvoller Distanz zu ihnen halten, und meines bei mir halten? Kann ich aus dieser Haltung heraus in einen persönlichen Dialog treten?

Sinnvoll leben

Beim vierten Baustein geht es um die Sinnfrage der Existenz: Ich bin hier – aber was *soll* damit werden? Was soll ich heute tun, damit mein Leben zu einem sinnvollen Ganzen wird? In welchen großen Zusammenhängen sehe und verstehe ich mich (bis ins Religiöse)? Wofür lebe ich? – Diese Frage ruht auf der Grundlage der Existenz, die wir bisher erarbeitet haben: Ich kann sein und fühle mich sicher, habe Wertbezüge und mag leben, und ich habe einen Zugang zu mir als Person. Was fehlt nun noch zur Erfüllung der Existenz? Es fehlt das Erkennen dessen, worum es in meinem Leben gehen soll.

Die vierte Grundfrage der Existenz

Für ein erfülltes Leben genügt es nicht, einfach da zu sein und sich gefunden zu haben, denn Leben findet immer in Horizonten und größeren Bezügen statt, in denen der Mensch sich sieht und wirkt. Sein-Können in der Welt, Leben-Mögen und Selbstsein-Dürfen machen den Menschen existenzfähig, das heißt, sie rüsten ihn für die Taten in der Welt. Nun stellt sich aber die Frage: Ist das alles, worum es in meinem Leben geht? Oder gibt es noch andere, existentiell relevante Tatsachen, die für ein erfülltes Leben erforderlich sind? Eine Tatsache, die bisher noch keine Berücksichtigung gefunden hat, ist, dass wir als Menschen in einem kontinuierlichen Fließen stehen. Alles verändert sich in dieser Welt, nichts bleibt, wie es ist. Wir selbst verändern uns laufend, entwickeln uns und sind damit ständig Werdende: Menschliches Sein ist nichts Statisches, sondern ist immer im Wandel, im Umbruch, ist vom Wesen her ein Werden. Dieser unablässige Fluss von Veränderung stellt den Menschen vor die Möglichkeit, aber auch vor die Aufgabe, konstruktiv in diesen Prozess einzugreifen, damit aus Veränderung wertvolle Entwicklung wird. Dazu ist es notwendig, die größeren Zusammenhänge, in denen wir stehen, zu erkennen. In ihrem Horizont wird jede Situation zu einer Herausforderung und zur Anfrage an den Menschen, was er aus ihr machen soll. An diesem Punkt geht es um den Kern der Existenz, um das konstruktive Werden, die Zukunft und die Erfüllung. Die existentielle Frage in der Dimension des Werdens lautet daher: Es gibt mich – aber **wozu ist mein Leben gut?**

✓ *Will ich für das leben, was ich tue? Wofür soll ich leben? Was gibt mir Erfüllung? Was will ich wirklich? Wo bin ich eingebettet? Wie kann ich darin fruchtbar werden? Wofür will ich leben? Woran orientiere ich mich? Wofür will ich leben?*

Die Augen öffnen für die Welt

Veränderung ist ein Grundprinzip des Daseins. Diese Tatsache des Entwickelns, des Werdens und Vergehens stellt uns vor eine existentielle Frage: Was soll *werden/entstehen in* meinem Leben, *mit* meinem Leben, *aus* meinem Leben und *durch mich* in dieser Welt? Worum geht es in dieser Welt, wo alles immer im Fluss ist und nichts bleibt und vieles offen ist? Worin bin *ich* hineingestellt? Aus einer existentiellen Perspektive stellen diese Fragen den Menschen vor die Frage nach der Gesamtheit des Zusammenhanges (Kontext), der Zukunft und der Aufgabe (Tat). Auf diesen Ebenen öffnet der Mensch sozusagen die Augen für die Welt, in der er steht, und reflektiert den Horizont, in dem sich alles abspielt.

Kontext

***Orientierung* inmitten meiner Zusammenhänge, in denen ich stehe und mich finde**
Wo stehe ich in dieser Welt – was ist meine Welt? Worum geht es da, wo ich bin? Wo soll ich da hingehen? In welchen Zusammenhängen finde ich mich wieder, in was bin ich hineingestellt/hineingeboren?

Zukunft

***Fruchtbar* werden in diesem Kontext**
Bin ich offen für das, wo ich erwartet werde, wo es mich braucht? Wo könnte ich etwas beisteuern zur Verbesserung dieser Welt, der ich selbst angehöre?

Aufgabe

Angesichts der *Erwartungen und Möglichkeiten*

Wofür bin ich da in dieser Welt? – Was habe ich ihr anzubieten? Wofür mag ich mich zur Verfügung stellen? Was kann mein Beitrag sein? Welches (neue) Selbstverständnis habe ich aus einem größeren Zusammenhang heraus? Zu welcher Aktivität fordert mich die Situation auf?

Noch grundsätzlicher betrachtet, geht es um die Globalfrage: Was soll werden in dieser meiner Welt – und vor allem: Was soll durch mich werden? Damit betreten wir die Ebene des Sinns und stehen vor der Grundfrage der Existenz: Wie soll ich leben, wo soll ich mein Leben zum Einsatz bringen, damit es **im Gefüge dieser Welt gut wird?**

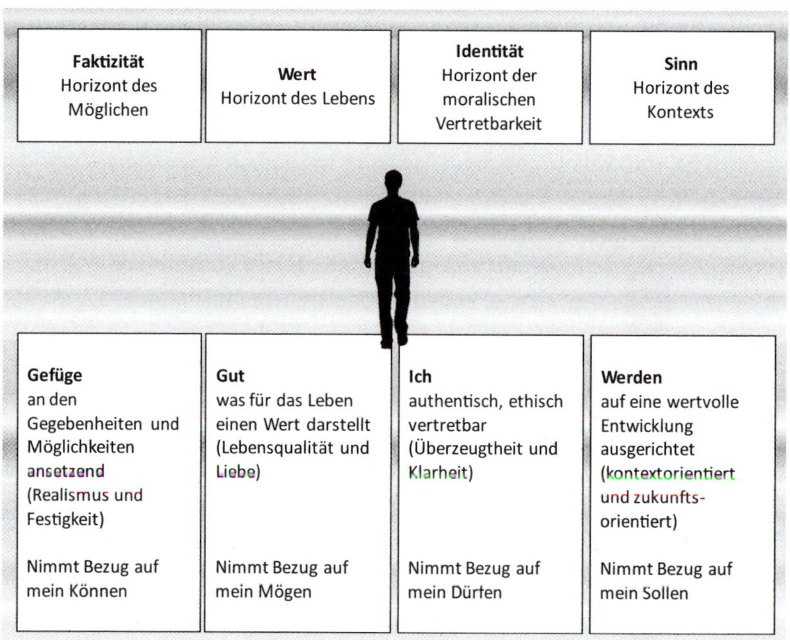

Abb. 30: Die personalen Grundlagen für eine sinnorientierte Existenz

Das Gefühl, ich soll

Sollen ist ein Begriff, der auf Aufgaben verweist und den wir in der Ethik antreffen, aber meist nicht unmittelbar mit Sinn in Verbindung bringen.

In einem personal-existentiellen Verständnis, das vom Erleben der Person ausgeht, wird Sinn nicht vorrangig als eine Frage der Ethik verstanden, sondern als eine Erkenntnisfrage. Was heißt das genau: Wenn wir z. B. einen Bekannten treffen, vom dem wir uns im Streit getrennt haben, fragen wir uns, was wir jetzt tun sollen. Das ist keine Frage an das Gewissen, sondern eine suchende Frage nach der besten Handlungsmöglichkeit. Danach erst folgt die Abstimmung mit dem Gewissen, bevor wir uns entscheiden und die Entscheidung umsetzen (z. B. den Kontakt wieder aufnehmen und die Spannung ansprechen, oder es bei einem kurzen Gruß belassen usw.). Dem Sollen geht also immer eine *Anfrage* voraus und nicht im ethischen Verständnis eine Pflicht, die zum Gesollten wird. Pflicht ist im Grunde auch nichts anderes als eine Anfrage, nur dass sie als eine offene Anfrage im Voraus anerkannt wurde oder von jemandem bzw. einer Situation eingefordert wird (z. B. Pflicht zur Ersten Hilfe bei einem Verkehrsunfall).

Das Kriterium für die richtige Antwort

Wir haben festgestellt: Leben spielt sich in Zusammenhängen ab und in einem Gefüge, in das wir gestellt sind. Gefüge geben eine Struktur, aber halten Freiräume bereit, lassen Lücken offen, bieten Möglichkeiten und beinhalten so Veränderungspotenziale. Daraus leitet sich eine erste Orientierungsfrage ab: Sehe ich meinen Platz im gegenwärtigen Gefüge (Familie, Beruf, Beziehungen, Glaube etc.), wo mein Handlungspotenzial gefragt ist? Nehme ich diesen Platz auch aktiv ein und welche Wirklichkeiten schaffe ich dadurch? Was mache ich durch mein Handeln aus mir und aus der Situation? Will ich mich auf dieses Gefüge mit seinen Anforderungen, Angeboten und Entwicklungspotenzialen überhaupt einlassen, damit etwas wird, was gut ist? Oder lasse ich mich nur provisorisch ein, ohne entschiedene Bereitschaft, mich wirklich zu engagieren? In einer solchen begegnenden Offenheit kann man spüren: Das Leben geht mich an. Nicht andere, nicht meine Eltern, Lehrer, Chefs oder Vorstände, sondern ich bin verantwortlich für mein Leben. Und es liegt an mir zu finden, wofür ich da bin in dieser meiner Welt und was auch für mich wirklich zählt. Ich bin zum Entscheiden und Antworten aufgerufen.

Woran lässt sich erkennen, ob das, worauf ich jetzt Antwort gebe, wirklich das ist, worum es jetzt in meinem Leben gehen soll? Gibt es ein Kriterium, um zu unterscheiden, ob jemand z. B. eine ehrenamtliche Tätigkeit ausübt, weil sie ihm entspricht und sie eine echte Anfrage an ihn ist, oder ob er es tut, weil rüstige ältere Menschen auch noch was tun „sollen"? Oft beantworten Menschen solche Fragen mit dem Gefühl: „Ich kann es irgendwie nicht *nicht* tun", und sie erleben damit die Paradoxie der Freiheit: Wo wir am freiesten sind, weil es unserem Wesen entspricht, empfinden wir ein Nicht-mehr-anders-Können. Wenn wir Dinge, die uns so sehr am Herzen liegen oder angehen, nicht tun, wäre das Leben leer. Wenn wir sie hingegen tun, erleben wir oft Freude und praktisch immer Erfüllung: „Ich habe es gemacht! Ich habe es geschafft! Ich war dabei!" Solches Erleben enthält bereits das Kriterium für die richtige Antwort auf die Frage der Situation: Das Kriterium besteht in der Übereinstimmung mit den ersten drei existentiellen Grundmotivationen: Ich kann, ich mag und es ist mein Eigenes (dürfen). Sie sind die Voraussetzung für das Empfinden *innerer Zustimmung* bei der Handlung und das Erhalten *innerer Erfüllung* bei und nach der Handlung. Um etwas als Aufforderung zum Handeln zu nehmen (sollen), braucht es den Boden der ersten drei Dimensionen. Je weniger die Zustimmung auf einer oder mehreren Dimensionen entwickelt ist, desto brüchiger werden die Sinnhaftigkeit einer Sache und die daraus resultierende Kraft. Statt eines echten, ganzheitlichen Wollens besteht ein schwaches, unsicheres, lustloses, zögerliches Wollen, das bei Schwierigkeiten vorschnell aufgibt. Wir können dies vergleichen mit einer Multiplikationsrechnung. Ist ein Faktor klein oder gar null, ist das Vermögen, der Aufforderung der Situation nachzukommen, gering oder gar nicht vorhanden. Sinn (sollen) hat an der Realität anzusetzen (ich kann), braucht ein Wertfühlen und das Erleben, dass es gut ist (ich mag), und muss die Möglichkeit bieten, das Eigene einzubringen (ich darf so sein und so handeln).

1. In der **Welt** sein können **(können)**

x

2. Beziehung zum **Leben (mögen)**

x

3. So sein dürfen, **Selbstsein (dürfen)**

} → 4. Sich in einen **Kontext** (Sinn) stellen **(sollen)** → echtes, ganzheitliches **WOLLEN**

Echtes, ganzheitliches Wollen kann entstehen, wenn der Mensch in Übereinstimmung steht mit

- *Faktizität:* den eigenen Fähigkeiten angesichts der Möglichkeiten und Begrenzungen der Welt;
- *Wert:* einem gefühlten Wert, der mein Leben lebenswerter macht;
- *Identität:* der Möglichkeit, dass das Eigene darin aufgeht und ich dazu stehen kann.

Oder anders formuliert: Etwas ist sinnvoll und hat „Sollens-Qualität", wenn das Ich in etwas Größerem aufgeht und sich im Selbst wiederfindet.

✓ *Habe ich bei dem, was ich tue, das Gefühl, dass ich geeignet bin und die Fähigkeiten dazu habe? Dass ich es mag und dass es mir wichtig ist? Dass es ganz Meines ist und ich es so ausführe, dass ich zu mir stehen kann? Dass ich es als sinnvoll ansehe? Wo mache ich Quersubventionen oder Kompensationen, und „geht diese Rechnung auf"?*

Die existentielle Wende

Vor jedem Handeln stehen wir vor der Frage: *Soll* ich jetzt oder soll ich nicht? Die Antwort darauf verlangt einen Einbezug der Situation, in der ich mich befinde. Um zu einem existentiellen Handeln zu kommen, braucht es also neben einem guten Selbstbezug einen Bezug zu einem größeren Zusammenhang. Dieses Verhältnis ist im Begriff „Be-Ruf" wiedergegeben: Einem Appell, einem Ruf folgend können wir uns zu dieser Tätigkeit berufen fühlen, den Beruf als Berufung erleben. Man kann auch von anderen in ein Amt berufen werden, wie zum Beispiel ins Priesteramt oder an einen Lehrstuhl. Die Antwort auf die Frage „Soll ich?" bezieht sich jedoch auf den Anruf der Situation, in der der Mensch steht, und auf das Verständnis der Zusammenhänge, in denen er sein Dasein und die Welt begreift. Was ihn in dieser Bezüglichkeit anspricht, was er als Gelegenheit, als Angebot, als Ruf, als Aufforderung oder als Notwendigkeit vernimmt, kann er nicht bestimmen. Er ist darin eingebettet und ist auf die Erkenntnis angewiesen. Wie wir vorhin gesagt haben ist der Mensch darin frei, das Angebot der Situation mit seinem Gewissen abzustimmen, das Sollen an sich heranzulassen und es zum Eigenen zu machen. Der vernommene und verstandene Anruf der Situation gibt dem Menschen keine Pflicht vor, sondern einen Sinnvektor für sein Dasein. Sie verleiht seiner Handlungsfähigkeit eine Richtung (Sinn). In der Entscheidung, ob er diese Fährte aufnimmt oder nicht, ist der Mensch frei. Doch der Anruf der Situation ist nicht nur eine Orientierung für die Lebenserfüllung (Sinnangebote), sondern auch eine Forderung, deren Nicht-Erfüllung zu einem Gefühl der Leere (Sinnlosigkeit) führt, wenn der Mensch dadurch erkennt, sich und dem Gesollten nicht nachzukommen. Sinnangebote sind wie eine existentielle Bringschuld.

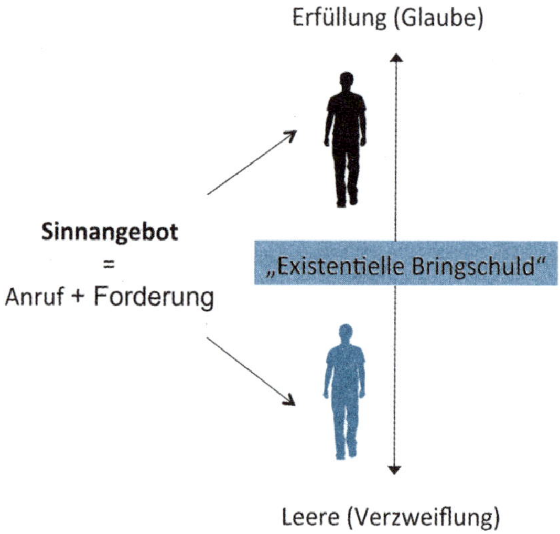

Abb. 31: Sinn ist eine „existentielle Bringschuld".

Allgemein stellt sich die Sinnfrage immer dann, wenn wir nicht mehr sehen, fühlen oder wissen, wie wir weitermachen sollen oder wofür es gut sein soll weiterzumachen, wie z. B. nach einem Scheitern, einem Verlust oder einer schweren Krankheit, die unseren Lebensplan und unsere Vorstellung von gutem Leben zerstört. Sinnzweifel kommen auch dann auf, wenn wir fühlen, dass wir auf dem falschen Weg sind, weil uns das, was wir tun, zu wenig erfüllt, obwohl wir es kognitiv vielleicht nicht so sehen.

Gefragt sein

Da Menschsein in der Welt stattfindet, gehört es zur Charakteristik der Existenz, dass sich der Mensch in ihr vorfindet. Das Dasein in dieser Welt ist eine ständige, mehrfache Anfrage an ihn. Dies ist seine „existentielle Vorfindlichkeit", die zusammengefasst in einem Satz lautet:

„Menschsein heißt In-Frage-Stehen – Leben ist Antwort geben" (Längle 1988e, 10). Was bedeutet das genau? Durch die Offenheit für die Welt und ihre Möglichkeiten, denen sich der Mensch nun zuwendet, entsteht der *grunddialogische Charakter der menschlichen Existenz.* Er stellt die eigentliche Grundlage der Sinnfindung dar. Der Mensch begibt sich erst in einen existentiell sinnvollen Austausch mit der Welt, wenn er mit ihr dialogisch kommuniziert.

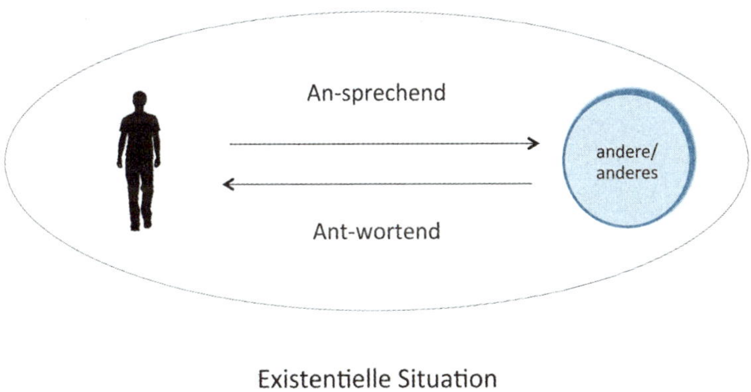

Abb. 32: Die existentielle Situation: in Frage und Antwort stehen mit der Welt

Wie ein in der „Lichtung des Seins" Stehender (Heidegger 1979) befindet sich der Mensch, existentiell gesehen, ständig in der Möglichkeit zu einem Austausch mit der Welt (Situation), die ihn „angeht, anspricht, anruft" etc. Daraus konstituiert sich seine Wirklichkeit. Wenn wir das Gefragtsein jedoch nicht an uns heranlassen, sondern immer unsere eigenen Forderungen, Wünsche, Pläne oder Ziele vor die Fragen stellen, flüchten wir vor der eigenen Wirklichkeit und sind nicht wirklich auf die Welt gekommen. Denn ursprünglich und existentiell gesehen stehen wir immer in diesen Fragen, weil wir von unserem Wesen her Entscheidende sind, weil wir als Personen eben frei sind und daher zu wählen und Stellung zu beziehen haben. Wichtig ist auf dieser vierten Stufe des Existenzverständnisses die Offenheit für das, was aus der Welt kommt, auf mich trifft und was die Aufforderung zum Handeln beinhaltet. Indem nun der Mensch zum Handeln kommt, vollzieht er seine Existenz: Er geht auf seine Welt ein, stellt sich der Anfrage, tritt in die Gegenrede und bringt seine Antwort zum Ausdruck. Aus dieser existentiellen Grunddynamik leitet sich auch das Prozess-Modell (siehe Kapitel 4) ab.

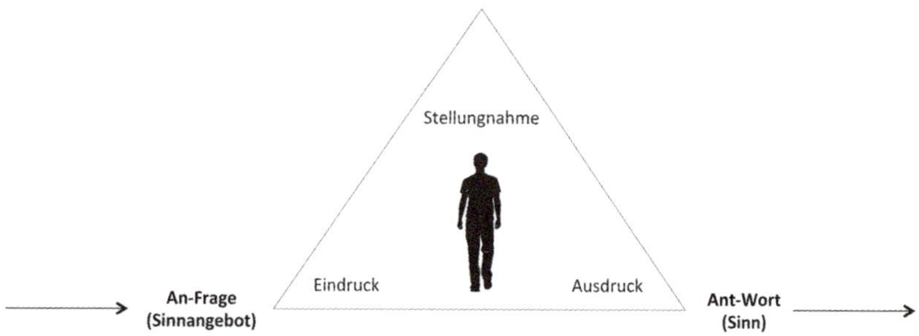

Abb. 33: Die existentielle Grunddynamik

Existentielle Wende

Diese Position des Sich-befragen-Lassens – wir nennen sie die existentielle Position – ist eine Wende um 180° der üblichen Frage über den Sinn der Existenz. Die Menschen, die an der Sinnlosigkeit des Lebens leiden, fragen meistens: „Was habe ich (noch) vom Leben? Was kann ich vom Leben erwarten?" – Durch die existentielle Wende wird die Fragerichtung umgekehrt: Der Mensch ist der Befragte – der vom Leben und seiner Situation her Befragte. Und der Sinn des Lebens besteht darin, auf die Lebensfragen seine Antwort zu geben. Viktor Frankl, dessen historisches Verdienst es ist, die Sinnfrage für die Therapie und Beratung zugänglich gemacht zu haben, beschreibt die existentielle Position wie folgt:

Die Frage nach dem Sinn des Lebens schlechthin ist sinnlos, denn sie ist falsch gestellt, wenn sie vage „das" Leben meint und nicht konkret „je meine" Existenz. Holen wir zu einer Rückbesinnung auf die ursprüngliche Struktur des Welterlebens aus, dann müssen wir der Frage nach dem Sinn des Lebens eine kopernikanische Wendung geben: Das Lebens selbst ist es, das dem Menschen Fragen stellt. Er hat nicht zu fragen, er ist vielmehr der vom Leben her Befragte, der dem Leben zu antworten – das Leben zu ver-antworten hat. Die Antworten aber, die der Mensch gibt, können nur konkrete Antworten auf konkrete „Lebensfragen" sein. In der Verantwortung des Daseins erfolgt ihre Beantwortung, in der Existenz selbst „vollzieht" der Mensch das Beantworten ihrer eigenen Fragen. (Frankl 1982a, 72)

Sinn liegt nach Frankl *draußen in der Welt* und kann nicht ohne Bezugnahme zur Welt rein nach Phantasie und Lust erfunden werden (ebd., 57). Sinnfindung verlangt im Gegenteil aufs erste eine Zurückstellung seiner eigenen Wünsche und Ideen, um sich stattdessen in eine Abstimmung mit der Situation zu bringen. Existentieller Sinn ist bei Frankl daher ein Leben in Weltoffenheit statt in (unabgestimmter und daher rücksichtsloser) Selbstverwirklichung. Grundsätzlich gibt es zwei Formen von Sinnfragen:

Die Frage nach dem Sinn an sich: Bei der Frage nach dem Sinn des Lebens, der Krankheit, des Problems usw. ist der Fragende abhängig von den Antworten, die er bekommt, die andere geben. In dieser Position ist der Mensch zwar frei, die Frage zu stellen, aber abhängig von der Antwort.

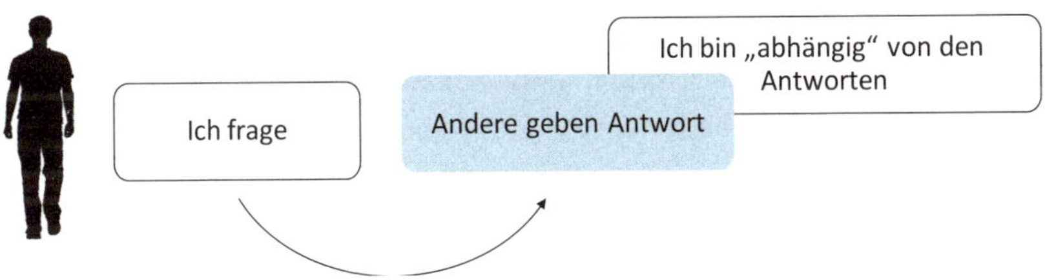

Abb. 34: Ontologisches Sinn-Fragen

Existentielles Fragen nach Sinn für mich: Bei der Frage „Was soll ich mit meinem Leben machen, mit der Krankheit, mit dem Problem?" ist die Antwort abhängig von mir selbst. Hier hängt die Antwort von mir ab, aber die Frage selbst kommt auf mich zu, ihr bin ich ausgesetzt, die Anfrage der Situation kann ich nicht bestimmen, ich nehme sie wahr als Aufgabe bzw. Thema. Denn aufgrund des dialogischen Weltverhältnisses bin ich immer in der Position des Befragten und zur Antwort eingeladen, berufen, gerufen.

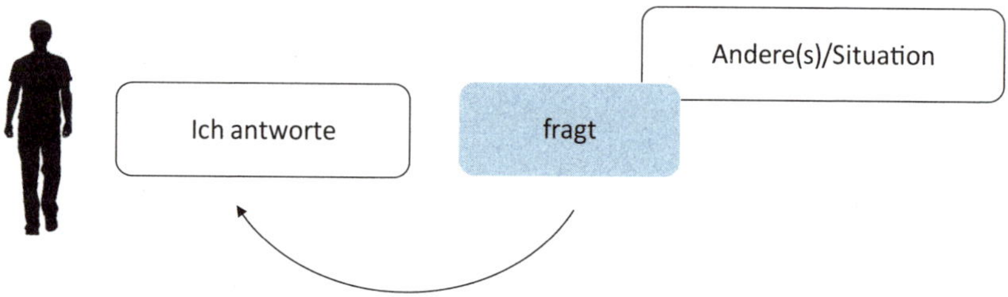

Abb. 35: Existentielles Sinn-Fragen

Was braucht es nun, um eine „gute“ Antwort geben zu können? Formal gesehen hängt die Antwort davon ab, ob ich die Frage verstanden habe. Wenn ich die Frage nicht verstanden habe, ist keine Antwort sinnvoll. Wenn ich z. B. jemanden frage, wo es zum Bahnhof geht, und er mir antwortet: „Es gibt keine frischen Brötchen mehr“, so ist diese Antwort für mich sinnlos, weil sie den Sinn der Frage, mein Anliegen, nicht trifft.

Was braucht es zum Finden der Frage? Es braucht ein gutes Hinhören, Hinschauen und ein Sich-Öffnen. Eine solche phänomenologische Haltung (siehe Kapitel 3) ist fundamental für die Sinnfindung. Es ist schon fast die Hälfte getan, wenn man die Frage einer Situation erkannt hat und draufgekommen ist, worum es jetzt gehen soll und was es *nicht* braucht. In eine allgemeine Betrachtung des Lebens gestellt, kann man sich an dieser Stelle einmal rückblickend fragen: Welche Fragen habe ich in meinem Leben nicht gesehen oder nicht genügend beachtet? Oder: Was habe ich bei mir selbst als Anfrage übergangen oder nicht gesehen? – Im Rückblick kann man anhand des Verlaufs des Lebens und seiner Schwierigkeiten manchmal feststellen, welche Anfragen man überhört oder falsch eingeschätzt hat.

Die Auswirkungen der existentiellen Wende

Der Sinn der Frage, das Entscheidende der Frage ist die Antwort! Die Frage nur um ihrer selbst willen ist sinnlos. Wir fragen nicht, um zu fragen, sondern um eine Antwort zu bekommen. Die Antwort ist die Krönung der Frage. Wenn ich gefragt bin und die Antwort geben kann, hängt das Entscheidende von mir ab. Wenn ich mich als Gefragten sehe, sitze ich sozusagen „am existentiellen Drücker“. Das hat zwei Konsequenzen:

1. Durch die existentielle Wende nehme ich mich aus der Abhängigkeit des Antwort-Bekommens heraus und erhalte das Entscheidende in die Hand: das Antwortgeben. Diese Sichtweise gibt mich frei und rückt mich damit in den Mittelpunkt des Geschehens.
2. Diese Freiheit, die Selbstaktivierung und die Verantwortung für die Antwort erlauben mir, mich als *Person zu verwirklichen.*

Die existentielle Wende ist also der Schlüssel zur Sinnerfüllung in der Existenz – weil sie den Menschen in diese offene, dialogische Auseinandersetzung mit der Welt führt, in der er sein Potenzial mobilisieren und einsetzen kann. Praktisch gesehen hat die existentielle Wende auch eine wichtige psychohygienische Bedeutung: Sie holt den Menschen aus der Passivität, aus der Opferrolle, stellt ihn in die Handlungsrolle und fordert die eigene Aktivität heraus. Das ist besonders wichtig in allen Situationen, in denen sich Menschen ausgeliefert fühlen – einem Problem, Krankheiten oder Unausweichlichkeiten – und beschäftigt sind mit Verstehensfragen: „Warum ausgerechnet ich? Warum muss ich das jetzt haben?" Diese Fragen passivieren. Durch die existentielle Wende ist der *Umgang* mit dem Problem angestoßen, und es kommt zu einem *Neuanfang* unter den neuen Bedingungen. Der Mensch wird zum Gestalter seines Lebens wie ein Steuermann auf dem Schiff seines Lebens – aber er ist nicht der Steuermann der Winde.

✓ *Wo erlebe ich mich derzeit als vom Leben gefragt? Was sind zurzeit meine Lebensfragen? Wo klopft das Leben derzeit bei mir an? Wo fühle ich mich gefragt, angefragt? Wo wäre es gut, wenn ich da wäre, wenn ich persönlich es täte? Welche Fragen stellt das Leben derzeit an mich? Wo werde ich gebraucht?*

Die Grundfrage der existentiellen Wende

Weil der Mensch Person und daher frei ist, stellt ihn jede Situationen vor eine Entscheidung, vor eine Wahl – denn er muss ja nicht so oder so handeln. Die Grundfrage ist immer da: „Was machst Du damit? Was machst Du mit dem, was da ist, damit (daraus) etwas Gutes werden kann?" Es ist die existentielle Frage nach dem Werden: „Was soll daraus werden?" Und daraus folgend: „Was ist mein Beitrag dazu?" Was mache ich aus diesem Tag? Aus meinem Problem – was mache ich mit ihm? Was kann jetzt noch Wertvolles entstehen, wenn ich so anstehe? Was mache ich Wertvolles mit den Tatsachen und Gegebenheiten in meinem Leben, auch wenn der angepeilte Wert vielleicht nicht erreicht wird, weil ich z. B. krank bin oder im Stau stecke und das Treffen verpasse?

Beim existentiellen Sinn braucht es eine Werteflexibilität: Manche Sinnlosigkeit entsteht oft auch durch eine Wertefixierung, weil man nicht loslassen kann von den vorgestellten Werten. Um den existentiellen Sinn der Situation zu erfassen, ist es notwendig, die Aufmerksamkeit auf einen Bereich zu verlagern, wo es noch Freiheit gibt: Was ist angesichts der Tatsache, dass ich im Stau stehe, „die wertvollste Möglichkeit", wie kann aus dem Abend etwas Gutes werden, auch wenn das Treffen nicht stattfinden konnte?

Die Copingreaktionen beim Sinnverlust

Der Mensch gerät in existentielle Not und Hilflosigkeit, wenn er nicht weiß und fühlt, wofür er etwas tut, wenn er also die Gründe für sein Handeln (nicht) kennt. Gefühle der Leere und des Verloren-Seins kommen auf, wenn er nicht spürt, wofür er arbeitet, ob es noch gut ist, mit dem Partner zusammen zu bleiben, welchen Sinn es hat, die Krankheit auszuhalten usw. Hier fehlt die orientierende Kraft für das Leben. Unsere Existenz verflacht in dem Maße, in dem uns die Orientierung für unser Handeln, für unser Lieben und Leiden abhandenkommt.

Sinnblockaden treten auf, wenn die Wahrnehmung von Sinn gestört ist, was insbesondere durch blockierte Gefühle eintritt. Besonders leidvoller Sinnverlust entsteht durch gravierende Wertverluste, z. B. Verlust der Arbeit, Konkurs, tödliche Krankheit, Tod eines Kindes usw.

Beides – Sinnblockaden und Sinnverlust – können zu einem „Existentiellen Vakuum" (Frankl 1982a) führen. Existentielles Vakuum ist gekennzeichnet durch Langeweile, Interesselosigkeit (Unberührbarkeit, Unansprechbarkeit, Unerreichbarkeit der inneren Beteiligung), Leere- und Sinnlosigkeitsgefühl. Neben den oben beschriebenen allgemeinen Leeregefühlen und dem Orientierungsverlust ist es das Ausgangsgefühl, das Copingreaktionen bedingt. Sie werden eingesetzt, um sich infolge der unangenehmen und belastenden Gefühle der Sinnlosigkeit eine erste Erleichterung zu verschaffen.

Muster	Der Versuch …	Beispiel
1. Grundbewegung: Provisorisches Engagement	… sich vor dem Hergeben für nichts zu schützen	Planlos in den Tag leben; das Projekt vorläufig einmal beginnen
2. Paradoxe Bewegung: Aktivismus – Widerstand	… neue Inhalte zu schaffen, Rahmenbedingungen ändern	Konsumlust, Suche nach Macht und Einfluss, Überkontrollieren
3. Abwehrbewegung: Aggression (Spielerische Aggression, Zynismus, Sarkasmus)	… den Kontext zu verändern, auf der Suche nach einem Ersatz für den leeren Zusammenhang	Werte zerstören, um zu beweisen, wie sinnlos alles ist (Vandalismus)
4. Totstellreflex: Leere, Verzweiflung, Sucht	Überwältigtsein und der Versuch, in eine fatalistisch oder nihilistisch erklärte Welt zu flüchten	„Es bringt eh alles nichts; man kann gegen die Vorgesetzten nichts machen."

Tab. 10: Die vier Grundmuster von Copingreaktionen der 4. Grundmotivation im Überblick

Grundbewegung (provisorisches Engagement): Beim provisorischen Engagement lebt der Mensch „bis auf Widerruf". Alles Tun und Handeln hat vorläufigen Charakter, nichts ist definitiv. Diese Gleichgültigkeit allem gegenüber ist ein Schutz vor dem Sich-Hergeben für nichts. In dieser Oberflächlichkeit hat nichts Bedeutung und es fehlt an Bereitschaft, im Sinne eines größeren Ganzen auch eine Schwierigkeit zu überwinden oder Leid auf sich zu nehmen. Der Mensch klinkt sich innerlich aus, lebt in Tagträumen und handelt ohne jedes wirkliche Engagement. Wie bei innerer Kündigung ist er nicht „im Leben" und empfindet sich als Außenseiter vom Leben. Er geht unmotiviert an die Dinge heran, ohne die Bereitschaft, etwas auf sich zu nehmen und konstruktiv an Werten und Sinnvollem zu arbeiten.

Paradoxe Bewegung (Aktivismus): Genügt das nicht, braucht es deutlich mehr Aktivität, um sich neue Inhalte zu schaffen. Dienst nach Vorschrift und Aufschieben der Dinge, solange es geht, sind Verhaltensformen, um dem Sinnlosigkeitsgefühl etwas entgegenzuhalten. Man ändert den Rahmen, klagt, provoziert, übertreibt oder macht aus allem ein Spiel. Auch das Streben nach Konsum, Macht und Einfluss sind Versuche, dem Leben zumindest ein wenig Inhalt zu geben.

Abwehrbewegung (Aggression): Ziel der Aggression ist eine Kontextänderung, durch die man sich dem leeren Zusammenhang entzieht und einen Ersatz erlebt. Da es an Lebensinhalt fehlt, ist die spielerische Aggression ein reizvoller, abwechslungsreicher Ersatz, mit dem man sich einen *spannenden Zeitvertreib* verschafft. Freude am Zerstören von Werten, Vandalismus, absichtliches Durcheinanderbringen von Dingen oder Produzieren von crashes dienen der Absicht, den anderen zu beweisen, wie sinnlos alles ist. Wenn man sich mit einem Rahmen nicht abfinden kann, in den man gestellt ist und der einem sinnlos erscheint, kommt *Empörung* auf, die sich z. B. über Fluchen Luft verschafft. Man empfindet die Situation als *„unerhört"*, sieht es als *Zumutung* an, z. B. eine solche Arbeit tun zu müssen usw. Diese Aggression ist oft eine Mischung aus Ärger, Wut und Hass, aber man ist in ihr weniger selbst betroffen als mit der Sache beschäftigt und blickt mehr auf die äußeren Umständen als auf sich selbst. Zynismus und Sarkasmus sind weitere Formen der Aggression, wenn die bisherigen Schutzbewegungen nicht zum Ziel geführt haben. Im zynischen Reden meint man das Gegenteil von dem, was gesagt wird, entwertet es dadurch und stellt es in einen scheinbar anderen *Kontext*, im Wissen, dass es nicht stimmt. Das erspart einem, sich dem unangenehmen Gefühl von Pessimismus und Sinnleere zu stellen. Sarkasmus schließlich ist die gesteigerte Form von in scheinbaren Humor gepackter Aggression, die mit beißendem Spott „ins Fleisch geht" (sarx = Fleisch).

Totstellreflex: Können die bisherigen Bewegungen das Sinnlosigkeitsgefühl nicht aufhalten, kommt es zu Hoffnungslosigkeit und Fatalismus. Man gibt sich auf, „das Leben führt eh zu nichts", und ist vom Gefühl der Zukunftslosigkeit überwältigt. Man ist passiv, gelähmt, hat keinen Schwung mehr, ist überfordert und stellt sich taub oder tut so, als ob nichts gewesen wäre. Man kann auf nichts mehr eingehen, will auch nichts mehr spüren oder generalisiert und wirft alles „in einen Topf": „Wenn alle ihren Müll im Park hinwerfen, ist es sinnlos, wenn ich meinen mit nach Hause nehme. Da lass ich meinen auch liegen. Es ist doch egal, ob da noch etwas mehr ist." Die Korruption des eigenen Verhaltens schreitet voran. Wenn die Schutzmechanismen versagen, entstehen aus der empfundenen Leere und Orientierungslosigkeit schließlich Verzweiflung, weil keine Sinnstruktur mehr gesehen wird, die einen hält oder die aufrechterhalten werden kann. Auch das stärkere Suchtverhalten ist ein solcher Reflex von Überwältigtsein in der Sinnlosigkeit.

Etwas anfangen – Zeit und Existenz

Wenn nichts mehr zählt im Leben, wenn keine Tätigkeit da ist, die sich lohnt, wenn keine Beziehung mehr eine Bedeutung hat, steht der Mensch vor der Aufgabe, etwas (neu) anzufangen. Um das zu verstehen, wollen wir uns mit dem Thema Zeit befassen. Dass der Mensch zeitlich ist, ist überhaupt erst der Grund dafür, weshalb er die Sinnfrage stellt. Würden wir ewig leben, wäre für alles auch später noch Zeit. Weil unsere Zeit aber begrenzt ist, stehen wir vor der Aufgabe, mit der uns gegebenen Zeit etwas Sinnvolles anzufangen.

Im Verwirklichen von Möglichkeiten greifen wir den vorhandenen Zeitfluss auf und ziehen diese Möglichkeiten an Land, in die Gegenwart. So „füllen" wir die Zeit und diese erfüllt uns. Fehlt es an Möglichkeiten (oder wir sehen sie nicht oder können mit ihnen nichts anfangen), ist die Zeit „vertan" und wir erleben sie als leere Zeit (z. B. in Eile sein und auf den Bus warten müssen, der nicht kommt, ohne die Möglichkeit zu haben, die Sache zu beschleunigen). Oder anders formuliert: Existentielle Zeit bedeutet, dass etwas noch aussteht, dass etwas noch *offen* ist, noch *wartet,* noch *nicht fertig* ist. Da ist etwas, das *möglich* ist, das in seiner Unfertigkeit darauf wartet, vielleicht drängt, zu sein. Das benötigt mich, damit es ins Sein kommt. – Ein Wesen, das dies sieht, steht in der Zeitlichkeit. Solange der Mensch vor Entscheidungen steht, steht er in der Zeit.

Im Folgenden wollen wir Vergangenheit, Gegenwart und Zukunft nicht als strenge Gliederung verstehen, sondern eher als praktisches Orientierungsschema, denn in der existentiellen Wirklichkeit gehen diese Zeitabschnitte ineinander über.

Vergangenheit – Gegenwart – Zukunft

Vergänglich sind nur die Möglichkeiten, die nicht gewählt wurden. Was ich gelebt habe, das ist – existentiell gesehen – für immer. Vergangenheit bedeutet „ich habe es schon getan", aber sie bedeutet nicht „es ist vorbei". Nur das Tun ist vorbei, denn das Getane *ist* – es ist für immer geschehen und ich bin durch es geworden. Und das, was ich *geworden* bin, *bin* ich jetzt, und es ist in seiner *Wirkung* in der Welt. Die Handlung ist abgeschlossen, doch das Faktum bleibt und strahlt in die Zukunft. Die

Vergangenheit kennt keine Alternative. Frankl beschreibt diesen existentiellen Sachverhalt, wenn er sagt: „Gewesen sein ist auch noch eine Art von Sein – vielleicht die sicherste!" Frankl (1982a, 47). Was ich bin, das bin ich geworden. Ich bin meine Vergangenheit. Sie ist wie ein Tresor, in dem unser Leben geborgen ist. So gesehen ist die Zeit nicht nur eine Räuberin, sie ist auch eine Treuhänderin.

Im Unterschied dazu ist die Gegenwart das *Labor*, der Ort, wo wir die Zeit zur Verfügung haben. Wir unterscheiden hier zwischen zwei Aspekten der Zeit:

1. Die wirkliche (existentielle) Zeit, die man nicht „hat", sondern die man sich für etwas *„nimmt".* Man nimmt sich die Zeit, um ein Buch zu lesen.
2. Und dennoch gilt: Zeit kann man sich nicht einfach „nehmen", man muss sie auch „haben". Sie gibt einen „ontologischen Rahmen" vor. Das Leben kann ich mir nicht nehmen – das Leben bekomme ich. Die Zeit dafür ist von Natur aus *bemessen* mit unserem *Tod.* Sie ist die Zeit, die ich überhaupt habe bis zum Ende. Diese Zeit können wir pflegen durch Rhythmen, Wiederkehrendes, Feiern und Neuanfänge. Denn nur in der Gegenwart wird Zeit *realisiert,* nur dort kann sie gelebt werden, dort wird uns Leben „gezeigt". Die Gegenwart, das Hier und Jetzt ist der Werkplatz der Existenz und das Mittel dazu ist die Tat, das Handeln.

So ist die Zukunft nicht eine Zeit, „die noch kommt", sondern die Dimension, in der wir schon stehen, weil wir Möglichkeiten haben. Ganz kompakt kann das Verhältnis von Gegenwart und Zukunft in den Satz gepackt werden: „Das Sein des Menschen liegt im Werden." Die Zukunft beginnt, wenn ich mit mir etwas anfangen kann. Wenn Jugendliche keine Möglichkeit für Arbeit und Karriere haben, haben sie das Gefühl, keine Zukunft zu haben (No-future-Generation). Zukunft bedeutet aber auch den Tod vor sich zu haben. Diese Vergänglichkeit – angesichts der Möglichkeiten innerhalb der gegebenen Zeit – wirft die Sinnfrage auf. Wenn wir „ewig" lebten, bräuchten wir nicht nach Sinn zu suchen, dann wäre alles gleichzeitig da oder käme wieder. So aber stehen wir vor *irreversiblen Möglichkeiten*, die uns zwingen zu entdecken, „was nottut", wofür es jetzt höchste Zeit ist, weil sie nachher vertan sind, wenn sie jetzt nicht ergriffen werden. Weil wir wissen, dass es nicht ewig so weitergehen kann, ist es nicht gleichgültig, was geschieht. Zukunft und ihre Begrenztheit durch einen Tod ist somit der *Anstoß zur Sinnorientierung.*

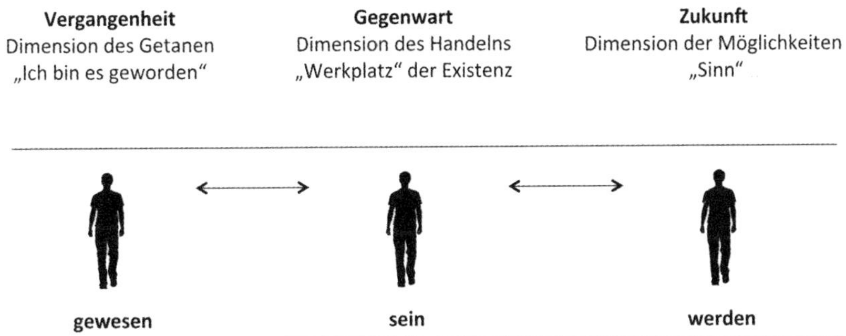

Abb. 36: Das Sein des Menschen liegt im Werden.

Wichtig für uns ist, dass wir mit den Dingen etwas anfangen können und in den Anfang mit ihnen kommen. Existieren ist daher immer auch: *mich in den Anfang bringen.* Etwas anfangen können heißt, es in einem Sinnzusammenhang zu sehen. Durch die Sinnhaftigkeit dessen, was ich jetzt beginnen will, *kommt Leben in meine Zeit.* Wenn ich etwas anfange, stehe ich aktuell in meiner Zukunft, auf dem Boden meiner Vergangenheit. Mich in den Anfang gebracht zu haben bedeutet – mit Blick nach vorne –, ursprünglich dabei zu sein, meine Fähigkeiten zu mobilisieren und mir meine Zukunft zu eröffnen. Im Blick zurück, im Umgang mit dem Vergangenen, entstehen Geschichten und Biografien.

Das Ende haben wir nicht in Händen – aber den Anfang. Deshalb ist es existentiell wichtiger, etwas angefangen zu haben, als es zu Ende gebracht zu haben. Auch Unfertiges hat Wert. Sich ins Leben gebracht zu haben, hat Wert. Jedem Anfang wohnt ein Zauber inne (Hesse) – und im gelingenden Ende wohnt das Glück.

Sinn weist immer über die Zeit hinaus, spannt Vergangenheit und Zukunft mit der Gegenwart zusammen. Sinn transzendiert die Zeit und stellt die Handlungen in einen größeren Zusammenhang. Nach Sinn handeln bedeutet demnach, *im Bewusstsein der Endlichkeit,* der Einmaligkeit der Situation und letztlich im Bewusstsein des Todes, Leben werden zu lassen und die Vergänglichkeit zu übersteigen.

Achtet des einzigen, was ihr habt: Diese Stunde, die jetzt ist! Als ob ihr Macht hättet über den morgigen Tag! Wir ruinieren unser Leben, weil wir das Leben immer wieder aufschieben. Epikur

Zukunft – Kontext – Aufgabe

Damit Menschen motiviert sind, sich zu engagieren und ihr Tun als sinnvolles Handeln zu erfahren, braucht es einen Strukturzusammenhang, ein Tätigkeitsfeld und einen Wert in der Zukunft. Existentiell betrachtet geht es um die Themen Kontext, Aufgabe und Zukunft.

Die Sinnfrage ist die Frage „Wozu?". Wozu haben wir Autos? Wozu soll ich arbeiten? Wozu soll ich trotz Widerständen die Aufgabe zu Ende führen? etc. Das „Wozu" ist also eine Frage nach der Zukunft: Wird daraus etwas Wertvolles? Um diese Grundfrage zur Orientierung im Dasein zu beantworten, braucht es ein Verstehen dessen, worum es geht. Verstehen bedeutet Einbinden des Aktuellen in einen größeren Zusammenhang, um zu sehen, wie es mit diesem vernetzt ist.

Zukunft

Neben der Dimension des Wozu gibt es auch den Aspekt der Entwicklung, ausgerichtet auf eine Zukunft. Als sinnvoll wird eine Aktivität nur dann empfunden, wenn sie in einem Zusammenhang steht, der potenziell wertvolle Entwicklung ermöglicht. Der bloßen Veränderung wegen nehmen Menschen selten Mühsal oder eine „Extra-Meile" in Kauf. Durch den Einsatz soll ein Mehrwert entstehen, sonst hat er – wie Sisyphos, der den Stein den Berg hinaufschafft, nur damit dieser gleich wieder hinunterrollt – wenig Sinn. Ohne das Gefühl, an einer wertvollen Entwicklung beteiligt zu sein, entsteht kaum Motivation oder die Kraft, eine beschwerliche Tätigkeit zu Ende zu bringen. Durchhaltekraft braucht ein „Wozu".

✓ *Worauf läuft das hinaus? Wozu ist das gut, was hier passiert ist? Hat das etwas mit meinem Leben zu tun? Und wenn nicht: Wie könnte daraus etwas Wertvolles für mein Leben entstehen?*

Kontext

Jede Aktivität steht in einem Strukturzusammenhang. Erst durch diese Eingebundenheit wird aus einer Tätigkeit eine Aufgabe. Ein Kontext kann vorgegeben sein (Familie, Firma) oder von uns selbst geschaffen werden (z. B. Arbeit für ein selbst entworfenes Projekt), doch mit allem, was wir tun, stehen wir in größeren Bezügen. Fehlt das Bewusstsein für dieses Eingebettetsein, fühlen wir uns nicht dazugehörig. Es geht also immer um die Frage nach dem Kontext mit *mir*. Wenn ich mit etwas nichts anfangen kann, ist es sinnlos, denn weshalb sollte ich mich mit einer Sache beschäftigen, wenn *ich* nichts damit anfangen kann und nicht sehe, in welchem größeren und wertvollen Rahmen sie steht?

✓ *In welchem größeren Rahmen steht das, was ich da mache bzw. auch erlebe? Mag ich in diesem Horizont stehen, mich darauf beziehen und dafür etwas tun (Unternehmen, Firma, Staat)? Sehe ich den Wert des Größeren, und sehe ich, dass ich das auch für dieses Größere mache?*

Tätigkeitsfeld

Zur Fülle des Lebens gehört, dass wir auch benötigt werden und uns Aufgaben und Wirkbereiche zufallen. Hat der Mensch keine Aufgabe, wird es schwieriger, Erfüllung im Leben zu erleben. Diese Erfahrung machen Menschen, wenn sie arbeitslos werden, altersbedingt aus dem Erwerbsleben ausgeschieden sind oder Mütter, deren Kinder ausgeflogen sind („empty nest depression"). Nach jahrelanger Tätigkeit bleibt nichts mehr, wofür sie zuständig sind, wo sie gebraucht werden oder wo sie sich benötigt fühlen. Ein Tätigkeitsfeld kann aber auch ein Erlebnisbereich sein, Kunsterleben, Naturerleben, Begegnungen usw., wo der Mensch ebenso aufgefordert ist, sich emotional einzulassen und (geistig) Erlebtes zu verarbeiten. Frankl (1982a) verweist neben diesen „schöpferischen Werten" (etwas Wertvolles in die Welt stellen) und „Erlebniswerten"(etwas in seiner Einmaligkeit und Einzigartigkeit erleben) auch darauf, dass das Beziehen einer Position („Einstellungswerte") zu diesen „Hauptstraßen" Teil des Sinns ist. Sinn ist existentiell gesehen immer begrenzt auf die Fähigkeiten, Kräfte und Möglichkeiten, die einem Menschen zu einer gegebenen Stunde zur Verfügung stehen. Doch ist er seinem Schicksal nie gänzlich ausgeliefert. Auch in unausweichlichen, Leiden verursachenden Situationen hat er immer noch die Freiheit, seine Einstellung dazu zu beziehen oder zu verändern.

Hingabe – die Brücke zur Erfüllung

Fassen wir noch einmal zusammen: Um etwas als sinnvoll zu erleben, braucht es ein Sich-Stellen in größere Zusammenhänge, in denen der Mensch fruchtbar werden kann. Ob eine Aktivität zu einer „Hinein-Gabe" wird, hängt einerseits vom Wert der Dinge ab, mit denen man sich in Beziehung setzen mag, und andererseits von der Entscheidung, ob man sich auf sie einlässt und sich ihnen durch entschiedenes Handeln – also Handeln mit innerer Zustimmung – *hingibt.* Ohne Hingabe, also die persönliche Anwesenheit, ohne wirkliches Dabeisein, bleibt das Handeln eine blasse Angelegenheit. Hingabe mag heute eher altertümlich anmuten. Viele verwenden daher eher den englischen Begriff *commitment.* Sein lateinischer Stamm ‚mittere' (senden) trifft genau das Wesen der Hingabe: committere (mit-senden), „sich mitschicken". Nicht das Hergeben für einen Zweck ist gemeint, sondern das *Sich*-Hingeben an etwas Sinnvolles. Sinnvoll kann es aber nur sein, wenn eine Handlung in allen vier existentiellen Dimensionen abgestützt ist – ein Ja in allen vier Dimensionen. Mit Zustimmung leben bedeutet, mit Hingabe in seinem Leben involviert zu sein, das getragen ist von allen vier personalen Säulen. Damit ist ein Zugang zu sinnvollem Leben bis zur Ahnung eines letzten Sinns aufgetan.

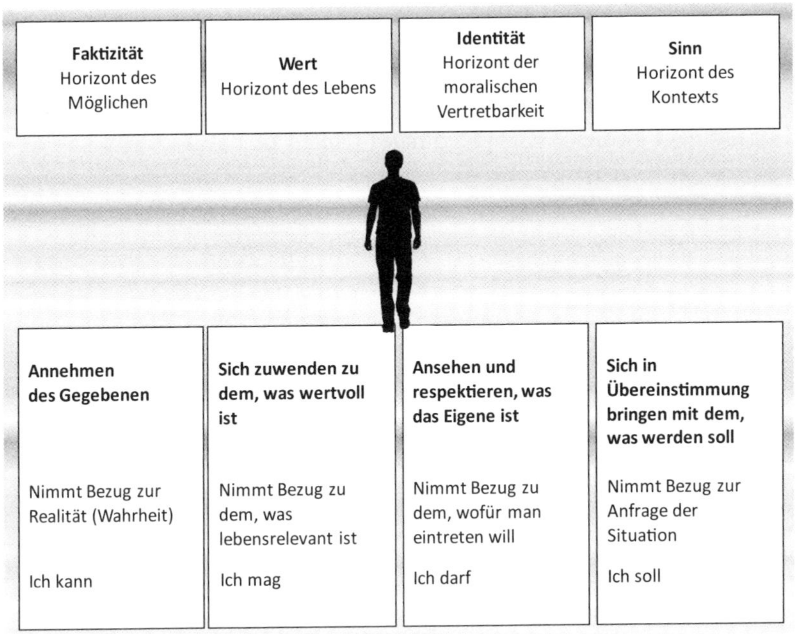

Abb. 37: Erfülltes Leben basiert auf vier personalen Grundaktivitäten, die sich auf die vier existentiellen Dimensionen beziehen.

Hingabe – Bedürfnisse – Wunsch

Wie können wir echte Hingabe von einem Bedürfnis oder einem Wunsch unterscheiden? Bedürfnisse sind erlebte Mangelzustände. Es gibt körperliche Bedürfnisse wie z. B. Schlaf, Sexualität, Essen usw. und psychisch-geistige Bedürfnisse wie Sicherheit, Geliebtwerden usw. Bedürfnisse decken einen *Bedarf* auf, um das Dasein zu sichern, und mobilisieren eine Psychodynamik, d. h. sie verursachen psychische *Spannungen*, wenn etwas aus der Balance geraten ist. Werden die Bedürfnisse erfüllt, so wird das als lustvoll erlebt und es entsteht Befriedigung.

Beim Wunsch ist die Ausrichtung und die innere Bezugnahme auf etwas Positives, Wertvolles gerichtet, ohne den näheren Bezug zur Realisierbarkeit und Erreichbarkeit ins Auge gefasst zu haben. Es wird lediglich die Beziehung zum Wert hergestellt und erhalten. Wünsche können daher Realistisches oder Unrealistisches, Realisierbares oder auch Dinge sein, die außerhalb unserer Kontrolle stehen. Für solches wünschen wir uns „viel Glück!" im Wissen, dass das Eintreten des Gewünschten nicht von uns abhängt.

Doch es gibt einen charakteristischen Unterschied zur Hingabe. Der Hingabe liegt immer ein *ganzheitliches Wollen* zugrunde.

Charakteristikum	Wünschen	Ganzheitliches Wollen
Wertebezug	Wert → Ich	Ich ← Wert
Vollzug	Passiv: empfangend, ich will es bekommen, risikolos, kein persönlicher Einsatz	Aktiv: einsatzbereit, bereit ein Risiko auf sich nehmen, die Konsequenzen zu tragen, den Preis dafür zu zahlen (bereit, den Weg zu gehen)
Anzahl	Man kann viele Wünsche gleichzeitig haben (oft spontan)	Man kann nur eines nach dem anderen wirklich wollen und sich ihm hingeben (sich einlassen)
Realitätsbezug	Keine Verantwortung: beim Wunsch geht es nicht um die Realisierbarkeit; Fantasien und Hoffnungen, Träume	Verantwortung: die Realisierung hängt von einem selbst ab
Haltung	Erwartungshaltung: man erwartet ein Geschenk	Einsatzbereitschaft: man tut etwas dafür
Führt zu	Glück gehabt	Erfüllung gehabt („existentielles Glück")

Tab. 11: Der Unterschied zwischen Wünschen und ganzheitlichem Wollen

Vielfach geht es im Coaching darum, realisierbare Wünsche in einen Willen zu verwandeln und sich selbst dafür einzusetzen, statt passiv zu warten. Sich einer Sache hingeben heißt aktives Handeln auf der Grundlage einer Willensentscheidung. Handeln ist also immer personal, im Unterschied zum Reagieren, das psychodynamisch ist und an der Entscheidungsinstanz „Person" vorbeigeht. Handeln ist daher immer wertorientiert und gewollt, man trägt die Verantwortung dafür und gibt *sich einer Sache hin.*

✓ *Was gibt meinem Leben heute Sinn? Bringe ich mich in Übereinstimmung mit dem Anruf von außen? Stimme ich mich mit dem Geforderten und dem Angebotenen ab? Übe ich Offenheit und Hingabe? Welche Aufgaben und Handlungen erlebe ich selbst als sinnvoll?*

Der Sinn des Ganzen

Wir haben gesagt, dass Existieren Handlungsvollzug mit innerer Zustimmung ist. Existieren enthält persönliche Hingabe, ein Sich-Einbringen in größere, uns übersteigende Zusammenhänge. Deshalb ist an jedem Sinnerleben in der Tiefe ein Ahnen vom Sinn des Ganzen mitbeteiligt. Diese Sinndimension, ob sie uns nun bewusst ist oder nicht, hängt nicht von uns ab. Man kann ihr nur ahnend und glaubend begegnen. Was der letzte Sinn ist, bleibt immer offen und kann nicht gewusst werden. Hier betritt die Person den Bereich der Spiritualität. Jeder Mensch hat einen mehr oder weniger entwickelten Zugang zur Spiritualität. Darunter verstehen wir das Gefühl, in einer Größe zu stehen, die grundsätzlich von uns nicht mehr erfasst werden kann. Ein Gefühl also der Unfasslichkeit vor den Dimensionen der Existenz. Es ist geprägt vom Staunen, von der Dankbarkeit für das Leben, von Respekt und Anerkennung der Würde des Menschen und vom Gefühl eines großen, uns übersteigenden Zusammenhangs, in dem wir stehen und in dem wir uns aufgehoben fühlen können.

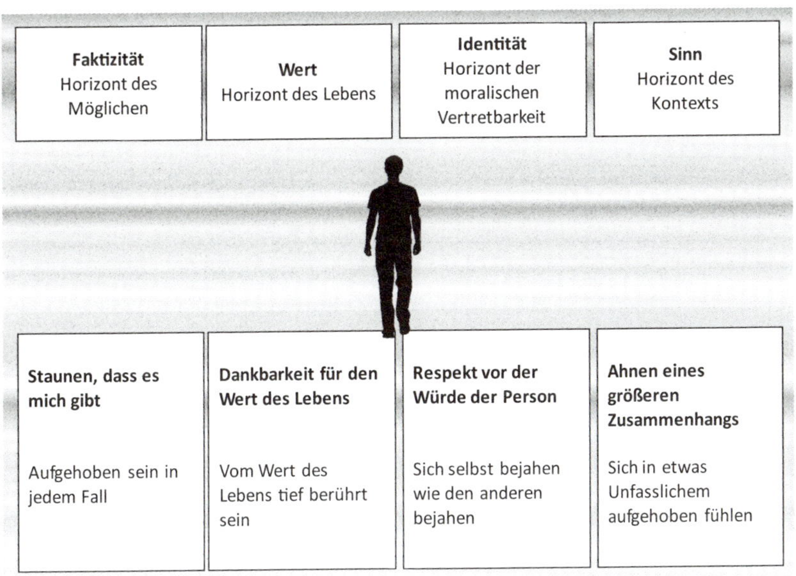

Abb. 38: Überblick über die vier Grundmotivationen und ihren Bezug zu Spiritualität

✓ *Was halte ich im Innersten für die Bestimmung meines Lebens? Wofür bin ich auf die Welt gekommen? Gibt es bei mir „den Sinn" meines Lebens – oder sind es viele Sinne, die mein Leben bestimmen?*

6. Die geistigen Fähigkeiten in uns und ihre Gebiete

In den bisherigen Kapiteln wurde viel über den Menschen und seine Motivation dargestellt. Hier nun sollen zum besseren Verständnis der bisherigen Kapitel die Fähigkeiten, die dem Menschen aufgrund seiner geistigen Veranlagung erwachsen, entsprechend der Systematik der Grundmotivationen aufgezeigt und die damit erschlossenen Inhalte beschrieben werden.

Das Existentielle Coaching geht ganz von der Person aus. Sie ist die Trägerin der Existenz. Was aber Person ist, ist nicht so einfach zu verstehen. Im Folgenden soll versucht werden, dies auf der praktischen Ebene fassbar zu machen. Die Person tritt nämlich durch verschiedene Fähigkeiten in Erscheinung, die wir alle aus eigener Anschauung gut kennen. Dank dieser Fähigkeiten kommt sie zu wichtigen Inhalten, die dem Leben Substanz geben. Abbildung 39 gibt dazu einen Überblick.

Danach werden die Grundfähigkeiten jeder Dimension der Existenz einzeln beschrieben und jeweils im Anschluss daran der spezifische Inhalt, der mit dieser Dimension gewonnen wird.

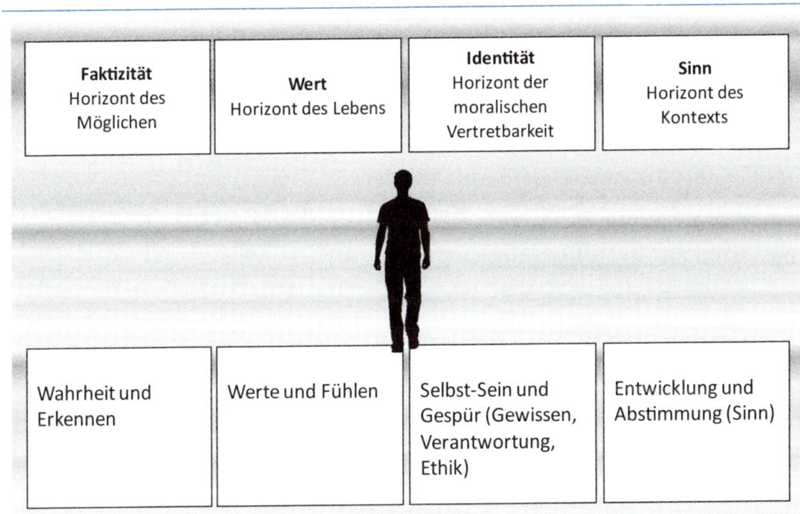

Abb. 39: Die gewonnenen Inhalte in der jeweiligen Dimension der Existenz

Wahrheit

Wahrheit ist die sachliche Grundlage für eine Existenz, die wirklich gelebt werden will und zur Erfüllung führen soll. Um zu ihr zu gelangen, bedarf es der Wahrnehmung und der Erkenntnis als Fähigkeiten, die dem Menschen den Zugang zur Wahrheit erschließen.

Erkenntnis

In erster Linie steht der Mensch in einer Realität, die Priorität hat, besorgt zu werden, um das Überleben in dieser Welt zu ermöglichen und zu sichern. Um dieser Aufgabe nachgehen zu können, braucht der Mensch zunächst *Kenntnis* von dem, was da ist, was ihn umgibt und ihm gegeben ist. Diese Kenntnis gewinnt er zumeist über die Fähigkeit der *Wahrnehmung*. In erster Linie dient ihm dafür die sinnliche Wahrnehmung. Sie hilft ihm, sich in der Welt zu orientieren. – Aber der Mensch ist dank seiner geistigen Kraft in der Lage, mehr wahrzunehmen als die Sinne zeigen. Er kann durch die sinnliche Wahrnehmung hindurch Inhalte, Regelmäßigkeiten, Gesetzmäßigkeiten „erschauen", was ihm zu *Erkenntnissen* verhilft. Auf diese Weise werden die unterschiedlichsten Erkenntnisse gewonnen, wie etwa physikalische Gesetze, wirtschaftliche Zyklen oder dynamische Prozesse in einem Unternehmen oder einer Beziehung. Anders gesagt: Es werden die wahrgenommenen Inhalte in ihren Zusammenhängen geistig erschaut. Erkenntnisse sind ein geistiges Bild der betrachteten Realität. Sie verschaffen einen Zugang zu ihr, sodass man sein eigenes Dasein besser in ihr einbetten kann und sich die Gegebenheiten zunutze machen kann: Handwerk, Technik, aber auch Sport oder Vergnügen werden möglich, und Gefahren können verringert werden.

Das also ist eine erste charakteristische Aktivität der Person: Sie ist zur *Erkenntnis* fähig, kann aus der Wahrnehmung Inhalte, Regelmäßigkeiten, Gesetzmäßigkeiten „erschauen".

Wirklichkeit und Wahrheit

Was ist das Ergebnis von Wahrnehmen (als Bestandsaufnahme des Gegebenen) und Erkennen (als Durchschauen des Gegebenen auf seine Wechselwirkungen hin)? Hier ist auf psychologisch-existentieller Ebene auf zwei Inhalte hinzuweisen: Der Mensch schafft sich durch die Wahrnehmung eine Wirklichkeit, und er findet durch die Erkenntnis seine Wahrheit. – Was ist mit diesen Begriffen gemeint?

Wirklichkeit umfasst all das, was vom Menschen als Wirkung wahrgenommen wird bzw. was er als seine eigene (aktive) Wirkung auf die Gegebenheiten sieht. Wirklichkeit ist verschieden von der (vom Menschen unabhängigen) objektiven Realität. Sie stellt die Information dar, die aus der Realität kommend sich mit dem Menschen so verbindet, dass er subjektiv eine Wirkung auf sich wahrnehmen kann. Das können Lichtwellen sein, die einen Farbeindruck erzeugen, akustische Wellen, die er als Geräusch wahrnimmt, eine Berührung, ein Geruch, ein Stoß usw. Über die vom Menschen unabhängige, objektive Realität, die diese Wahrnehmungen verursachen, kann der Mensch keine sicheren Aussagen machen. Sie ist die „Sache an sich", die dem Menschen nur vermittelt (anhand der eigenen Leiblichkeit und Empfindlichkeit) zugänglich ist, also nie direkt „an sich" beobachtbar ist. Seine Orientierung kann der Mensch daher nur über diese subjektiv vermittelte Wirkung der Realität bekommen. – Wirklichkeit ist daher als Effekt der Realität auf das Subjekt immer subjektiv.

Mit diesen Fragen über die Bilder der Realität befassen sich Philosophie, Erkenntnistheorie, die wissenschaftlichen Methodologien und Reflexionen über Experimente usw. Aber auch der einzelne Mensch ist in seinem Alltag mit dieser Frage beschäftigt. Was sich uns als Wirklichkeit zeigt, ist nämlich stets mit der Frage verbunden: „Was habe ich damit zu tun? Lässt es mich sein? Was habe ich zu tun, um damit sein zu können, überleben zu können, mir das Leben besser gestalten zu können usw.?"

Die existentielle Wirklichkeit

Als existentielle Wirklichkeit bezeichnen wir jenen Ausschnitt aus der Wirklichkeit, mit dem man zu tun hat, weil er das Leben (auch ungewollt) maßgeblich beeinflusst (und nicht bloß als gegeben, aber derzeit nicht bedeutsam wahrgenommen wird). Andere Wirklichkeiten, die sich nicht so drängend oder fordernd einstellen, werden meistens ausgeblendet, übergangen oder verlieren sich in ihrem flüchtigen Charakter (ähnlich wie Hintergrundgeräusche), werden also nicht „realisiert". Existentielle Wirklichkeit ist für den Menschen lebensbedeutsam, weil sie Einfluss hat auf sein Erleben, Entscheiden und Handeln. Existentielle Wirklichkeit ist eine dynamische Einflussgröße auf die Existenz, deren Auswirkungen von Verunsicherung bis zur Vermittlung von Festigkeit reichen. Als für die

Existenz maßgebliche Wirklichkeit beruht die existentielle Wirklichkeit auf den vier Grundbedingungen der Existenz (Grundmotivationen):

- Sie hat für uns den Charakter von *Realität,* wird nicht als Täuschung oder Schein angesehen, sondern als Gegebenheit (Seiendes) bzw. als Möglichkeit (noch nicht Seiendes, aber mit potenziellem Seins-Charakter). Wenn sie der Mensch annehmen kann, lässt er sich auf seine Wirklichkeit ein und stellt sich dazu.
- Sie hat für uns den Charakter von *Wichtigkeit* für die Gestaltung der eigenen Existenz, weil sie das Leben (Gefühle, Beziehungen) und seine Qualität betrifft.
- Sie hat einen empfundenen Bezug zur *eigenen Person* und lässt sie ihre Unvertretbarkeit erleben. Sie ist nicht an andere delegierbar und verlangt eine Abstimmung mit dem Selbstkonzept, wodurch der Mensch in seiner ethischen Haltung (als moralische Person) angesprochen ist.
- Sie hat eine subjektive Bedeutsamkeit über die Gegenwart hinaus im Sinne der verantwortlichen Gestaltung der Zukunft. Sie steht somit in einem größeren *Zusammenhang* und eröffnet den Horizont auf das, was zu tun ist. Damit fordert sie auf zur Tat (Handlung).

Existentielle Wirklichkeit hat daher zusammengefasst *vier Bestimmungselemente,* die sie als *Realität, Wert,* unausweichlichen *individuellen Bezug* und *Handlungsaufforderung* kennzeichnen.

Während die Wirklichkeit den Menschen also vor die Frage stellt: „Womit habe ich zu tun?“, kommt mit dem Erkennen von *Wahrheit* eine weitere existentielle Stufe dazu. Zwar ist auch Wahrheit, wie die Wirklichkeit, ein rein subjektiver Begriff. Das, was mit dem Wahrheitsverständnis noch dazukommt und die existentielle Wirklichkeit erweitert, ist die *aktive Bezugnahme* auf sie. Denn auf das subjektiv als wahr Empfundene lässt man sich ein. Wahrheit ist Grundlage für die eigenen Entscheidungen, nach ihr richtet man sich aus.

Sowohl erkenntnistheoretisch als auch existentiell gesehen ist Wahrheit *Bezugnahme auf das Sein.* Das heißt, dass dasjenige als wahr gilt, was tatsächlich *der Fall ist.* Es wird als seiend genommen und akzeptiert (was der philosophischen Adäquationstheorie entspricht). Neben dieser grundlegenden Beschreibung von Wahrheit wird von ihr auch verlangt, dass nur das als wahr gelten kann, was auch mit anderen Wahrheiten übereinstimmt (Wahrheit verlangt also „Widerspruchsfreiheit“ – das besagt die sogenannte Kohärenztheorie der Wahrheit). Und noch ein drittes gilt: Wahr ist, was subjektiv als evident (dem Augenschein nach unbezweifelbar) angesehen wird (Evidenztheorie). Wahrheit stellt somit eine Erkenntnis dar, die existentiell gesehen das spezielle Charakteristikum hat, dass man *seine Entscheidungen* auf sie *bezieht*. Wahrheit ist somit jene subjektive Grundlage, nach der man *sein Leben ausrichtet*. Sie steht in Bezug zur subjektiven Wirklichkeit, ist deren Anerkennung in ihrer Bedeutung für das persönliche Leben, das sie als entscheidungsrelevant ausweist. Wahrheit ist somit das – als tatsächlich *Seiendes* – bejahte Sein (aber z. B. nicht notwendigerweise im Wert bejahtes Sein, denn man kann etwas als gegeben bejahen, ohne es als wertvoll anzusehen). Wahrheit bedeutet, dass aus der subjektiven Wirklichkeit auf die objektive, in sich stehende *Realität* geschlossen wird, auf die man sich letztlich bezieht. Wahrheit hat daher die subjektive Wirklichkeit als Grundlage, anhand derer sie erkannt wird. Dank dieser Verankerung im Sein kann sie *Halt* im Leben vermitteln. Wahrheit wird daher als verlässlich erlebt und weckt Vertrauen.

Im existentiellen Sinn kann für das Subjekt nur das Wahrheit sein, was es befähigt, sich am Sein zu orientieren und das erkennende Subjekt auch tatsächlich sein (leben) lässt. Wahrheit hat die Funktion, Existenz zu begründen und nicht zu behindern. In der Vermittlung von Wahrheit ist daher darauf zu achten, dass für die Empfänger nur das Wahrheit sein kann, was sie auch tatsächlich „nehmen" können. Wahrheit, die „tötet", ist existentiell gesehen nicht Wahrheit, sondern Brutalität, Macht, Sachlichkeit, reine Objektivität oder schlichtweg Gemeinheit (Längle 1988d). „Dasein will als je dieses *sich erhalten* und sich erweitern: *Wahr ist*, was Dasein (Leben) fördert, was nützt; unwahr ist, was es schädigt, einschränkt, lähmt." (Jaspers 1974, 29) Fragt ein Mensch: „Ist das wahr?", so fragt er im Grunde: „Muss ich damit leben?"

Gefühle

Eine weitere charakteristische Fähigkeit der Person ist das *Fühlen*. Es kennzeichnet den Menschen als geistiges Wesen insofern, als es darauf verweist, dass die Auseinandersetzung mit der Realität stets mit der eigenen Lebendigkeit geschieht. Der Mensch „erfährt" also nicht nur, sondern

„er-lebt“ das Geschehen in ihm und um ihn herum. Mit anderen Worten: Das Erfahrene erzeugt einen Eindruck, berührt den Menschen, lässt ihn innerlich in Schwingung kommen und die Wirkung dessen empfangen, was ihn bewegt. Wir er-leben, wenn es „etwas“ mit uns macht. Was uns bewegt, weckt unser Leben und unsere Lebendigkeit und macht das Leben fühlbar. Leben kommt uns in Form von Gefühlen zu. Nur wenn wir fühlen, fühlen wir uns lebendig. Gefühle haben daher eine existentielle Bedeutung. Es ist ein verbreiteter Fehler, dass sie als weniger bedeutsam als die Erkenntnis und die Sachlichkeit angesehen werden. Solche Haltungen führen zu Verlust von Lebensqualität und Lebensgefühl, wie auch Werterleben, wie wir noch sehen werden.

Der Prozess des Fühlens

Die Aufgabe der Gefühle ist es, eine Sache in ihrer *Bedeutsamkeit für das eigene Leben* wahrzunehmen. Die Gefühle sagen mir, wie wichtig etwas für mich ist. Sie sagen mir, ob eine Sache mein Leben bereichert, es wertvoller, lebenswerter und erfüllter macht oder einen Unwert darstellt, weil es mir in seiner Nähe nicht gut geht. Nur wenn ich etwas als „nährend“ und für das Leben förderlich erlebe, erfahre ich die Nähe zu einer Sache als positiv. Das Objekt erscheint dem Subjekt dann als Wert und ermöglicht das Empfinden: „Gut, dass es dich (es) gibt“. Zwar wird dieses Erleben – „gut, dass es dich (es) gibt“ – eher selten bewusst, und noch seltener wird es ausgesprochen. Im Grunde erleben wir es jedoch bei allem Schönen und Guten, nicht nur in Beziehungen zu Menschen. Die Intensität des Erlebens mag schwanken, dennoch kann das Erleben unterschiedliche Bereiche betreffen, z. B. wenn wir schöne Musik hören, eine Landschaft bewundern, Pflanzen oder Tiere sehen oder jemand uns ein tröstendes Wort ausspricht. Je häufiger (auch biografisch) der Mensch das Empfinden hat, es sei „gut, dass es dich (es) gibt“, desto leichter kann auch er sein „Ja zum Leben“ sagen.

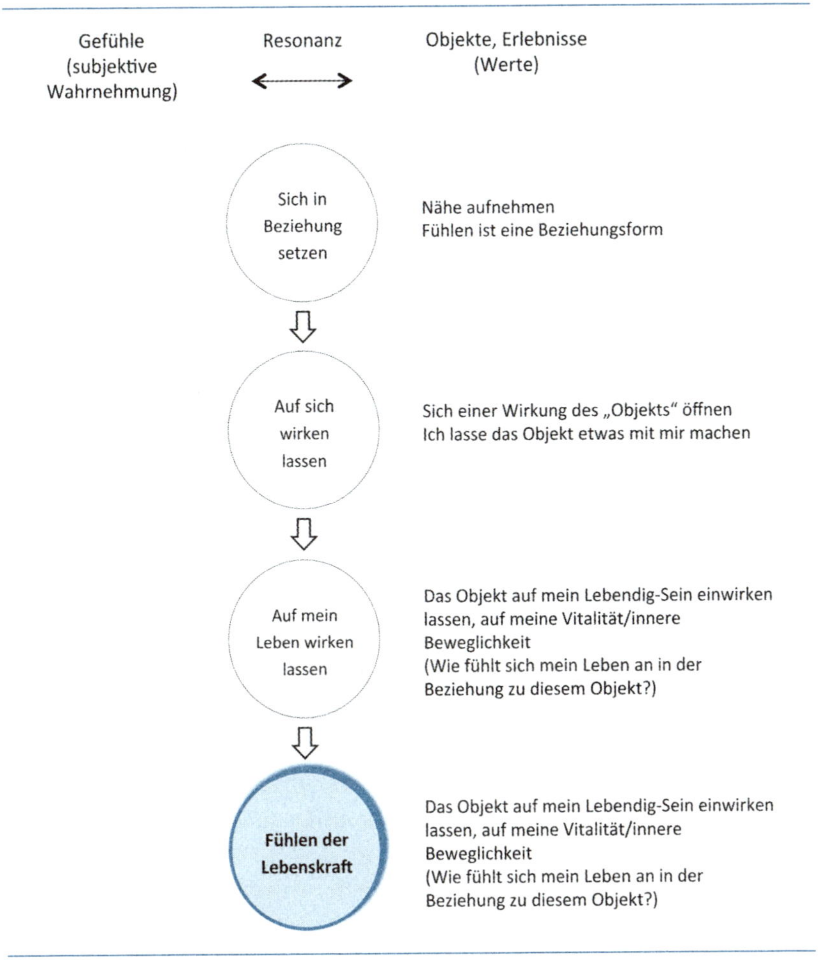

Abb. 40: Der Prozess des Fühlens

Die Hauptkategorien der Gefühle

Gefühle sind wesentlich für die persönliche Orientierung. Durch die Zuwendung zu Menschen, Dingen oder Situationen fassen sie den vitalen Wert der Situation (das, was jetzt die Beziehung zum Leben zu stärken verspricht). Nähe schafft die Brücke, durch die Gefühle in uns angestoßen bzw. intensiviert werden – Nähe und Beziehung zu anderen Menschen,

Nähe zu Dingen und auch Nähe zu sich selbst. Gefühle sind der Körper des Erlebens. Erst im emotionalen Mitschwingen „habe ich etwas“ vom Geschehen.

Gerade im Coaching ist eine einfache und übersichtliche Begrifflichkeit im Zusammenhang mit Gefühlen wichtig. Um dem Rechnung zu tragen, seien hier die wesentlichen Begriffe näher beschrieben. Beginnen wir ganz allgemein: Mit dem Oberbegriff der Gefühle bezeichnen wir alle Formen qualitativen Erlebens.

Unterscheidung der Gefühle nach dem Gegenstand der Wahrnehmung

Der Oberbegriff des Gefühlslebens umspannt zwei große Gefühlsbereiche: die *Gefühle im engeren Sinne* und das *Gespür*, das ein komplexes Gefühl ist. Die *Gefühle i. e. S.* beziehen sich auf das körperlich-seelische Befinden. Diese Gefühle nehmen Bezug auf das eigene Leben im unmittelbaren engen Zusammenhang mit Körper und Situation. Es sind Nah-Gefühle, weil sie eine Hinweisfunktion haben auf das aktuelle Wohlbefinden bzw. das Unwohlsein (dieser Vortrag langweilt mich, dieser Film gefällt mir etc.). Der Inhalt des anderen Clusters von Gefühlen, des *Gespürs*, bezieht sich hingegen auf die Eigenwertigkeit der Objekte, die intuitiv erfasst werden (das Richtige, die Atmosphäre in diesem Team etc.). Das Wort „Gespür“ bringt es auch begrifflich zum Ausdruck: Man nimmt die Fährte auf und folgt der Spur, die auf etwas hinausläuft. Weil diese Wahrnehmung einen Zukunftsbezug beinhaltet, stellt das Gespür einen Fern-Sinn dar.

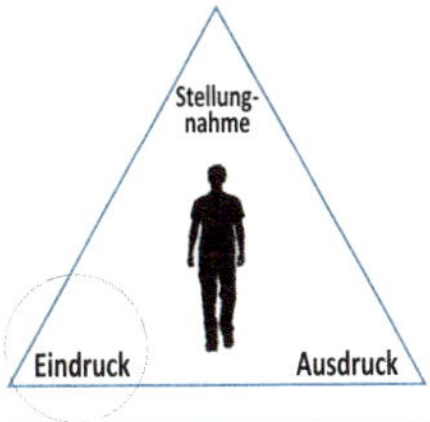

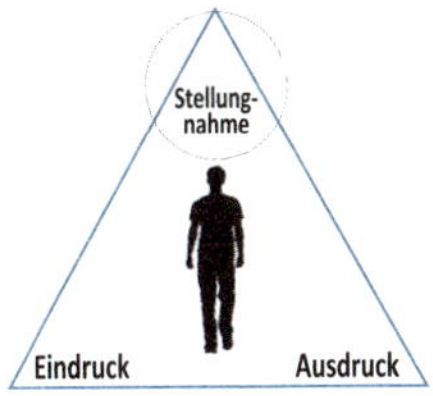

Orientierung im Prozess-Modell

Gefühl	Gespür	Für den Coach
Wahrnehmung des eigenen Befindens in einer bestimmten Situation	Wahrnehmung des Sinnvollen/Wesentlichen/ existentiellen Werts der Situation	Trifft der Coachee Entscheidungen aus einer aktuellen Befindlichkeit heraus („jetzt reicht es") oder ist seine Entscheidung von einem Wert in der Zukunft getragen („daran will ich etwas ändern")?
Nah-Sinn Empfindung aus dem unmittelbaren Kontakt	**Fern-Sinn** Gespür über das Zeitliche/ Örtliche hinweg	Orientiert sich der Coachee an der aktuellen Situation, so wie er mit ihr jetzt befasst ist, oder hat er einen Blick für das, was daraus (Wertvolles) werden kann?
Empfindung: Tut es *mir* gut?	Intuition: Ist *es* gut?	Ist der Coachee im Innenbezug (ggf. im Binnenbezug verhaftet) oder im Außenbezug (für den Weltbezug offen)?
Meine Empfindung: Wie fühle ich mich dabei (situative Befindlichkeit)? Was macht das Erlebte/ Angefühlte mit mir? Wie fühle ich mich dabei?	Worauf läuft das hinaus (Eigenwert der Situation/ Sache/Person)? Wie spricht etwas zu mir? Was spüre ich von der Sache als solcher?	Reflektiert der Coachee sein Empfinden und das, was die Situation mit ihm macht, oder ist er mit dem Wert einer Sache und der Entwicklung seiner Stellungnahme beschäftigt?
Das Gefühl als Hinweis-Schild (im unmittelbaren Austausch mit der Situation)	Das Gefühl als Fährte/ persönliche Orientierung	Hat das Gefühl mit der unmittelbaren Situation zu tun (Gefühle können auch biografisch „eingeschleppt" sein: immer wenn mich jemand ernst anschaut, werde ich unsicher ...), oder lässt sich der Coachee von der Aufforderung der Situation ansprechen?
Hinweis auf die Bedeutsamkeit für mein Leben (etwas tut mir gut und erhöht meine Lebensqualität oder eben nicht)	Orientierungsfunktion für mein Handeln (etwas ist wichtig, deshalb fordert es mich zum Handeln auf)	Orientiert sich der Coachee an der Kategorie „im Moment für mich gut/nicht gut" oder „für mich insgesamt wert-/sinnvoll, wert-/sinnlos"?
Beispiel: Wenn Ehepaare in meiner Anwesenheit streiten, fühle ich mich schlecht; in ihrer Nähe geht es mir dann nicht gut.	Beispiel: Wenn ich weiterhin anwesend bleibe, werde ich womöglich noch in den Streit hineingezogen, weil die Eheleute erwarten, dass ich Partei ergreife.	Das Gefühl bringt die Antwort auf die Frage „Wie ist das für Sie?". Im Gespür geht es um die Frage „Was wird daraus?".

Tab. 12: Gefühl und Gespür im Vergleich

Unterscheidung der Gefühle nach dem Verarbeitungsprozess

Primäre Emotion: Als Primäre Emotion bezeichnen wir die „erste Empfindung", ein „unmittelbares Gefühl", mit dem untrennbar eine spontane Reaktion oder ein Impuls verbunden ist. Primäre Emotionen erleben wir zum Beispiel, wenn uns eine gute Nachricht erleichtert oder freut, wenn wir an die Zukunft denken und dabei Angst haben oder wenn wir jedes Mal aufs Neue wütend werden, wenn wir an ein bestimmtes Ereignis in der Vergangenheit erinnert werden. Sie sind Erlebnisreaktionen und das Resultat eines unmittelbaren Eindrucks, den eine Situation, ein Mensch oder eben eine Erinnerung daran erzeugt. Sie enthalten eine erste Bewertung des Erlebten (wohltuend, anziehend, angenehm, abstoßend, ungern etc.) und können bewusst, unbewusst, bemerkt oder unbemerkt sein. Auf jeden Fall begleiten sie jedes menschliche Erleben und können in ihrer Entstehung nicht verhindert werden (aber sehr wohl übergangen werden). Primäre Emotionen haben einen erheblichen Einfluss auf das Verhalten innerhalb der Situation und auf den weiteren Umgang mit dem Erlebten. Sie sind also wie „Sinnkeime", hinsichtlich ihrer Bedeutung und als unreflektierte Gefühlsqualität noch unausgewogen, weil sie erst das Ergebnis des unmittelbaren Kontaktes mit der Situation sind und noch nicht in das gesamte Sinngefüge der Person integriert sind. Was ein Mensch empfindet und was ihm da als das Wichtige entgegenkommt (primäre Emotion), ist eine Sache; wovon er sich danach in seiner Stellungnahme (s. u.: integrierte Emotion) leiten lässt, die andere. Im Coaching ist es wichtig zu unterscheiden, ob eine Entscheidung des Coachee eher aus einem Impuls heraus kommt oder – nach Durchlaufen des Prozesses entsprechend dem Prozess-Modell – das Ergebnis einer authentischen Stellungnahme ist, also auch mit dem Gespür abgestimmt ist. Der entscheidende Unterschied liegt darin, dass Impulse oder spontane Gefühle von der Situation stimuliert (verursacht bzw. getriggert) sind („Wie ist das für Sie?") und nicht vom Wert einer Sache an sich und ihrer Bedeutung für den Coachee („Was halten Sie davon?").

Integrierte Emotion: Was spontan als „gut" oder „förderlich für die Lebenshaltung" empfunden wird, muss aus der unmittelbaren Wahrnehmung herausgehoben und in die Weite des gesamten Werte-Horizonts gestellt werden, in welchem dieser Mensch steht und lebt. Damit wird das unmittelbar Erlebte auf eine gewisse Distanz der Betrachtung gebracht und aus dem Bann der ersten Nähe gelöst. Die Aufmerksamkeit auf einen Wert zu richten und daraus ein Wollen zu entwickeln, wird nun möglich unter Zurückstellung von allem anderen, das um der einen Sache Willen gelassen werden muss. Der primäre Impuls „Herrlich, jetzt nach Budapest zu fahren" enthält viel vom Wert und der Schönheit der Stadt, die erinnert wird, sowie von der Handlungsneigung und der aktuellen psychischen Verfassung. Dennoch ist der Impuls in der Folge noch in Beziehung zu bringen zu anderen Werten, die durch die Realisierung dieses einen Wertes mitbetroffen sind. Das Primärerleben wird „integriert" in andere wertvolle Bezüge der Person, wie z. B. mit wem die Reise angetreten würde, wie lange sie dauern würde, was sie kostet, was durch sie zu Hause ausfällt. Es kann sein, dass die primäre Emotion sich unbehindert neben den anderen Wertbezügen behaupten kann. Dann können wir „ruhigen Gewissens" nach Budapest fahren. Es kann aber auch sein, dass der spontane Impuls wehmütig aufzugeben ist, weil etwas fehlt – Geld oder Zeit oder Unterkunft. Oder weil etwas fehlen würde – der Reisepartner, die Arbeitskraft am Arbeitsplatz, der Mensch in der Familie, die zurückzulassen wäre. Wenn zu erwarten ist, dass in der Gesamtheit mehr Werte Schaden nehmen, als Wertvolles erlebt werden kann, führen wir mit einem schlechten Gewissen nach Budapest. Wir wären besser beraten, wenn wir zu Hause blieben.

Was damit gesagt werden soll: Eine definitive *Stellungnahme* zu einem Wert kann nicht einfach rational wie ein Kalkül durchgeführt werden. Auch sie beruht auf einer Emotion. Das Besondere dieser Emotion ist, dass sie integrativen Charakter hat und alle möglichen, mit einer spontanen Wertwahrnehmung in Kollision geratenen Werte mitbefühlt und vorsorglich abtastet. Das Ergebnis wird sich aus der Beziehung und der fühlenden Hinwendung zu den einzelnen Wertbereichen ergeben. Lediglich Teile, etwa ob die Kosten oder Konsequenzen tragbar sind, müssen rational kalkuliert werden. Aber ob dieser Preis zu hoch ist, ist schon nicht mehr nur ein rationales Argument. Rationalität ist ein wichtiges Hilfsmittel für die Integration der Emotion, aber kein hinreichendes.

Wir können die integrierte Emotion also beschreiben als ein *stimmiges Gefühl* oder die Überzeugung von der Richtigkeit eines Vorhabens wie z. B. das Gefühl, dass es gut ist, heute Abend ins Theater zu gehen oder das sichere Gefühl, dass es richtig ist, diese Beziehung aufrechtzuerhalten.

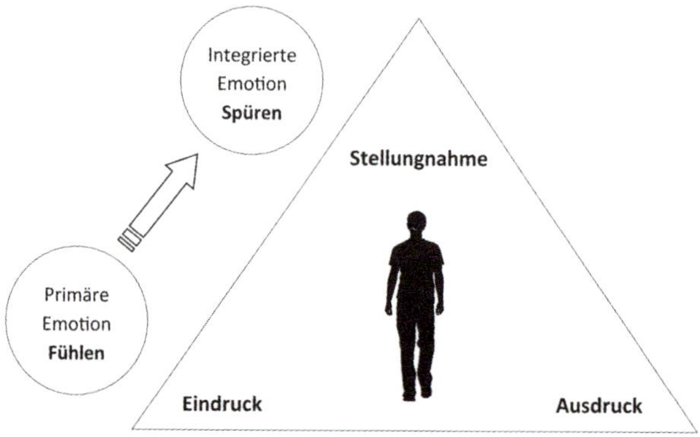

Abb. 41: Von der primären zur integrierten Emotion als Basis für die personale Stellungnahme

Den Unterschied zwischen primärer Emotion und integrierter Emotion zu verstehen ist im Existentiellen Coaching von Bedeutung, weil es nicht dieselbe Bedeutung und dieselben Konsequenzen hat, ob ein Coachee sich in seinen Entscheidungen von primären Emotionen leiten lässt oder ob er erfasste Qualitäten eines Wertes aus der unmittelbaren Situation in ein Verhältnis zu den anderen Werten seiner Person bringt. Wie sehr gelingt ihm eine Abstimmung, eine Gewichtung und damit eine persönliche Stellungnahme? Ist seine Entscheidung gewissenhaft, das heißt, ist der in Frage stehende Wert „insgesamt gut", stimmig und in Einklang mit seinen bisherigen Wertebezügen? Kann er damit einverstanden sein, passt es zu ihm und wäre es eine Bereicherung für sein Leben insgesamt? Dafür steht dem Menschen das Gespür des persönlichen Gewissens zur Verfügung.

Werte

Wie von selbst kamen wir im Abschnitt über das Fühlen auf Werte zu sprechen. Ihr Verhältnis ist auch tatsächlich innig: Das, was uns berührt und ein *Gefühl* in uns erzeugt, nennen wir einen „*Wert*" bzw. einen „Unwert". Wir können es auch umdrehen und umgekehrt formulieren: Wenn etwas nahe geht, entsteht ein Gefühl. Wenn wir kein Gefühl dabei haben, geht es uns nicht nahe („die Sache lässt uns kalt", d. h. unberührt). Was uns da nahe geht und berührt, das ist für das Subjekt der anhand des Gefühls erkannte Wert. Gefühle haben heißt, von einem Wert (bzw. Unwert) berührt worden zu sein. Gefühle sind wie ein Wahrnehmungsorgan des Lebensrelevanten. Und weil Lebensrelevantes eng mit dem Leben verbunden ist, regt sich auch gleich das Leben und erzeugt einen Impuls, der eine unmittelbare Empfindung der Vitalkraft darstellt. Existentiell bedeutsame Werte entfalten eine spezielle Wirkung auf das Subjekt, welches sich durch sie angesprochen, berührt und beeindruckt fühlt. Solche Werte (also jene, die uns wirklich etwas bedeuten) gehen nahe, sie ziehen uns in ihre Nähe. Es gehört zu ihrer Eigenart, dass sie den Menschen zur Zuwendung bewegen, also dazu, Nähe aufzunehmen und zu halten. Werte sind anziehend („attraktiv") und werden vom Menschen als förderlich erlebt. Sie „tun gut", was als positive Wirkung angesehen wird. Und sie gehen deshalb nahe, weil sie über das Fühlen die *Lebenskraft* ansprechen und zum Fließen bringen. Erfasst uns ein Wert – erfassen wir einen Wert –, so spüren wir eine Emotion (von lat. e-movere = von innen heraus bewegen, innerliche Bewegtheit). Die Emotion ist also die Wirkung des Bezogen-Seins und der inneren Entsprechung. Sie ist der Eindruck, den ein Gegenstand auf uns macht, indem er sein Muster auf eine in uns liegende Realität – nämlich das Leben – eindrückt. Werte bringen uns sozusagen „in Form". Was immer die Kraft hat, in einem Menschen einen Eindruck zu hinterlassen – und wofür wir andererseits die innere Sensibilität haben und beeindruckbar sind –, erleben wir in seiner *Qualität,* in seiner Werthaftigkeit. Diese existentiell relevante Wertwahrnehmung verlangt die Person, den Einzelnen, und kann daher nur subjektiv erfolgen. Sonst wäre sie nicht „existentiell", d. h. lebensbedeutsam.

In der Philosophie gibt es eine weitgehend akzeptierte, allgemeine Definition von Werten auf einer operationalen Basis: Ein Wert ist der Grund der Bevorzugung einer Sache vor einer anderen oder einer Einstellung vor einer anderen usw. Wert ist also dasjenige, was es ausmacht, eine Sache einer anderen vorzuziehen und die andere zurückzustellen. Der Grund der Präferenz ist aber situationsbezogen, kontextabhängig und subjektbezogen. Der Wert einer Sache, so wie er für einen Menschen persönlich Bedeutung hat, bildet für diese Person die Grundlage seiner Entscheidungen. Entscheidungen treffen können wir nur aufgrund von Werten (und Wahrheit, wie wir oben gesehen haben). Das Charakteristische von Werten ist, dass die Qualitäten im Vordergrund stehen und nicht die Faktizität: Bei Werten geht es nicht um das „dass", sondern um das „Wie". Wertewahrnehmung ist also eine Qualitätswahrnehmung. Existentiell relevante Werte – also das, was die Beziehung zum Leben zu fördern verspricht – nehmen wir über das subjektive Gefühl wahr. „Existentiell" heißt, wie oben schon gesagt, eben das, worauf ich mich persönlich beziehe bzw. was mit mir persönlich zu tun hat, weil es für mein Leben relevant ist.

Wenn existentiell relevante Werte über die Gefühle wahrgenommen werden, so heißt das auch umgekehrt: Wo ein Gefühl ist, ist ein Wert im Spiel. Der Wert ist der Inhalt des Gefühls; Werte erzeugen Gefühle. Damit Gefühle entstehen können, braucht es Nähe. Aus sicherer emotionaler Distanz erleben wir wenig, berühren uns die Dinge nicht und bringen nichts in uns zum Schwingen. Für das Werteerleben bedarf es der Nähe – Distanz behindert es. Persönliche Werte erscheinen uns daher subjektiv als „An-liegen": Sie sind mir so nahe, dass sie mir „an-liegen".

Eine Lebensgestaltung wird nur dann als sinnvoll erlebt, wenn sie auf Lebensrelevantes Bezug nimmt. Der Sinn wird erst dann existentiell, wenn er unbedingt mit mir selbst und meinem Leben zu tun hat. Das bedeutet aber, dass der Sinn an das Auffinden und Umsetzen von Werten gebunden ist. So können wir mit Frankl (1990) sagen, dass wir den Sinn des Daseins dann erfüllen, wenn wir Werte verwirklichen. Menschliches Handeln und Erleben ist daher stets mit Objekten befasst, auf die wir wegen ihrer *Wertigkeit* ausgerichtet sind. Klagt ein Coachee über die Sinnlosigkeit einer Sache, über das Gefühl, dass sie ihn nicht anspricht und ihm nichts bedeutet (auch wenn er kognitiv einsieht, dass es ihm nicht egal sein sollte), stößt der Coach beim Versuch, dem Coachee Sinn und Werte deutlich zu machen, an die Grenze der Machbarkeit. Denn letztlich ist die Person frei, und kein Mensch kann ihr eine Einsicht oder einen Sinn einpflanzen. Diese Grenze des Wahrnehmens von Werten ist aber genau der Ort, wo Existentielles Coaching ansetzen kann. Denn diese (Werte-) Wahrnehmung ist an das Erkennen und Fühlen gebunden, und in diesen Voraussetzungen für den Zugang zu neuem Erleben ist der Coachee zu unterstützen.

Mit „Wertwahrnehmung" ist nicht ein allgemeingültiger Wert oder eine normative Verbindlichkeit gemeint. Der Wertbegriff wird im Existentiellen Coaching für die unmittelbare, persönlich erfahrene Qualität von „gut" verwendet. In dem Sinn formuliert es z. B. auch Romano Guardini

(1931, 16): „Das Gute steht in Verbindung mit mir. Es berührt mich." Ein personaler Wert ist das, was mir nahegeht und mich bewegt. Existentiell relevante Werte sind nicht gedankliche Konstrukte oder Vorstellungen, sondern sind vor allem gefühlt. Sie führen zu einem Bewegt-Sein und sind nur „für das Herz" sichtbar. Jedem wahrgenommenen Wert entspricht ein Gefühl und jedes Gefühl ist umgekehrt das subjektive Korrelat eines wahrgenommenen Wertes.

Werte sind dynamische Größen. Wie Brenngläser bündeln sie die Lebenskraft der Person. Werte richten den Menschen aus auf sie, machen ihn zur „intentionalen" Person – oder umgekehrt: Werte setzen an unserem Vermögen an, uns auf etwas auszurichten, das eine innere Entsprechung hat. Werte ergreifen uns, noch ehe wir sie ergriffen haben. Sie sind uns angegangen, bevor wir mit ihnen angefangen haben. Deshalb können wir sagen: Werte sind das Brennglas der Lebenskraft.

Die existentielle Bedeutung von Werten

Die existentielle Bedeutung der Werte liegt darin, dass sie etwas mit einem machen. Sie haben eine Wirkung, die den Menschen bewegt und zu verändern beginnt. Jede schöne Blume, jeder Sonnenuntergang, jedes liebe Wort tut das auf seine Weise und in seinen Grenzen. In unserem Verständnis von Wert können wir also sagen, dass nur das ein Wert für eine Person ist, was eine *Wirkung* auf sie hat. Werte entfalten eine Wirkung auf das Leben dessen, der sie erlebt. Durch sie wird das Leben angeregt.

Etwas Gutes – was also Wert für uns hat – hat auf der Erlebnisebene drei Bestimmungen:

1. *Die räumliche Bestimmung:* Das Gute ist anziehend und „will" räumliche Nähe. Es weckt in einem den Impuls: „Dort will ich hin, dort will ich sein und mich aufhalten". An diesem Ort ist es gut zu sein, hier will ich mich niederlassen, hier ist Leben – und Leben kann sich nur im Guten entfalten. Da möchte ich teilnehmen, Teil sein und dazugehören.
2. *Die zeitliche Bestimmung:* Beim Guten verweilt man gerne, es „will" zeitliche Nähe. Was ich als Wert erlebe, weckt in mir das Verlangen nach Dauer oder Wiederholung. Gutes kann „immer wieder" geschehen, weil es mir immer wieder etwas gibt. Das Gute soll länger dauern,

anhalten, nicht aufhören oder wieder möglich sein, wenn die Sättigung abgeklungen ist. Gut war es, wenn ich die Frage: „Würde ich etwas mit dem heutigen Wissen wieder machen?“ mit Ja beantworten kann. Wenn man etwas aber „nicht (nie) mehr wieder“ machen würde, dann hat man es nicht als Wert erlebt bzw. es hat einem mehr genommen als gegeben (z. B. eine Ausbildung, die Heirat mit diesem Mann, die Reise mit dieser Gruppe etc.).

3. *Die personale Auswirkung*: Das Gute bringt einen innerlich in Bewegung und „will“ die *innerliche Nähe.* So können wir sagen: „Gut“ ist dasjenige, was auf den Menschen so wirkt, dass in ihm das Verlangen nach Nähe, nach Beziehung, nach Umgang, nach Erhaltung des Objekts (Dauer) sowie ein Gefühl der Zugehörigkeit wachruft. Diese dem Werterleben innewohnende Kraft bewirkt auch, dass Werte mich immer mir selbst nahe bringen; ich mag mehr bei mir sein, wenn ich bei etwas Wertvollem bin: Mir geht das Herz auf, ich habe es gerne, dass es diese Sache/diesen Menschen gibt, ich mag dazu mein Einverständnis geben – das Ja-Sagen ist befreiend und „Ja“ sagen kann man nur zu etwas Gutem, es aktiviert mich, erfüllt mich, macht mich einsatzbereit, lässt mich *mich* spüren und macht mich präsent: ich bin hier und jetzt zugegen, weil es mir gut tut.

✓ *Fragen: Wie ist es für mich? Was spricht mich an? Was beeindruckt mich? Was bringt mich in Bewegung und fordert mich zum Handeln auf? Woran hängt mein Herz? Was gibt mir das Gefühl der Beziehung und Verbundenheit? Wofür wende ich Zeit auf? Was oder wem mag ich mich zuwenden? Was stößt mich ab? Was ist nährend und förderlich für mein Leben? Was wirkt sich negativ aus auf meine Lebensqualität?*

Nutzwerte und Eigenwerte

Eine andere Perspektive auf Werte ist die Unterscheidung zwischen Nutzwerten und Eigenwerten. Wie sehr Werte den Coachee berühren und ihn erfüllen, hängt auch damit zusammen, ob etwas für ihn einen Nutzwert darstellt oder ob ihn der Eigenwert einer Sache erreicht. Während Nutzwerte Befriedigung bringen, führen Eigenwerte zu Erfüllung.

Beschreibungs-ebene	**Nutzwerte**	**Eigenwerte**
Kategorie	Hat einen Zweck, erfüllt eine Funktion, hat seinen Wert aufgrund seiner Brauchbarkeit (z. B. ein Kugelschreiber, weil ich gut mit ihm schreiben kann)	Ist ein Wesen (Sinn), erhält seinen Wert aus der Art des Seins, wie es ist (z. B. ein Gedicht von Hölderlin, das für sich selbst spricht, einfach schön ist)
Wertebestim-mung	Durch denjenigen, der es braucht (Anwender, Verbraucher)	Aus sich selbst heraus und aus den Bezügen, in denen es steht (der Duft der ersten Erdbeeren im Jahr)
Kriterium	Nützlichkeit; es selbst gilt nicht, es gilt ein anderer Wert/ein anderes Ziel, das ich damit verfolge (Ich liebe dich, weil ich nicht allein leben kann)	Sein Wesen, die Echtheit, das Unverwechselbare, sein Sosein, das es zu dem macht, was es ist (Ich liebe dich, weil du so bist, wie du bist)
Wertzugang	Wertgebung: ich schreibe ihm einen Wert zu (daher ist es immer eine Verfremdung); es dient als Objekt 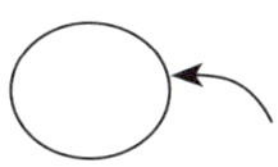	Wertfindung: Seine Ausstrahlung, die Wirkung auf mich, so wie es mich berührt/sich in Beziehung setzt mit der Umgebung 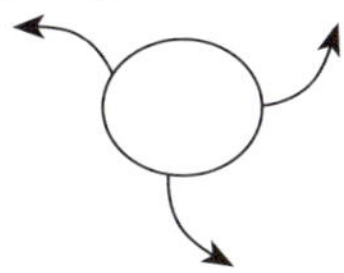
Erleben	Ebene der Befriedigung, Zweckerfüllung (Ich trinke gerne Grünen Veltliner)	Ebene der inneren Erfüllung, sich vom Wert berühren lassen, ihn aufnehmen (Ich liebe Sonnenuntergänge)
Attraktivität	Geht von einer Absicht/Plan aus, dem es dient (Ich brauche das Auto, um von A nach B zu kommen)	Die Sache selbst zieht mich an (Dieser Sportwagen ist eine Augenweide)
Haltung	Haben: es verdinglichen, beherrschen, in die Hand bekommen	Sein und Lassen: Respekt, es gelten lassen, keine Rückführung auf anderes
Beziehung	Nehmend, fordernd, „verwendend“, der Absicht unterwerfend	Wirken lassend, teilnehmend, „zu-wendend“
Folge	Wird zum Objekt, ist austauschbar	Bleibt ein Subjekt: Eigenständigkeit, eigene Dimension und Größe wird belassen, Unersetzbarkeit, Unvertretbarkeit, Unmessbarkeit, offene Zugangsweise
Nachteil	Erlebnisarmer Funktionalismus, Kulturverlust	Weltfremder Idealismus
Vorteil	Effizienz, Bewältigung der Lebensbedingungen (Teamarbeit, weil wir so mehr in kürzerer Zeit schaffen)	Erfüllendes Erleben, Wertepflege (Teamarbeit, weil gemeinsam etwas zu vollbringen einen Wert darstellt)

Tab. 13: Die Unterscheidung zwischen Nutzwerten und Eigenwerten

Praxissituation

Ein Coachee, 45-jährig, Manager in einer Logistikfirma, kommt ins Coaching mit folgendem Anliegen: Er hatte sich für eine Position außerhalb des Unternehmens beworben und musste zu diesem Zweck ein Assessment durchlaufen. Der Assessment-Bericht attestiert ihm eine Reihe von Führungsqualitäten, die, wie er meinte, auch sehr auf ihn zutreffen würden: Durchsetzungsvermögen, analytische Fähigkeiten, gibt Ziele klar vor, kontrolliert Ergebnisse, führt in der Krise konsequent, hat Turnaround-Fähigkeiten, ist committed in der Sache u. a. Für die neue Führungsposition fehle es ihm aber am Vermögen, Entwicklungen zu antizipieren, Visionen zu entwerfen sowie Potenziale bei Mitarbeitern zu sehen und zu fördern. Dass er schlussendlich die neue Stelle nicht bekommen habe, sei für ihn nicht so tragisch, aber die kritischen Punkte im Bericht gäben ihm schon zu denken. Bisher sei er immer stolz gewesen auf seinen Pragmatismus und seine Fähigkeit, die Dinge nüchtern und auf ihre Effizienz hin zu betrachten. Seither kommt ihm auch immer wieder eine Situation zu Hause in den Sinn, als ihm seine Frau im Streit sagte, dass sie sein Kosten-Nutzen-Denken krank mache, nichts könne man mit ihm diskutieren, was nicht unmittelbar etwas bringe. Auf die Frage nach einer konkreten Situation im Betrieb erzählt der Coachee von seinem engsten Mitarbeiter, der unerwartet gekündigt hat mit der Begründung, er wolle „werteorientierter arbeiten und sich nicht nur an Zahlen und Fakten orientieren". Für den Coachee ist diese Begründung unverständlich. Umsatz machen sei doch auch ein Wert, auf den es ankäme und schließlich sei er ja auch nicht zum Vergnügen ein tougher Manager, das Geschäft verlange so etwas eben. Jedenfalls möchte er an seinem Werteprofil arbeiten, möglicherweise sei das in den letzten Jahren ein bisschen einseitig geworden.

Der Coach nimmt die Situation mit der unerwarteten Kündigung auf und macht Angebote aus der Dimension des Mögens:

- Was war es, was er an der Beziehung zu seinem ehemaligen Mitarbeiter mochte? Welche Themen haben die beiden verbunden? Wofür hat der Coachee Zeit aufgebracht? Was war das Interessante für ihn bei diesem Austausch? Was hat ihm diese Beziehung gegeben? Wie stellt er sich im Allgemeinen eine gute Beziehung zu Mitarbeitern vor, sodass er sich darauf einlassen mag? Woran erkennt er, dass ihm eine

Beziehung etwas gibt, sodass er sich wohl fühlt? Was an Wertvollem könnte er in diesen Beziehungen geben?

Der Coachee berichtet von einem Gespräch, bei dem der Mitarbeiter ihm von seinen Zukunftsplänen erzählte. Wohl hätte er dem Mitarbeiter zugehört, aber im Hinterkopf habe er bereits darüber nachgedacht, ob sich das überhaupt auszahlen würde. Aus heutiger Sicht sei ihm klar, dass er sich viel zu wenig mit den Ideen des Mitarbeiters befasst habe. Er habe sich auch kaum Zeit genommen, weil viele Besprechungen „zwischen Tür und Angel", wie er es nennt, oder über Conference Calls stattfanden. „Meistens kann ich mich gar nicht richtig auf etwas konzentrieren, weil ein Termin den anderen jagt." Wenn er es sich so überlege, habe er den Mitarbeiter eigentlich gar nicht richtig gekannt. Das mache ihn schon betroffen – jetzt, wo er darüber nachdenkt.

Dem Coach fällt auf, dass der Coachee kaum Aussagen macht, die auf Zeit, Nähe und Beziehung hinweisen – in der Beziehungslosigkeit kann kein Werteerleben stattfinden. Er macht deshalb auf der Ebene „Voraussetzungen für das Sich-zuwenden-Können/-Mögen" ein Vertiefungsangebot.

- Gibt es Gespräche, die der Coachee in guter Erinnerung hat? Was ist da passiert? Was hat der Coachee gemacht? Unter welchen Bedingungen haben diese Gespräche stattgefunden? Was war es, das den Coachee angesprochen, bewegt, motiviert hat? Was in ihm hat das möglich gemacht? Für welche Gespräche nimmt er sich Zeit, für welche nicht? Wo fällt es ihm leicht, Zuwendung zu geben, wo fällt es ihm schwerer? Zu welchen Menschen/Themen/Dingen hat er einen Bezug – wo fehlt er ihm? Wo mag er sich in Beziehung bringen – zu was, zu wem?

Der Coachee bringt – für den Coach eher unerwartet – ein Beispiel aus dem Privatbereich. Im Freundeskreis habe man letzthin über die Finanzierungsmöglichkeiten von Eigenheimen gesprochen. Dabei wurde er gefragt, wie sein Traumhaus aussehen würde. Für ihn wäre ästhetische Funktionalität wichtig – kein Schickimicki, wie er es nannte, sondern echtes Design – schön, gediegen, funktional – eben praktisch durchdacht. Dass er nicht gleich an die Kosten gedacht habe, überrasche ihn heute noch. Auch seine Frau meinte beim Nachhausegehen: „So kreativ-frei habe ich dich lange nicht mehr reden gehört."

Das Thema vom Schönen nimmt der Coach auf mit Fragen wie:

- Wie ist es für den Coachee, wenn etwas ein schönes Design hat? Was bewegt ihn, was erlebt er? Was gibt ihm das? Inwiefern bereichert es ihn und sein Leben?
- In welchen Situationen im Beruf macht er die Erfahrung, dass es ihm etwas gibt, dass es ihm gut tut, dass es schön ist, dass es seine Einsatzbereitschaft mobilisiert und dass er präsent ist? Was berührt ihn da besonders? Was ist das Einmalige, Unverwechselbare daran? Wie sehr achtet er auch im Alltag auf solche Dinge? Was wäre notwendig, um mehr darauf zu achten?

In Anschluss daran geht der Coach auf Nutzwerte und Eigenwerte ein und erklärt dem Coachee die Unterschiede. Als Reflexionsaufgabe bis zur nächsten Sitzung gibt er ihm folgende Fragen mit:

- Was sind für den Coachee Nutzwerte, bei welchen Dingen erkennt er ihren Eigenwert? Welche Chancen und Risiken sind damit verbunden – für ihn, für seinen Führungsstil, für seine Mitarbeiter, für das Unternehmen, für seine Lebensgestaltung? Lassen sich damit aktuelle Fragen, Unbehagen, Konflikte verstehen und erklären? Ergibt sich daraus für ihn ein Handlungsbedarf? Welchen Eigenwert erlebt er in Gesprächen mit Mitarbeitern?
- Der Coach bittet den Coachee, in der Zeit bis zur nächsten Sitzung ein Tagebuch zu führen und festzuhalten, wofür er wie viel Zeit aufwendet. Wie viel Zeit haben die Dinge, die ihm wichtig sind?

Zum Schluss fragt der Coach: Wie wertvoll war das, was wir in dieser Stunde besprochen haben? Wie gut war es an sich? Wie wertvoll/gut war es für den Coachee? Wie gut war das, was er aus dieser Stunde gemacht hat?

Drei Wochen später:

Der Coachee berichtet von seinen Erfahrungen, dass die Dinge tatsächlich mehr Farbe bekommen, wenn er sich Zeit nimmt, präsent ist und auf das Schöne dabei fokussiert. „Im Schönen allein kann die Erfüllung aber kaum liegen", meint er mit einem Augenzwinkern. Im beruflichen Kontext sei er nach wie vor vom Nutzwert der Dinge getrieben. Sobald etwas nicht innerhalb einer angemessenen Zeit auf ein Ergebnis hinauslaufe, werde er ungeduldig und übernehme den Lead. Mit Zuwendung sei es dann nicht mehr weit her …

Der Coach fragt nach einer konkreten Situation und begleitet das Anliegen mit dem Prozess-Modell:

Beschreibung: Was liegt vor: *Ein Mitarbeiter habe eine Liste mit Kunden gemacht, bei denen er im nächsten Jahr eine Zufriedenheitsumfrage machen wolle. Die Liste war lang und das geplante Vorgehen kompliziert und aufwändig. Die Zügel habe er angezogen, wie er es nennt, als er feststellte, dass das Vorgehen in keiner Weise mit anderen Abteilungen abgesprochen war. So etwas könne nur in Ineffizienz und Kosten enden; interne Absprachen und Datenaustausch seien doch wichtige Synergiepotenziale. Diese habe der Mitarbeiter überhaupt nicht berücksichtigt.*

Eindruck: Wie ist das für Sie? *„Es ärgert mich, weil Kundenumfragen ein Standardprozess sind, bei dem man auf die Erfahrung von anderen zurückgreifen kann. Man muss das Rad doch nicht immer neu erfinden. Zudem ist meine Agenda sehr dicht und da bin ich froh, wenn die Besprechungen möglichst gut und effizient vorbereitet sind."*

Sein Gefühl beschreibt er so: *Am liebsten hätte er das Gespräch abgebrochen und einen neuen Termin vereinbart, aber das koste ihn dann wieder Zeit, sodass er die Sache lieber gleich erledigt habe.* Vertiefend auf die Situation schauend meint er: *„Was mich am meisten stört und ich auch bedaure, ist die Erfahrung, dass in meinem Bereich nicht enger zusammengearbeitet wird. Es geht ja nicht nur um die Synergie, sondern auch darum, gemeinsam etwas zu machen, Erfolge im Team zu erzielen, voneinander zu lernen und zusammen Dinge weiterzuentwickeln. Nur so entstünden kreative Innovationen, nicht?"*

Der Coach macht auf der Ebene der Wertebenennung ein Angebot: *„Sind Gemeinschaft und Lernen etwas, das für Ihr Leben wichtig ist?" Ja, meint der Coachee, deshalb habe ihn die unerwartete Kündigung seines Mitarbeiters auch so betroffen gemacht ...Und wenn er in einer Situation erlebt, dass es mit „Gemeinschaft" und „Lernen" weit her sei, sei es ihm am liebsten, wenn er das Gespräch möglichst effizient und rasch zu Ende bringe. Etwas anderes habe dann wenig Sinn.*

Die weiteren Schritte des Prozess-Modells – **Stellungnahme und Ausdruck** – durchläuft der Coach eher zügig und fokussiert dann zusammen mit dem Coachee auf die Umsetzung: Wie können die Werte „Gemeinschaft" und „Lernen" vermehrt in seinen Führungsstil einfließen? Wie kann er sie lebendig machen? Wie kann er diese Werte in Gesprächen praktisch leben? Was bedeuten diese Werte für seine Aufgabe in der

Nachwuchsentwicklung – was gibt es da zu tun, worauf will er achten? Was braucht er dazu?

Fassen wir zusammen: Werterleben ist an eine Reihe von Bedingungen geknüpft. Dazu gehört z. B. eine gesunde Erlebnisfähigkeit (Vitalkraft), eine geistige Offenheit, eine innere Ähnlichkeit, Nähe und vor allem braucht es auch eine Beziehung zum Objekt. Werterleben findet nur in der Beziehung zum Wertobjekt statt. Um etwas als Wert erleben zu können, muss eine Beziehung aufgenommen werden. Wenn etwas nicht als Wert erlebt werden kann, so ist zuerst zu fragen, ob überhaupt eine wirksame Beziehung besteht oder zustande kam. – Wofür ist das von Bedeutung? Wenn Wertfühlen Beziehung voraussetzt, dann wird in einem Gespräch, in dem der Coachee keine Bezogenheit erfährt, das Werterleben nicht stattfinden können oder versiegen, wenn das, was ihn ansprechen würde, nicht passiert (z. B. gemeinsam lernen). Manchmal kann das Berührt-Werden von einem Wert auch Angst machen, wenn man keine Beziehung haben will (z. B. zu einer anderen Idee oder einem anderen Menschen). Wenn wir in einem Streitgespräch eine Beziehung nicht eingehen wollen, dann werden wir immer wieder erleben, dass wir die Argumente in ihrer Werthaftigkeit nicht an uns herankommen lassen. Eine Verständigung ist dann nicht möglich.

Betrachten wir im nächsten Abschnitt, wie Gefühle das Medium sind, über die Werte eine Wirkung auf den Menschen entfalten.

Spüren und Gespür

Über das Spüren und das Gespür haben wir schon im vorigen Abschnitt im Rahmen der Gefühle gesprochen, weil diese Fähigkeit eben auch eine Art von Gefühl ist und keine rationale Tätigkeit. Aus Gründen der besseren Verstehbarkeit haben wir das Gespür im Vergleich zum Gefühl zur Darstellung gebracht, weil aus dem Vergleich dieser beiden Gefühlsarten deutlicher wird, worum es in der jeweiligen Gefühlsart geht. Hier bedarf es nur noch einer Zusammenfassung, um dann gleich auf das Ergebnis dieser Fähigkeit einzugehen: das Gewissen.

Während das Fühlen aus der Nähe und der direkten Berührung mit dem Objekt (Sache, Wort, Gedanke etc.) erwächst, geht das Spüren einen anderen Weg. Es geht einer Spur nach, verfolgt daher eine Richtung, ganz ähnlich dem Hund, der eine Fährte aufnimmt, an deren Ende seine „Beute“ (ein Wert) ist. Einer Spur folgen bedeutet einer Richtung nachgehen, also über eine Distanz hinweg einen Wert zu orten: Wird es gut ausgehen? Stimmt das zusammen, was ich jetzt tue und was mir insgesamt wichtig und wertvoll ist? Wie ist die Atmosphäre an diesem Arbeitsplatz, ist da ein gutes Klima? Wird das gut werden, wenn wir diesen neuen Mitarbeiter einstellen?

All dies sind Einsatzgebiete des Spürens – bei aller Logik und Rationalität, nach Durchsicht der Bilanzen oder der Bewerbungsschreiben, nach Anhören aller Begründungen, letztlich sollte man sich nach dem Gespür richten, bevor man sich entscheidet. Denn das Gespür ist eine unglaubliche intuitive Fähigkeit des Menschen, das Wesentliche herauszuspüren. Es hält sich dabei unbedingt an die Tatsachen, an das Wahrgenommene, sieht die Einzelelemente aber in einer Zusammenschau hinsichtlich dessen, auf was sie hindeuten. Das lässt Tendenzen und Entwicklungen absehen, tiefere Inhalte erfassen. Dank des Gespürs stößt der Mensch auf das Wesentliche, auf das Darunterliegende, Bestimmende, Eigentliche, Werdende. Im Gespür ist die phänomenologische Fähigkeit des Menschen begründet. Es ist die Person, die diese Fähigkeit hat, so „hellsichtig“ zu sein, dass sie nicht an der Oberfläche hängen bleibt, sondern „tiefer“ sehen kann, sogar Dinge sehen kann, die noch gar nicht da sind, sondern erst kommen werden – die intuitiv aber „absehbar“ sind. Das lateinische „sentire“ hat auch diese interessante Doppelbedeutung von riechen und spüren – neurologisch ist die Fähigkeit zu spüren im alten Riechhirn angesiedelt. Und im Deutschen sagt man auch: „Da habe ich wieder eine Nase gehabt“ – man hat es förmlich gerochen (vgl. Shakespeares Hamlet: „Etwas ist faul im Staate Dänemark!“).

Während das Fühlen wie eine Berührung (z. B. Zärtlichkeit) wahrgenommen wird und eine Temperatur hat (warm, kalt), hat das Spüren eine etwas andere Qualität. Es ist eher eine innere Resonanz, eine Stimmigkeit bzw. Unstimmigkeit, die sozusagen eine Stimme bekommt, je länger man hinsieht. Hier kommt uns die eigene Person in ihrer Intimität entgegen. Eine besondere Fähigkeit der Person ist die Fähigkeit, Gut und Böse, richtiges und falsches Handeln unterscheiden zu können: das Gewissen.

Gewissen

Das Gewissen ist ein Thema, das den Menschen jeden Tag betrifft. Oft sind wir uns nicht bewusst, wie präsent dieses Thema ist oder es fehlt uns ein Verständnis dafür, was das Gewissen ist und worin es sich abgrenzt zu anderen Instanzen in uns. Bei vielen unserer täglichen Entscheidungen denken wir, dass sie nicht direkt an das Gewissen gebunden sind. Wir halten sie für Abwägungen von Werten: Ob man lieber ins Kino geht oder den Abend zuhause verbringt, ist keine Frage, die im Allgemeinen unser Gewissen belastet, sondern eine Frage der Vorliebe, der Praktikabilität, der Lebensgestaltung. Gewissensfragen sind moralische Fragen, die uns vor die Entscheidung stellen: Was halte ich im tiefsten Inneren für richtig? Werde ich mit meiner Entscheidung mir oder auch anderen gerecht? „Gewissensentscheidungen" – Entscheidungen, in denen das Gewissen involviert ist –, stellen immer die Gesamtheit des Lebens infrage. So können auch Fragen im Alltag unvermutet zur Gewissensfrage werden: Werde ich meinem Partner gerecht, wenn ich ins Kino gehe und ihn allein lasse? Entspricht dieses Verhalten dem Bild einer Partnerschaft, für die ich leben will? Werde ich mir und meinem eigenen Leben gerecht, wenn ich jeden Abend zuhause verbringe – aus Rücksicht auf einen anderen Menschen?

Mit dem Gewissen kommen wir dann in Berührung, wenn es um die Abstimmung von Werten geht: Darf ich das tun? Kann ich das vertreten? Kann ich dahinter stehen? Kann ich mich damit sehen lassen – vor mir und den anderen? Das Gewissen ist wie ein Kompass, dessen Nadel die Richtung zum *Guten* hin anzeigt. Es ist die Fähigkeit zu sehen und zu spüren, was *insgesamt* richtig und gut ist. Das Gewissen gibt mir eine Orientierung, welche Richtung zu einem Ergebnis führt, das ich vertreten kann.

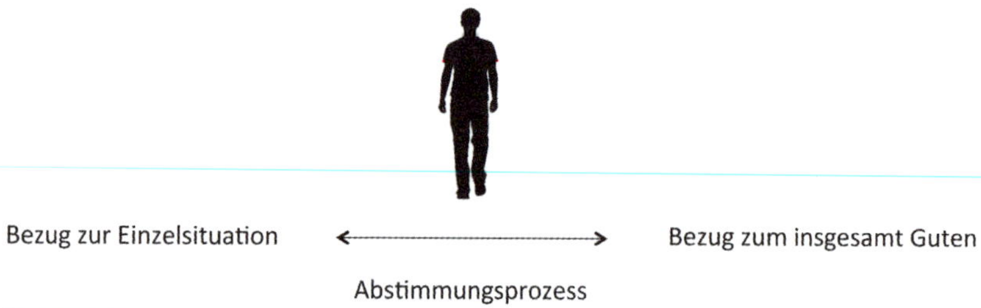

Abb. 42: Pole der Abstimmung im Gewissen

Das in mir Sprechende

Der Volksmund spricht von der „Stimme des Gewissens“. Diese Beschreibung trifft das Charakteristische des Gewissens sehr gut: Etwas in mir beginnt zu sprechen. Dieses „es“ ist die Person in uns – die geistige Dimension des Menschen –, die frei ist und sich zu Wort meldet, ohne dass wir ihr Sprechen willentlich beeinflussen oder vorgeben können. Die Person hat einen Blick, der hinter die Erscheinungen schaut. Als Person können wir spüren und sehen, was wirklich wichtig ist. Die Person hat eine Wahrnehmung für den tiefen Gehalt in den Dingen. Wir nennen sie deshalb auch die personale – an die Person gebundene – Fähigkeit, das Wesentliche zu erfassen und intuitiv zu spüren, was in einer Situation gut oder schlecht ist und worauf etwas hinauslaufen wird. Das Gewissen hat in diesem Sinne eine Zukunftsdimension, indem es erlebnismäßig zeigt, was wir spüren – die Spur, die Fährte, der Hinweis darauf, was aus dieser Situation *werden* kann. Stimmig ist die Gewissensentscheidung, wenn sie zu einem guten Ergebnis führt, das wir in seinen Konsequenzen verantworten können. Das bedeutet auch: Dahinterstehen können.

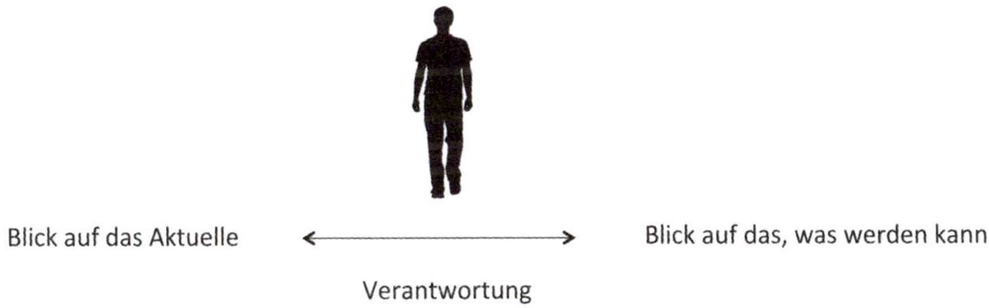

Abb. 43: Abstimmungsprozess zwischen dem, was *ist,* und dem, was *werden* kann

Somit ist das Gewissen keine Bibliothek, in der wir nachschlagen, was zu tun ist, sondern ein intuitives Spüren, das in jeder Situation *erneut* zu erfolgen hat – dynamisch, dialogisch, personal. Das Gewissen ist nicht etwas Fremdes, sondern *mein* Wesen, *meine* Person. In diesem Verständnis ist der Mensch gewissenhaft und nicht anerzogen. Intuitiv – nicht reflexiv – kommt er zu dem Ergebnis, was *jetzt in dieser* Situation wichtig ist.

Wie spricht das Gewissen, diese innere Stimme? Handelt es sich um die innere Stimme, so spricht sie wohlmeinend, sachlich und ruhig. Das Gewissen meint es sozusagen „gut" mit mir. Entsprechend spricht es: „Das ist gut, mach weiter so" oder „Bleibst Du Dir treu, wenn Du das tust?" Das Gewissen lässt sich nicht mit guten Erklärungen und Begründungen überreden („einmal ist keinmal"), ist aber wohl vorübergehend zum Schweigen zu bringen. Entscheidungen gegen das Gewissen hinterlassen ein eigenartiges Gefühl, einen Zweifel, der uns fragt: Ist das wirklich richtig? Der Mensch ist frei zu entscheiden, ob er dem Gewissen folgen oder einen anderen Weg einschlagen will. Das Gewissen zeigt ihm lediglich, welches die beste – die stimmige – Richtung insgesamt wäre und ob etwas zu seinem Wesen passt oder nicht.

Dieser Zukunftsbezug des Gewissens hat eine weitere Dimension: Die Abstimmung, die über die Zeit hinweg Bezug nimmt auf die eigene Biografie: Wofür will ich gelebt haben? Es geht nicht nur um das, was jetzt wichtig und richtig ist, sondern auch darum, was künftig für mein Leben und für andere wichtig sein wird. In einer aktuellen Situation kann es wichtig sein, aus dem Bedürfnis nach Sicherheit und Akzeptanz heraus die eigene Meinung zurückzuhalten. Doch will ich für Sicherheit und Akzeptanz gelebt haben?

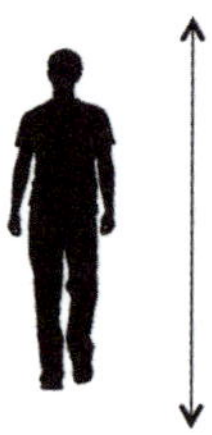

Abb. 44: Der Abstimmungsprozess über die Zeit

Eine weitere Abstimmung liegt in der Abstimmung mit der Gesamtheit des Menschen. Sie ist gegeben, wenn sich die tiefe Überzeugung einstellt: Was das Gewissen *mir* sagt, würden alle Menschen sagen, wenn sie in derselben Situation stünden, vorausgesetzt, sie haben dieselben Informationen (was natürlich selten der Fall ist, denn jeder Mensch hat einen anderen biografischen Hintergrund und auch einen anderen Blickwinkel). Gewissen kann also auch verstanden werden als etwas, was im Grunde alle Menschen wissen. Das deutsche Wort Gewissen deutet auf diese Allgemeinheit hin: Ge-Wissen – es ist das Wissen vieler. An diesem Wissen um das Wesen haben auch andere teil. Es ist wie ein Gesamtwissen, eine „con"-scientia, eine Anbindung an das Allgemeinste überhaupt, an die Menschheit. Im Gewissen stehe ich gleichsam als Vertreter der Menschheit bei mir.

Dem Gewissen folgen bedeutet daher nicht Egoismus, sondern das Gegenteil: Sich in den Zusammenhang aller Menschen stellen und eine Gemeinsamkeit mit allen Menschen aufnehmen. Darin liegt auch ein Paradox: Das Gewissen ist das Intimste, was wir haben, es ist das intime Personsein. Und gleichzeitig ist es das, was uns in die Allgemeinheit des Menschseins stellt und uns mit ihr verbindet. Wenn ich mir selbst zuwiderhandle, handle ich auch gegen die Menschheit. Ich darf mich nicht schlechter behandeln als andere. Wenn ich nach dem Gewissen handle, kann ich mich sehen lassen von anderen. Ich kann es vertreten, weil ich *überzeugt* bin: Der andere versteht es, und wenn er es nicht gleich versteht, kann ich es ihm erklären und dann wird er es auch so sehen wie ich. Mit dem, was eine Gewissensentscheidung ist, brauche ich mich nicht zu schämen, brauche ich mich nicht zu verstecken, obwohl es Bezug nimmt auf das Allerintimste. Was gewissenhaft ist, darf öffentlich werden. Es soll vielleicht nicht öffentlich gemacht werden, weil es niemanden etwas angeht, aber würde es öffentlich, könnte ich auch vor anderen dazu stehen.

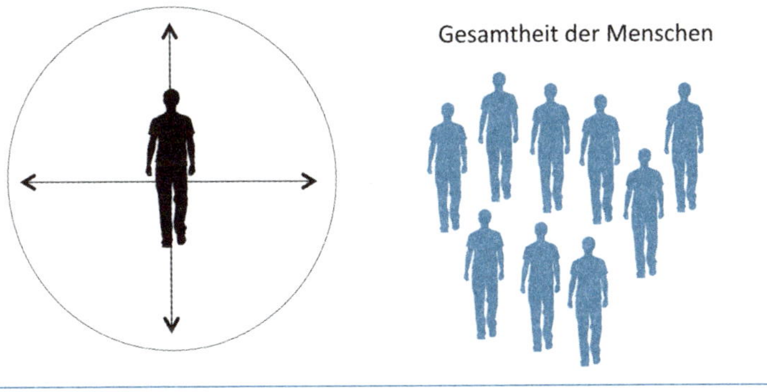

Abb. 45: Nach dem Gewissen zu handeln gliedert den Menschen ein in die Gesamtheit aller Menschen

Fassen wir zusammen: Das Wort „Gespür" weist darauf hin, dass das Gewissen kein logisches Denken ist. Das Denken und die Erfahrung sind lediglich Informanten für das Gewissen. Gewissen ist eine innere Resonanz und ein Gespür für die *Hierarchie der Werte in einer Situation* im Hinblick auf das, was die Person insgesamt für gut hält und daher als „richtig" empfindet. Gewissen ist somit ein Gespür für die Stimmigkeit zwischen dem eigenen Wesen und den in Frage stehenden Werten: Was ist wichtiger, was ist wesentlicher, jetzt, für mich und für die anderen Menschen und die Werte, mit denen ich in Verbindung bin? Was stellt den größeren Wert dar in der aktuellen Situation? Das Gewissen ist also immer individuell und situativ und stellt keine allgemeinen Regeln auf. Es ist mit anderen Worten

- *ein Evidenzgefühl für das Richtige:* Die gefühlsmäßige Erkenntnis der wesentlichen Zusammenhänge und dessen, was jetzt das Beste wäre auch im Hinblick auf die Zukunft und was daraus werden kann. „Passt es so?" – „Ist es dem Anschein nach richtig?" – „Könnte ich so dahinterstehen?"
- *ein Sinn für Gerechtigkeit:* den im Spiele stehenden Eigenwerten, dem Wesen der Sache zu entsprechen (siehe Nutzwerte und Eigenwerte): „Werde ich der Sache gerecht? Werde ich mir gerecht?"

Praxissituation

Eine 35-jährige Frau berichtet im Coaching von einem Konflikt mit einer Kollegin. Er ist daraus entstanden, dass der Coachee nicht zur Arbeit erschienen ist, weil ihr Kind in der Nacht Fieber hatte und sie es am folgenden Tag so nicht zur Tagesmutter bringen wollte. Es war ihr wichtig, zu Hause zu bleiben und für ihr Kind zu sorgen. Arbeitsrechtlich war die Situation klar. Trotzdem hat ihr die Kollegin Vorwürfe gemacht und sie dafür kritisiert, ausgerechnet an einem Tag, an dem so viel los war, zu Hause zu bleiben. Der Coachee weiß, dass sie richtig gehandelt hat, trotzdem plagt sie „ein schlechtes Gewissen".

Der Coach unterstützt den Coachee beim Festigen ihrer Stimmigkeit mit folgenden Fragen: Was ist für Sie besonders wichtig, wenn Ihr Kind krank ist? Welche Konsequenzen erwarten Sie, wenn das Kind mit Fieber den Tag bei der Tagesmutter verbringt? Welches Bild möchten Sie als Mutter abgeben, wenn Ihr Kind krank ist und es Sie braucht? Haben Sie eine Vermutung, wie andere Mütter in einer vergleichbaren Situation handeln würden?

Der Coachee erzählt, dass sie als berufstätige Frau solche Situationen nur zu gut kenne. Im Grunde sei es für sie aber klar, dass die Familie Vorrang habe (das insgesamt Gute). Sie wisse auch, dass es dem Kleinen meist rasch besser gehe, wenn er in einer vertrauten Umgebung ist (was kann werden). Als Mutter möchte sie solche Momente auch nicht verpassen: dem Kind das Gefühl geben, dass sie für es da ist, wenn es sie braucht (wofür will ich gelebt haben). „Jede Mutter mit Herz würde so handeln", sagt sie zum Schluss des (inneren) Dialoges (Gesamtheit des Menschseins). „Das versteht sicher auch die Kollegin."

Was „richtig" ist, bleibt vorwiegend subjektiv. Das gehört zum Wesen des Gewissens. Es ist das Gefühl für die Stimmigkeit. Diese Stimmigkeit ist eine Abstimmung zwischen dem eigenen Wesen meiner selbst und den Werten, mit denen die Person in Berührung ist. Bei Gewissenentscheidungen geht es um einen größeren Wert, aber auch um „kleine" Werte des Augenblicks (z. B. ist es richtig, das Auto im Halteverbot kurz stehen zu lassen? Soll ich mir dafür 10 Minuten Zeit nehmen?), die auch stimmen müssen, weil sie mit dem Großen in Verbindung sind. „Im Gewissen spricht eine Stimme zu mir, die ich selbst bin. (...) Niemand ruft mich an; ich selbst spreche zu mir" (Jaspers 1956, 268). Oder mit den Worten Heideggers (1979, 273): Im Gewissen ist das Dasein (d. i. der Mensch) „aufgerufen zu ihm selbst, das heißt zu seinem eigensten Seinkönnen." Durch das Gewissen wird der Mensch aufgefordert, er selbst zu sein: „Das Dasein ruft im Gewissen sich selbst." (ebd., 275)

Der Unterschied Gewissen – Über-Ich

Das Gewissen ist die Resonanzfähigkeit mit dem eigenen Wesen. Durch das „Spüren des Richtigen" führt uns das Gewissen in die eigenen Lebensmöglichkeiten: Ist das stimmig mit mir, was ich da tue und wie ich es tue? – Doch bin ich nicht der Einzige, der meine Tätigkeit beurteilt. Was sagen die Autoritäten, die anderen? Hier kommt die zweite moralische Instanz in uns ins Spiel: das Über-Ich, auch das öffentliche Ich genannt. Es entsteht durch Erziehung und Erfahrungen, durch Lernen, Religionen usw. Im Unterschied zum Gewissen beziehen wir uns beim Befragen des Über-Ichs auf Normen und Vorgaben von außen. Die Öffentlichkeit oder andere Bezugssysteme (Religion, eigene Normen usw.) sprechen innerlich mit und sind mitunter lautstarke Kommentatoren bei Fragen wie: Ist dieses Verhalten erlaubt? Geziemt es sich? Welche soziale Spielregel ist zu befolgen, damit ich mich in die Gemeinschaft einfügen kann, in der Gruppe bestehen kann, aufgenommen werde? Die Stimme des Über-Ichs macht Vorgaben zu dem, was richtig und falsch ist. Doch ist im Unterschied zum Gewissen das, woran gemessen wird, was richtig oder falsch ist, nicht die eigene Person, sondern das, was normativ gefordert wird. So gesehen ist das Über-Ich eine *praktische*, das Zusammenleben regelnde Instanz und stellt in diesem Sinne eine weitere *moralische* Instanz des Menschen dar. Das Über-Ich hat in diesem Verständnis Allgemeincharakter, eine von außen übernommene, angeeignete Bewertungsinstanz. Sie hat die Funktion, das Zusammenleben des Individuums mit der Sozietät zu regeln und ihr moralische Handlungsanleitungen zu geben (die zehn Gebote!), und verfügt oft über eine entsprechende Kontrolle des Verhaltens durch öffentliche Beschämung, Anprangerung, moralischen Druck.

Im Unterschied zum Gewissen, das wohlwollend, ruhig und sachlich zu mir spricht (also Angebote macht), hat das Über-Ich einen fordernden Ton: „Das tut man nicht, das darfst du nicht, lass dich nicht erwischen" (Verbote). Das Über-Ich schränkt die Freiheit ein, beengt das Individuum mit Vorgaben und Geboten, weil es ihm um allgemeine Werte, Normen und Ideale geht. Doch erst in der Verwechslung des Über-Ichs mit dem Gewissen entsteht der *Verlust* des Eigenen. Manchmal braucht es viel Mut, dem Gewissen zu folgen und dem Über-Ich standzuhalten. Man sieht sich vor die Frage gestellt: Füge ich mich mehr in die Gesellschaft ein oder stelle ich mich auf meine Seite? Gehe ich meinen individuellen Weg und realisiere mich, auch wenn es einer öffentlichen Meinung widerspricht? Innerer Druck in Form von übernommenen Regeln oder Androhung von Konsequenzen sowie Bestrafungen („Wie kannst Du so was tun!") verleihen dem Über-Ich den Charakter von Sanktionen, was auch von moralischer Bedeutung ist. Der Mensch, eben auch der Coachee kann dadurch leicht verwechseln, was sein Eigenes ist und was – im Unterschied dazu – von ihm von außen erwartet wird.

Instanz	Gewissen – das Eigene, Persönliche	Über-Ich – das Allgemeine, das öffentliche Ich
Bezieht sich auf	Das konkret Richtige in der Situation (richtig in meinen Augen)	Konventionen, Regeln des Zusammenlebens (richtig für das Funktionieren der Gemeinschaft oder im Lichte einer Ideologie/Religion)
Es geht um	Eigenes (persönliches) Gespür	Allgemeine Vorgaben (von außen, von mir selbst)
Beruht auf	Beziehung zu mir (ich mit mir); zu sich selber stehen, abgestimmt mit dem eigenen Wesen	Beziehung zu Autoritäten; abgestimmt mit sozialen Konventionen, Normen, Vorgaben
Macht	Angebote (das entspricht Dir)	Verbote/Gebote (das wird erwartet)
Charakter der Stimme	Ruhig, sachlich, wohlwollend	Imperativ, drohend
Bei Zuwiderhandlung	Trauer über den verwirkten Wert (das war nicht gut)	Angst vor Sanktionen/Strafe (das ist verboten)

Tab. 14: Gewissen und Über-Ich im Vergleich

✓ ***Nach dem Gewissen fragen***

Was sagen Sie selbst dazu? Sie ganz persönlich? Ganz im Tiefsten, im Innersten? Wenn Sie völlig allein auf der Welt wären (diese Übertreibung kann helfen, sich gegen ein starkes Über-Ich abzuschirmen), wenn es nur um Sie ginge ...?

Was spüren Sie, wenn Sie an diese Möglichkeit denken? Gibt Ihnen das ein gutes Gefühl oder stellt sich Unruhe ein (manchmal auch körperlich)?

Können Sie sich sagen: Das bin ich mir schuldig? (Gewissenhaft ist etwas nur dann, wenn es auch für mich gut ist)

Finden Sie sich darin wieder? Passt das zu Ihnen? Etwa wie ein Kleid, das Sie anziehen – steht Ihnen das? Kleidet Sie das?

Würden Sie das wieder tun?

Wenn Sie sich ganz persönlich fragen, ganz in Ihrer Intimität, so ganz für sich – wissen Sie da nicht bereits, was das Wichtige wäre? Das Richtige, das Sie eigentlich tun sollten?

Sind Sie sich da ganz sicher? Glauben Sie das wirklich?

Oft braucht es für die Gewissensprüfung und -findung Stille, damit der Coachee wahrnehmen kann, was in ihm zu lauten beginnt. Hält das Gewissen der Stille stand?

Sich abstimmen

Steht der Mensch vor der Sinnfrage, so geht es immer um die Verschränkung seines Seins, Fühlens und Spürens mit der Realität. Wie soll er sein Potenzial entfalten, wie soll er sein Leben leben und wofür soll er sich einsetzen? Das Ende der Handlung vorwegnehmend, auf das Ende hinlebend, steht der Mensch vor der Frage: Wofür soll mein Handeln gut sein? Was wird es bringen, was wird es *wem* bringen – wird das Ergebnis „stimmen", wird es mir und den anderen gerecht?

Mit den (ersten drei) Grunddimensionen der Existenz ist der Mensch ausgerüstet für sein Dasein. Er hat Fähigkeiten und Kraft, Lust und Beziehungen und hält das Eigene in Abgrenzung vom anderen, dem er aber auch begegnen kann. Doch stellt sich nun die Frage: Wofür soll er da sein? Wofür leben – was soll er tun?

Menschsein heißt *in dieser Welt* sein und mit ihr und *mit sich selbst* zurechtkommen müssen. Ein großes, und ein unsicheres Projekt. Aber ein anderes Sein als in dieser Welt haben wir nicht. Es ist daher eine existentielle Aufgabe des Menschen, sich mit dieser Welt zu befassen, und zwar nicht nur in dem Sinne, dass er sein Leben sichern, genießen und entfalten kann, sondern dass er auch für diese Welt Sorge zu tragen hat – für diese Welt, die ihn trägt und behaust, die ihn sozial einbettet und wärmt, die ihm begegnet und sich selbst werden lässt. Was braucht diese Welt von ihm? Was könnte er für sie beitragen, zu ihrer Stabilisierung, Verbesserung, Eigenwertigkeit und für ihre Zukunft?

So geht es nun darum, dass sich der Mensch öffnet für seine Welt, für das Größere, in dem er steht und das ihn aufnimmt, dass er sich als verantwortliches Wesen um die Zusammenhänge und Strukturen kümmert und auch für sie da ist. In ihnen aufzugehen, in Größerem Frucht zu tragen, sich zu vernetzen und mit anderen Menschen zusammen etwas zu machen, ja auch zu zeugen, das ist eine Grundstruktur der menschlichen Existenz. Es soll in diesem Leben nicht nur etwas *sein*, sondern auch *werden*.

Um dahin zu kommen, um den Sinn des Lebens und der Situation ergreifen zu können, ist es wichtig, dass wir uns in der Offenheit von der Welt befragen lassen (siehe auch Kapitel 5 – Existentielle Wende): „Was will die Welt von mir?“ Und dass wir uns nun in dieser zweiseitigen Frage – Was will ich von der Welt, was will die Welt von mir – abstimmen. Sich abstimmen meint, die existentielle Wirklichkeit, ihre Werte, ihr unverwechselbar Eigenes mit mir, mit meinem Können, Mögen und Dürfen in Hinblick auf einen Wert in der Zukunft zur Deckung zu bringen. Das, was ist, soll nun daraufhin ausgerichtet werden, dass durch mein Dazutun etwas *Wertvolles entstehen* kann.

Win-Win-Situation

Auf beiden Seiten – auf der Seite der anderen, der Welt, ebenso wie auf meiner Seite – gibt es Potenziale und Bedürfnisse, Überfluss und Mangel, Sicherheit und Gefahr, Freude und Leid, Entfremdung und Sich-selbst-Sein. Wie können wir zusammenkommen, zusammenleben, zusammenwirken, damit durch beiderlei Dasein etwas Wertvolles entstehen kann, werden kann?

Diese Abstimmung erfolgt in Form eines Sich-in-Übereinstimmung-Bringens. Über-ein-stimmen heißt so viel wie: eine innere Resonanz haben mit dem anderen, mit dem man auf einen Punkt gekommen ist, sich in etwas getroffen hat – und es stimmt so für beide. Das bedeutet: Win-Win-Situation. Der Vorgang ist eine personale Aktion, eine Fähigkeit der Person, sich mit anderem und anderen abgleichen zu können, und keine automatische Reaktion oder Copingreaktion.

Das Sollen, das uns von außen zukommt, das, was es zu tun gilt, was die Situation fordert, was das Leben will – diese Lebensfragen brauchen eine Abstimmung mit mir selbst, sind in den Kontext meines Lebens zu bringen. Nur so kann es zur inneren Zustimmung kommen zu meinem Handeln und innere Erfüllung abwerfen, wenn die Anforderung bzw. das Angebot mit dem Eigenen, also mit dem, was mir selbst wichtig, wertvoll und möglich ist, abgestimmt wird. Andernfalls bliebe man in einer Entfernung von der Welt und fern von sich, würde man ohne Abstimmung mit sich selbst die Dinge tun und die Handlungen setzen. Es braucht die Abstimmung, um eingebettet zu sein und sich personal in einen größeren Kontext einbinden zu können.

Sinn

Sinn ist Thema in jedem Leben. Er ist wie eine Landkarte und gibt dem Leben und dem, was wir tun, Orientierung und Ausrichtung. Ob etwas sinnvoll ist, spüren wir intuitiv. Wie andererseits die Sinnleere auch nicht einfach nur Denken ist, sondern ein Empfinden, ein Spüren, ein Leiden. Im hoch getakteten Arbeitsleben, wo materielle Wertschöpfung und Effizienz den Alltag prägen, oder in der Beziehungsarmut sind Sinnantworten nicht immer leicht zu finden: Wir erleben zwar Erfolge, aber haben wir dabei auch Erfüllung? Dann tauchen Fragen auf: Wozu gehe ich eigentlich in die Arbeit? Soll ich diese Krise durchstehen? Soll ich in dieser Beziehung bleiben? Werden diese konkreten Fragen nicht aufgefangen, summieren sie sich zur Globalfrage: Wozu lebe ich überhaupt – woran orientiere ich mich im Dasein?, weil die Frage offen bleibt: Wird daraus etwas Wertvolles?

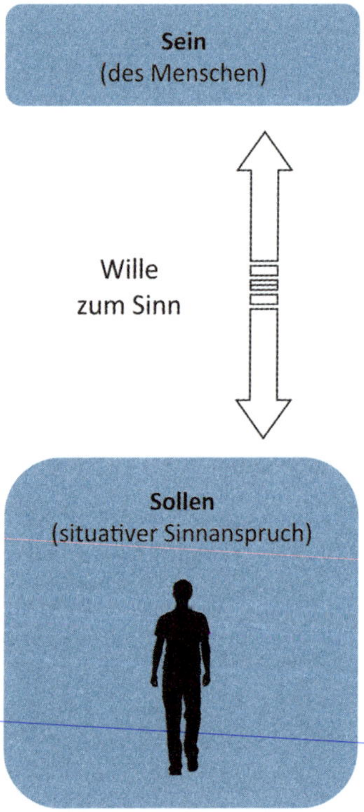

Abb. 46: Die existentielle Spannung

Der existentielle Sinn

„Wille zum Sinn" ist ein von Viktor Frankl (2005) geprägter Begriff in Anlehnung an Nietzsches „Wille zur Macht" (das Streben nach Überlegenheit). „Wille zum Sinn" besagt im Grunde: Jedes Wollen intendiert einen Sinn. Ich kann nur Sinnvolles wollen. Der Mensch kann freiwillig nichts tun, was gänzlich sinnlos ist – Sinnloses kann nicht gewollt werden. Frankl bezeichnet damit das Motivationskonzept in der von ihm entwickelten Logotherapie. Er sieht im Willen zum Sinn die „primäre Motivationskraft des Menschen". Anders gesagt: Im Grunde will der Mensch in erster Linie Sinn, will durch seine Hingabe an Werte Anteil an der Welt haben und sein Leben mit

Sinn erfüllen. Diese Motivation ist angeboren, wie die Willensfähigkeit. Das Konzept besagt weiters, dass die anderen Motivationen des Menschen nachgeordnet sind: Lust und Macht werden dann motivierend oder gar dominierend, wenn der Wille zum Sinn *frustriert* ist. Sie gelten nicht als eigenständige Motivationen, sondern als *Ersatzmotivationen.* Hinter dem Willen zum Sinn steht eine geistige Kraft, die eine ständige Spannung zwischen Sein und Sollen erzeugt (vgl. Frankl 1982b).

Weil „das Leben einen Sinn hat (...) unter allen Bedingungen und Umständen" (Frankl 1990, 23), das Leben also voller Sinn ist, suchen wir nach Sinn. In allem steckt Sinn. Das Problem ist nur, dass er nicht immer gesehen wird. Er ist in jeder Situation jeweils erst und neuerlich zu finden. So in kurzen Zügen das Konzept der Frankl'schen Logotherapie in Hinblick auf die Suche nach Sinn. Es ist das unbestrittene Verdienst von Viktor Frankl, mit seiner Anthropologie und dem existentiellen Sinnverständnis diese humane Kategorie in die Psychologie eingeführt und wie kein anderer vertreten, begründet, gelehrt und praktiziert zu haben (Yalom 1980). Dazu gehört auch, dass er die Ansicht vertrat und Grundlagen zur Verfügung stellte, dass Sinn auch ohne Zuhilfenahme von Religion und Ideologie gefunden werden kann. Damit hat sich die Psychologie, Psychotherapie und Beratung in Bezug auf diese – sonst meist im Rahmen der Religionen behandelten – Frage etablieren können.

Existentieller Sinn impliziert im Verständnis der Existenzanalyse, von deren Konzept Existentielles Coaching ausgeht, aber auch die *Emotionalität* und die mit ihrer Hilfe gefundenen, persönlich gefühlten Werte. Dadurch wird das Frankl'sche Sinnkonzept um eine Dimension erweitert. Frankl (1990, 322) spricht von Werten, über die Sinn verwirklicht wird. Doch ist das Verständnis von Werten in Frankls Verständnis kognitiv. Sie stellen für ihn „Universalien" dar, die Sinnmöglichkeiten aufweisen (Frankl 1987b, 80). Diese sind als abstrakte, nicht mit dem Gefühl verbundene Kategorien („Behälter") gedacht. Beim heutigen, existenzanalytischen Sinnverständnis hingegen „nehmen wir die ganze Person mit" – mit ihrer Wahrnehmung, ihrer Motivation, ihrer Entscheidungsfindung und ihrem Handeln in Bezug auf etwas Sinnvolles. Indem der Coach das Prozess-Modell anwendet, nimmt er auf diese Gegebenheiten Bezug.

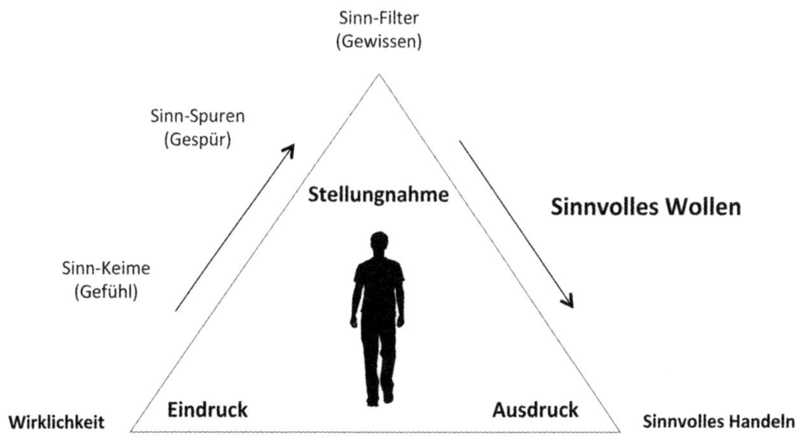

Abb. 47: Das prozessuale Sinn-Modell

Die zwei Sinnfragen

Wie wir aus dem Strukturmodell bereits wissen (Sinn als vierter Baustein der Existenz), unterscheiden wir zwischen der ontologischen Sinnfrage und der existentiellen Sinnfrage.

Die ontologische Sinnfrage ist die Verstehensfrage für mein Sein, für das Sein überhaupt. „Welchen Sinn hat es, dass es etwas *gibt*" – hier können wir alles einsetzen, was es gibt. Kinder stellen oft die ontologische Sinnfrage: Warum ist die Banane krumm, warum gibt es Tiere usw. Immer geht es um die Frage, *wofür* etwas geschaffen ist. Näher und brennender wird die Frage, wenn wir unmittelbar und leidvoll mit etwas konfrontiert sind: Welchen Sinn hat es, dass ich krank bin, dass mein Vater stirbt oder dass dieses Kind verunglücken musste? Fehlt es dem Menschen an Antworten darauf, wird das Leben irgendwie sinnlos, leer und mitunter absurd, denn wer nicht sehen kann, wofür es gut ist oder gut sein könnte, ist nicht bereit, es zu tragen. Wenn es Menschen nicht gelingt, eine leidvolle Erfahrung in einen größeren persönlichen Werte-Zusammenhang einzuordnen, kommen Sinnlosigkeitsgefühle auf. Nietzsche verwies auf die eminente Bedeutung von Sinn im Leben. Sinn hat nicht nur Lebensqualität, sondern Über-Lebensqualität, wie Frankl gerne sagte, und er zitierte Nietzsche in eigener Formulierung: „Wer ein Warum zum Leben hat, erträgt fast jedes Wie". Die Bandbreite und die Formen der Antworten auf die ontologische Sinnfrage reichen von atheistischen Auffassungen bis hin zu einem Glauben. Psychologisch gesehen hat jeder Mensch zur ontologischen Sinnfrage einen Glauben. An dieser Stelle ist jeder Mensch gläubig: Entweder glaubt er an nichts, oder an einen Gott, oder aber dass er zu dieser Frage nichts sagen kann, wie es die Agnostiker halten. So gesehen ist auch der Atheismus ein Glaube und kein Wissen.

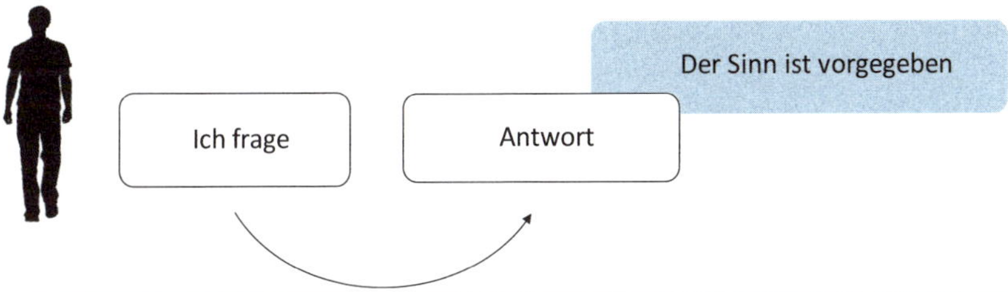

Abb. 48: Ontologischer Sinn: der größere Wertezusammenhang, in dem etwas steht

Die existentielle Sinnfrage ist die Orientierungsfrage für mein Handeln. „Hat das, was ich tue, einen Sinn?" Hier handelt es sich nicht um einen vorgegebenen Sinn wie beim ontologischen Sinnverständnis, sondern um einen Sinn, der durch mich jetzt entsteht. Die Situation wird zur Anfrage – es geht darum, die Aufgabe zu erkennen, wahrzunehmen, was das Angebot oder das Notwendige der Situation ist, und sich damit abzustimmen, das Best-Mögliche von sich dazuzugeben.

Fragen kommen an mich heran – und ich antworte. Der Sinn, die Richtung, in die es gehen soll, wird durch mich erkannt und durch mein Handeln realisiert. Der Sinn bekommt durch mich Seins-Charakter. Er ist nicht ohne mich. Er wird durch mich und sonst ist er nicht. Er ist „noch nicht", wenn ich ihn als Möglichkeit erkenne; es ist das Erkennen des Ausständigen, des Zukünftigen, dessen, was werden soll, und zwar was durch mich jetzt und in diesem Kontext mit diesen Mitteln werden soll. Oder anders formuliert: Sinn ist *die wertvollste Möglichkeit in der jeweiligen Situation.* So wird der existentielle Sinn definiert (Längle 2007).

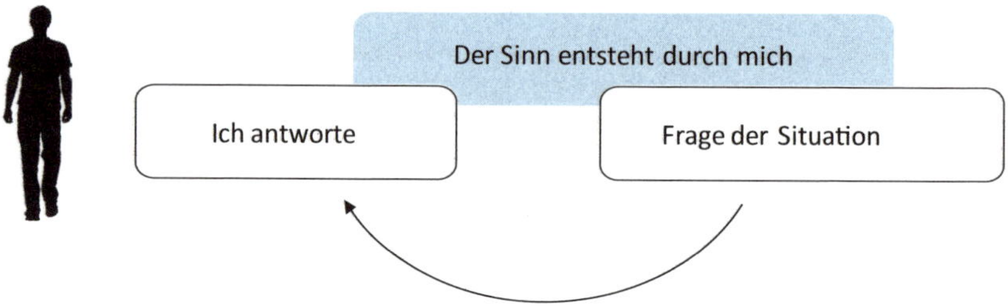

Abb. 49: Existentieller Sinn: die wertvollste Möglichkeit in der jeweiligen Situation

Mich und das Leben ergreifen

Der eine Grund für das Suchen nach Sinn kann in der Freiheit und Autonomie des Menschen gefunden werden. Der Mensch *muss* nicht nur entscheiden, sondern er möchte sich mit seiner Entscheidung auch *identifizieren* können. Daher will der Mensch zutiefst *verstehen,* worum es im Leben geht. Nur dann kann er sich selbst realisieren, wenn er auf das Verstandene (das natürlich auch etwas Geglaubtes sein kann) seine Zustimmung gibt.

Verstehen verlangt ein Erkennen von *Zusammenhängen.* Verstehen ist nur aus Zusammenhängen möglich. Wenn wir z. B. wissen wollen, wozu ein Kugelschreiber gut sein soll, müssen wir ihn im Zusammenhang mit Papier und Schreiben sehen; dann verstehen wir auch, warum er geschaffen wurde. Das Verstehen lässt offen, ob man sich dafür oder dagegen entscheidet. Aber die Entscheidung ist durch das Verstehen keine beliebige, sondern eine begründete. Aufgrund seiner Vernunftausstattung und seiner Freiheit ist es eine Aufgabe des Menschen, einerseits zu verstehen, andererseits aber sich dem Verstandenen dann auch zu stellen und sich entschiedenermaßen *in bejahte Kontexte* zu stellen. Genau in diesem Bereich sehen wir den existentiellen Sinn angesiedelt. Es geht wohl darum, dass wir als Menschen nicht nur in der Welt sind, sondern das In-der-Welt-Sein auch ergreifen.

Vor diesem Hintergrund können wir die Frage nach Sinn auch nochmals mit dem Struktur-Modell vertiefen: Sinn ist der verstehbare Zusammenhang des eigenen Daseins mit der wahrgenommenen Realität (dasein können), dem erfahrenen Wertgefüge (leben mögen), dem Eigenen (selbstsein dürfen) und dem, was werden soll aus mir und durch mich aus der Situation (Sinnvolles wollen). Darin liegt das Entwicklungspotenzial in jeder Situation: Wir erleben all das als sinnvoll, was zur Erhaltung und zur Verbesserung menschlicher Existenz dient, zur Selbstverwirklichung und Entfaltung des anderen und zur Schaffung einer guten Zukunft für sich und einer besseren Welt.

Die Ingredienzien des Sinns

Sinnfragen sind oft mit anderen Fragen im Existenzvollzug verbunden, die nicht direkt mit der Sinnfrage in Zusammenhang stehen. Diese Defizite können die Sinnfrage aufwerfen: So führt ein Mangel an Werterleben notgedrungen auch zu Sinnproblemen. Das Strukturmodell ermöglicht dem Coach eine systematische Gliederung und Vertiefung der Hintergründe, um Antworten auf Sinnfragen mit dem Coachee zu entwickeln.

- *Faktizität*: Existentielle Sinn-Suche setzt am Faktischen (an der subjektiven Wirklichkeit) an. Sinnsuche beginnt mit Erkennen und Verstehen des Gegebenen und mit dem Sehen jener Spielräume, die sich als *Möglichkeiten* inmitten der Realität auftun. Sinnsuche setzt also Wissen und Information voraus. Kenntnis und Akzeptanz des Faktischen ist Grundlage aller existentiellen Sinnfindung. Was ein Sinn ist, das gilt als realistisch, muss (als existentieller und praktischer Sinn) zumindest *realisierbar* sein auf dem Boden der Tatsachen und Umstände. Sinn ist zu unterscheiden von Wünschen, Träumen und Fantasien. Der Ausgangpunkt von Sinn ist die Sachlichkeit.
- *Wert:* Sinn hat eine relationale Dimension. Wer nach Sinn sucht, steht in einer *gefühlsmäßigen* Beziehung zu dem, was ist und nach dessen Sinn gesucht wird. Diese relationale Dimension findet im Fühlen-Können von *Werten* ihren praktischen Ausdruck. Ohne emotionale Beteiligung bzw. ohne dass es sich um einen Wert handelt, zu dem eine Beziehung besteht, kann nicht von Sinn gesprochen werden. Solange uns etwas kalt lässt oder gleichgültig ist, kann es nicht als sinnvoll erlebt werden.
- *Identität*: In dieser Dimension von Sinn geht es um das Antreffen des charakteristischen *Eigenen* (des Wesens) aller an der Frage beteiligten Personen und Sachen. Jeder Sinn enthält etwas Eigenes und *Eigenständiges*, das über alle Funktion hinaus einen *Wert in sich* hat. Ist der Mensch am Zustandekommen des Sinns beteiligt, gibt er *seinen*

Eigenwert dazu. Der wird im besonderen Maße beigebracht, wenn wir etwas *freiwillig* machen. Anders gesagt heißt das, dass bei dem, was wir tun, nur das als sinnvoll erlebt wird, was wir freiwillig tun. Zwang ist sinnzerstörend (was nicht heißt, dass es durchaus zweckvoll oder für andere sinnvoll sein muss, ja auch für einen selbst zu einem anderen Zeitpunkt). Freiheit ist ein konstitutives Merkmal von existentiellem Sinn.

- *Sinn:* In der praktischen Dimension des Sinns geht es um das *Handlungspotenzial* und um das Werden. Damit wird die Bedeutung der *Zusammenhänge* für die eigene Zukunft ebenso zum Thema wie der eigene Beitrag für die Zukunft der größeren Einheiten (Familie, Gruppe, Projekte). Sinn steht in einer Vernetzung mit einem *größeren Ganzen* und bedeutet die Bereitschaft, sich dafür zu engagieren. Andernfalls bleibt das Erleben von Sinn unvollständig. Unverbindlichkeit ist verantwortungslos und sinnleer, Sinn hingegen ist die Bereitschaft zur Verantwortung, ist Verbindlichkeit und bedeutet ein persönliches Eingehen und Dabeisein.

Mit dieser *prozesshaften* Beschreibung der Sinnsuche kommen alle Aspekte der vier Bausteine der Existenz ins Spiel. Dem Coach steht somit mit dem Struktur-Modell eine ganzheitliche Anleitung zur Sinnfindung zur Verfügung, mit der er, ausgehend von unterschiedlichen Punkten, Sinnfragen des Coachee verstehen und begleiten kann.

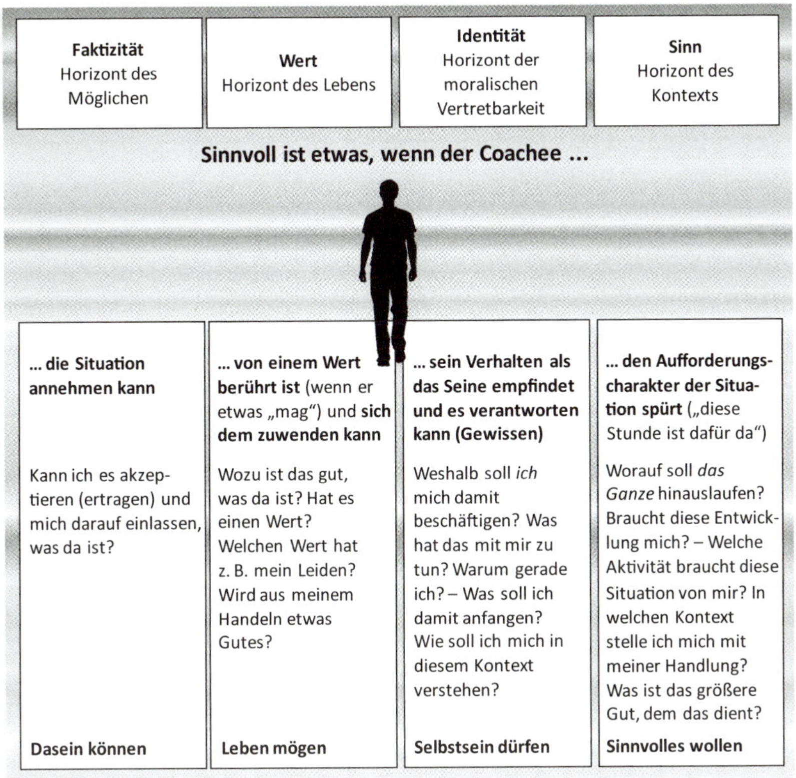

Abb. 50: Dimensionen der Sinnfrage

Obwohl sich Existentielles Coaching nicht nur mit der Sinnfrage beschäftigt, steht in einem existentiellen Verständnis die Sinnfrage doch implizit hinter jedem Coaching-Anliegen. Denn immer ist das Gespräch ausgerichtet auf die Frage: Was ist für den Coachee das Sinnvolle (in der Situation, in seinen Veränderungsabsichten, in seinen Zielen, in seinem Handeln)?

- Dafür bietet das *Struktur-Modell* eine Landkarte für das Verständnis, in welcher Dimension der Existenz für den Coachee Entwicklungsfelder liegen (auf welcher Dimension ist die Frage angesiedelt, woran ist zu arbeiten, wie können die Voraussetzungen und die personalen Aktivitäten unterstützt werden?).

Das als sinnvoll Erkannte aber drängt in die Welt – will realisiert werden, gebärt das Wollen.

- Dafür bietet das *Prozess-Modell* ein Vorgehen, mit dem der Coach den Coachee darin begleiten und unterstützen kann, das für ihn Sinnvolle zu entdecken und umsetzen zu *wollen.*

Das führt uns direkt zum letzten Abschnitt des Kapitels.

Wille

Entscheidungen zu treffen und sich zu motivieren, die gesetzte Zielsetzung anzugehen und zu erreichen ist in vielen Coachings ein zentrales Anliegen des Coachee. Ebenso oft erleben es Coaches, dass das Ziel wie auch die Maßnahmen definiert sind und der Coachee dennoch Mühe hat oder es ihm nicht gelingt, das Vorgenommene zu realisieren. Motivationsarbeit ist nichts anderes als Willensarbeit. Motivieren bedeutet, den Menschen (bzw. sich selbst) dazu zu bewegen, etwas zu wollen und es auch entsprechend anzugehen – mit Zustimmung zu leben, wie es das Credo des Existentiellen Coachings ist: Wie kann der Coachee darin unterstützt werden, dass es zu einem „ich will“ kommen kann inmitten seiner Welt? Das Konzept des Willens, wie er entsteht, unter welchen Bedingungen und mit welchem Vorgehen der Coach den Willensbildungsprozess begleiten kann, soll in den folgenden Abschnitten näher erklärt werden (siehe auch Willensstärkungsmethode in Kapitel 7).

Wille und Freiheit

Vorab eine gute Nachricht: Der Wille ist allgegenwärtig im Leben des Menschen. Wenn wir uns fragen, wo er auftaucht, wann wir mit ihm zu tun haben, werden wir gleich feststellen, dass er ständig da ist und seine Wirkung entfaltet. Unser Alltag ist durchsetzt von einem einzigen Kontinuum von Wollen, sodass es zu 1000 Willensbewegungen in einem einzigen Tag kommt, von denen uns die meisten gar nicht bewusst sind. Der Wille ist uns so selbstverständlich, dass wir ihn als solchen gar nicht bemerken und die selbstverständlichen Handlungen eines Tages nicht mit „ich will das“ benennen würden – einen Schluck Wasser nehmen, sich die Hände waschen, eine Minute zum Fenster hinausschauen. Doch ist es gewollt, geschieht es nicht gegen den Willen. Dass wir dahinterstehen und die Handlung im Einklang mit uns geschieht, wird durch das sie begleitende Gefühl von *Freiheit* belegt. Auch wenn der Wille unbewusst agiert, wir fühlen ihn dennoch, weil wir uns nicht gezwungen fühlen, sondern frei. Der Wille kann daher auch unbewusst handeln – darauf sei hier nochmals explizit hingewiesen, weil ihm oft nur als „bewusster Wille" Geltung verliehen wird.

Der Wille ist im Leben des Menschen nicht nur allgegenwärtig, sondern noch mehr: der Mensch kann dem Willen nicht entkommen. Der Mensch steht nicht nur in einem einzigen Kontinuum von Wollen, sondern er ist zum Wollen auch gezwungen, er kann das Wollen „nicht lassen". Wenn Sartre meint, der Mensch sei frei, aber er könne nicht aufhören frei zu sein, so formuliert er damit eine Bedingung des Mensch-Seins: Wir entkommen der Freiheit nicht, weil wir im Wesen frei sind – so sehr frei sind, dass wir gar nicht anders können, als frei zu sein. Wir sind zum Frei-Sein gezwungen. Sartre (1946) spricht vom „Verurteilt-Sein zum Frei-Sein". Die Unentrinnbarkeit von der Freiheit, also vom Wollen, bedeutet, dass der Wille bei allem Handeln dabei ist, selbst wenn das freie Handeln Begrenzungen unterliegt. Das Dasein ist nicht einfach gegeben. Es ist eine ständige, mehr oder weniger bewusste Entscheidung, da sein zu wollen. So hat der Wille eine zentrale Bedeutung für die Existenz.

Drei Aspekte von Freiheit

Der Wille ist frei und scheinbar unfrei zugleich. Wille und Freiheit gehören aufs engste zusammen. Aber über Willen oder über Freiheit kann man nicht willentlich oder gar beliebig verfügen. Und mehr als das: Der Mensch ist sogar zur Freiheit gezwungen, weil er ständig zur Entscheidung gezwungen ist. – Betrachtet man das Verhältnis und den Zusammenhang von Wille und Freiheit etwas näher, ist es für unsere Zwecke hilfreich, wenn unter freiem Willen zumindest drei Aspekte von Freiheit unterschieden werden: *eine äußere, eine innere und eine intime Freiheit.*

1. Als *äußere Freiheit* wird die *Handlungsfreiheit* angesehen: Äußere Freiheit bedeutet, tun zu können, was man will. Im Gefolge von Hobbes und Hume wird darunter die „Handlungsfreiheit" verstanden: „Frei ist, wer tun kann, was er will". Entscheidend für die Handlungsfreiheit ist, dass man das tun kann, was man selbst tun will, ohne von äußeren Vorgaben zu Handlungen, für die man sich nicht entschieden hat, gezwungen zu sein (Hobbes 1651, 1654 und Hume 1758).

2. *Innere Freiheit (Willensfreiheit, Wahlfreiheit):* Neben der äußeren Handlungsfreiheit gehört zu einem verantwortlichen Wollen die innere „Willensfreiheit" oder Wahlfreiheit: Damit ist die Freiheit gemeint, bestimmen zu können, was man will, ohne dabei durch Bedürfnisse, Wünsche, Ängste usw. festgelegt zu sein in dem, was man will. Frei ist, wer bestimmen kann, was er will und warum er das will. Zur Freiheit des Menschen gehört nicht nur, dass er tun kann, was er will, sondern dass er auch seine Gründe (Motive, Werte usw.) kennt, die ihn zum Wollen bringen. Wie wir im Abschnitt Wertberührung gesehen haben, ist der Mensch in diesem Punkt aber nur halb frei: Ob ihn Werte ansprechen, anziehen und seine Vitalität zu mobilisieren vermögen (mag ich?), das kann der Wille nicht festlegen. Der Wille bezieht sich neben dem Mögen auch auf das Können (kann ich?), das letztlich immer begrenzt ist. Ganz frei wird der Wille erst durch die Person, wenn sie sich auf das Gewissen bezieht (darf ich?) und in einem sinnhaften Kontext steht (soll ich?). Dann ist der Willensentscheid verantwortet im Gewissen, also abgestimmt mit dem eigenen Wesen.
3. *Intime Freiheit (Einverständnis):* Intime Freiheit ist das „Einverständnis": das innere Ja, die Einwilligung, der Entschluss. Diese Freiheit ist immer gegeben, unaufhebbar. Es ist die intime Quelle des Willens, das innere Sich-Einlassen. Dazu sagt man zuerst innerlich ja und gibt dann den Weg frei. Dies kann z. B. ein Wert sein, ein Spaziergang, zu dem man zustimmt, ein Bedürfnis wie Hunger oder ein Zwang wie Nikotinkonsum: Tut man es, hat man immer seine Einwilligung gegeben, zumindest um dem Druck nachzugeben. Frei ist der Mensch letztlich immer im Einverständnis – selbst in der Sucht: Man sagt „ja" zu dem, was man tut. Auch das Nachgeben ist ein Einverständnis. Ein wenig ist der Mensch also immer beteiligt an seinem Verhalten – es passiert ihm nicht nur, was er tut. Das Ausmaß des Beteiligt-Seins kann zwar gering sein und kann immer schmaler werden, wie dies bei Abhängigkeitsstörungen der Fall ist, aber es bleibt zumindest ein Minimum bestehen.

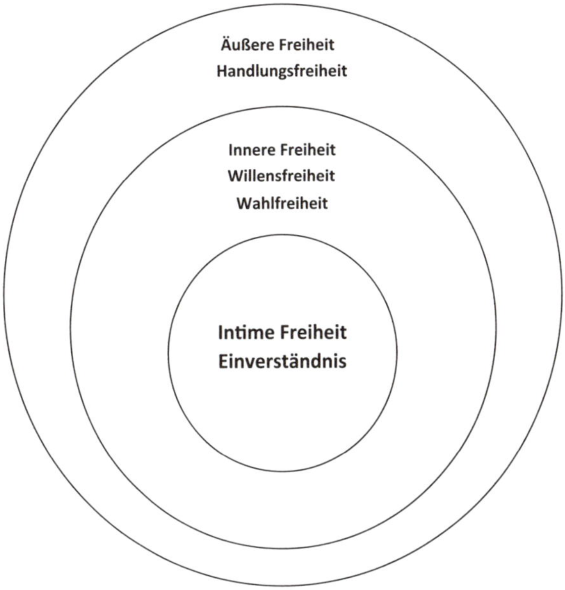

Abb. 51: Die menschlichen Freiheitsbereiche schematisch positioniert

Wo ein Wille, da ein Weg

Was heißt nun „wollen"? Was ist ein Wille? In der Existenzanalyse, von deren Konzepten Existentielles Coaching ausgeht, wird der Wille klassischerweise so definiert: *„Der Wille ist ein Entschluss, sich auf einen gewählten Wert einzulassen."* (Längle, Wicki 2000, 781f). Ganz knapp formuliert kann der Wille als „Ja zu einem Wert" beschrieben werden. Der Vollzug der Freiheit im Willen besteht darin, sich für einen gewählten Wert zu riskieren, sich für ihn zu ergreifen und einzusetzen. Das bedeutet existentielles Wollen. Mit dem Wollen bringt sich der Mensch für einen Wert immer wieder erneut auf die Welt. Das geschieht auch in kleinen Situationen, z. B. wenn man für den Wert eines Essens Zeit für das Kochen aufbringt. Damit realisiert man sein Sein für diesen Wert, in dieser Stunde. Ebenso, wenn man sich für den Wert der Begegnung auf ein Gespräch einlässt, aus sich zu sprechen beginnt und dabei vielleicht eine Ablehnung riskiert. In allen Fällen ergreift man sein Sein, sein Wer-Sein,

sein Da-Sein – also sich – und bringt sich im Vollzug dieses Willensaktes in diese Situation hinein. Man gebärt sich in den Augenblick, in den Moment hinein.

Ein häufiges Missverständnis bezüglich des Willens besteht darin, ihn mit *Vernunft, Logik* oder *Rationalität* gleichzusetzen. Ein anderes Missverständnis ist, dass der Wille *willentlich* bewegt werden könne. Das verleitet zu Appellen wie: „Du musst nur wollen, dann geht es schon!" Doch kann der Wille nicht willentlich oder durch Entscheidung hervorgebracht werden. Er entsteht nicht aus der Vernunft oder durch das Denken. *Der Wille geht seinen eigenen Weg*, Überlegungen spielen dabei nur eine begleitende Rolle. Das wirft die Frage auf, wie sehr ich über meinen Willen verfügen kann, wie sehr der Wille also überhaupt „der Meinige" ist. Der Wille ist so frei, dass er sich nicht vom Bewusstsein vorschreiben lässt, was er wollen soll und ob er überhaupt etwas will oder nicht. So hat das Sprichwort „Wo ein Wille, da ein Weg!" zwei Bedeutungen:

1. Wenn ein Wille auftaucht, so hat der schon einen Weg gemacht, hat sich schon etwas im Inneren seinen Weg gebahnt, wurde eine Idee konzipiert und bis zur Handlungsebene vorangebracht.
2. Mit dem Willen geht eine Machbarkeitsprüfung einher. Wo ein Wille ist, da ist jemand bereit, die Sache anzugehen, und hält es für realistisch, die Aufgabe vollbringen zu können, den Weg gehen zu können.

Beide „Wegformen" („etwas bahnt sich den Weg in mir" und „ich sehe den Weg, wie es machbar ist") sind Bedingungen unterworfen. Einen Willen zu haben bedeutet daher, sich mit Bedingungen zu arrangieren. Der Wille ist immer bedingte Freiheit. Diese Freiheit ist daher nur mehr oder weniger deckungsgleich mit dem Wesen des Menschen, mit seiner Person, denn der Wille ist gefördert bzw. beeinflusst (evtl. „ramponiert") von den äußeren Bedingungen wie auch von inneren Bedürfnissen. Immer geht es in der Willensbildung um Abstimmung zwischen sich selbst und den begrenzenden, aber auch ermöglichenden äußeren Bedingungen.

Je weniger der Wille deckungsgleich mit der Person ist, desto unfreier erlebt sich der Mensch; je weniger er frei ist, desto weniger verantwortlich (in der Antwort nach außen) und verantwortet (in der Antwort vor sich selbst) handelt er. Je mehr das Verhalten als Zwang erlebt wird, desto weniger richtet sich der Wille nach dem eigenen Wesen, nach der Person. Das kann in Alltagssituationen passieren, z. B. kann das Einhalten einer

Diät, um schlank zu bleiben, als Zwang erlebt werden, wenn einem das Programm gegen die Natur geht. Ebenso umgekehrt, wenn man das Essen nicht zügeln kann, obwohl das Gewicht einen stört und man schon gesundheitliche Probleme hat. Solche „Unfreiheit“ kann aber auch in großen Entscheidungen des Lebens passieren: Etwa wenn man weitere 20 Jahre bei seinem Ehepartner bleibt, mit dem man seit Beginn der Ehe oder bald darauf keine erfüllte Beziehung hatte – aus Angst, alleine im Leben nicht zurechtzukommen. So wird es dann immer schwieriger, dem wirklich Wertvollen nachzugehen. Als freie Wesen können wir uns dazu zwingen, die Diät einzuhalten, beim Ehepartner zu bleiben und etwas zu tun, was wir eigentlich nicht wollen, weil wir spüren, dass es eigentlich richtig ist.

In den Beispielen wird der fließende Übergang von Freiheit zum Zwang deutlich. Matthias Claudius (1829) hat die Freiheit gut gefasst, wenn er schreibt: „Frei ist, wer wollen kann, was er soll“. Wenn der Mensch wollen kann, was seinem Wesen entspricht – dann ist er frei. Das führt zur Frage: Wie finde ich mein personal getragenes Wollen?

Der existentielle Wille

Wenn der Wille auf das Wesen des Menschen Bezug nehmen soll, dann kann er nicht rational sein, nicht allein dem Denken entspringen. Das Wesen des Menschen liegt nicht im Denken, sondern im dialogischen Austausch und Spüren der Innerlichkeit. So muss auch der Wille im *Spüren* verankert sein, in dieser Dynamik der dialogischen Abstimmung der Person mit sich und dem Außen. Freies Wollen gründet in der nicht fassbaren Tiefe des Personseins. Der Weg dorthin geht über das Sich-lassen-Können. Aus dieser Tiefe stammt die *Zustimmung*. Dieses Spüren baut sich auf, bevor man den Entschluss fasst. Tolstoi wird eine Beschreibung des Willens bzw. der Freiheit zugeschrieben, die diesem Verständnis gleichkommt: „Das Glück besteht nicht darin, dass du tun kannst, was du willst, sondern darin, dass du immer willst, was du tust“. Die Freiheit (und ihr Glück) liegt also darin, dass man *wirklich* will, was man tut – dass man es mit innerer *Zustimmung* tut.

Glück ist im Wollen, wenn es in emotionaler Resonanz mit der Innenwelt und dem Gewissen steht. Dann ist Wille Ausdruck der Freiheit und gibt der Existenz eine personale Grundlage. Was wiederum zu sehen ist: Der Wille wird durch das Lassen-Können frei! Das ist „existentieller

Willen", nicht „formaler Willen", geleitet durch ein Korsett von Vorgaben. Die existentielle Form des Wollens ist das ständige Spüren der inneren Zustimmung zu dem, was man macht, in innerer Stimmigkeit, mit innerer Resonanz. Wann immer wir etwas tun und dabei ein inneres Ja verspüren, ist es ein Wollen im Lassen, ein freies Wollen. Das Wollen in Gelassenheit ist nicht passiv. Man kann aktiv sein und trotzdem gelassen. Das ist freies Wollen, das man befreiend, erleichternd und stärkend erlebt. Wenn der Wille geboren ist, macht einen das durchsetzungsfähiger, denn Wille ist identisch mit dem Ich.

Das Lassen – der Boden der Freiheit

Wollen und Lassen scheinen Gegensätze zu sein: entweder ich will – oder ich lasse es, pflegt man zu sagen. Bei genauerem Hinsehen erweisen sie sich nicht als Gegensätze, sondern als zusammengehörige Opponenten. Ein Wille, der nicht aus dem Lassen stammt (nicht als „stimmig" gespürt wird – Willensfreiheit) und der nicht wieder lassen kann (Handlungsfreiheit), ist unfrei, ist ein Zwang, ein Müssen und kein „Können" mehr. Verbissenheit ist eben nicht wirklicher Wille, weil die Freiheit abhanden gekommen ist. Aber auch ein *Druck*, den man sich selbst auferlegt, kann als Zwang erlebt werden. Wenn z. B. jemand meint: „Ich muss in diesem Job bestehen! Es darf nicht sein, dass ich dafür nicht geeignet bin!", engt er sein Leben ein. In diesem Feld des Nicht-lassen-Könnens kommt Bedrängnis auf – es wird (vielleicht mehr der Umgebung als einem selbst) deutlich, dass man zu diesem Ziel, das zwar selbst gewählt ist und mit allen Kräften angestrebt wird, mehr in Unfreiheit getrieben ist als in Freiheit von seinem Wert angezogen ist. Denn wenn sich nicht zeigen darf, was ist, wenn es nicht *wahr sein darf*, dass man vielleicht doch nicht dazu befähigt ist, positioniert man sich außerhalb der Realität. Man ist nicht mehr offen für die Wahrheit und verliert die Verbindung mit dem, was gegeben ist – Bezugnahme zur Realität ist eben Voraussetzung für den Willen. Darum entsteht Spannung oder Angst, weil man dabei fühlt: „Auf dieser Basis kann ich nicht wirklich sein." (Angst ist das Gefühl, unter diesen Umständen nicht mehr sein zu können.) Das bewusste Wollen ist dann von einem (unbewussten) Müssen bestimmt.

Warum ist das Lassen-Können so grundlegend für die Freiheit des Willens? Durch das Lassen stößt der Wille zum Sein vor. Freiheit ist nur in der *Wahrheit* möglich und realistisch. Wahrheit wiederum besteht in der Bezugnahme zum *Sein*. Das bedeutet, dass der freie Wille die Beziehung zum Sein zur Voraussetzung hat, damit er als *frei* erlebt werden kann (ohne diesen Bezug zum Sein handelt es sich nicht um Willen, sondern um Beliebigkeit – wie es in der Lüge der Fall ist: man sagt etwas ohne Bezug zur Realität). Aus existentieller Sicht steht am Anfang des Wollens das Lassen. Interessant ist in diesem Zusammenhang die Etymologie des Wortes „lassen": Es kommt vom Germanischen *letan – „kraftlos werden, nicht festhalten". Es wird im Althochdeutschen zu läzan. Unser neuhochdeutsches „lassen" heißt daher eigentlich: „auf eigene Ansprüche verzichten". Das heißt: sich aus dem Spiel lassen mit seinen Zielen und sich dem überlassen, was ist!

Hier zeigt sich wieder eine Paradoxie des Willens: Obwohl der Wille ganz Ich-haft ist (ich bin es, der will), ist der Wille erst frei, wenn man zugleich auf eigene Ansprüche verzichten kann, also wenn sich der Mensch frei lassen kann zu seinem Sein. Freiheit des Wollens bedeutet: *sich dem Sein überlassen können.* Durch das Sein-lassen-Können, d. h. durch das Annehmen dessen, was ist, kommt *Ruhe* in das Leben. Wie mit dem Lassen verhält es sich auch mit der Wahrheit: Wahrheit gibt Ruhe, weil man auf dem ausruhen kann, was ist. Man kann nicht tiefer fallen – man ist gehalten und aufgehoben im Sein. – Leben in Unwahrheit erzeugt hingegen Spannung, Unruhe, Getriebensein. Mit der Unwahrheit kommt unweigerlich die Angst vor der Realität, die jederzeit in die (falsche) Welt einbrechen kann. Das Lassen hingegen ist wie der Bogen für den Pfeil des Wollens. Gelassenes Wollen ist *Vertrauen* in das Sein und Vertrauen in das eigene *Können* bei der Durchführung.

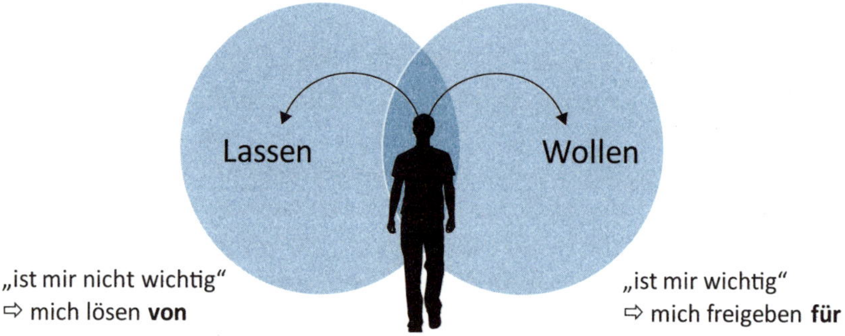

Abb. 52: Das Verflochtensein von Lassen und Wollen

Durch mich soll etwas werden

Lassen ist nicht das Gegenteil von Wollen, sondern vielmehr ein freiwilliger Akt. Das „Lassen-Wollen“ ist eine Entscheidung, in der man sich dem Sein zuwendet. Als „Frei-Sein von“ gibt es dem Wollen einen Raum, durch den dieses an die Realität anknüpfen kann. Lassen ist ein Sich-Freimachen vom Diktat einzelner Strebungen. Dies gibt Raum für das Sich-ereignen-Können, für das Leben, für die Idee, für den Einfall. Lassen begründet damit zugleich das Eigene und nimmt ebenso Bezug auf den Eigenwert des *Anderen*. Es bewahrt das Eigene durch das Sich-Abgrenzen, durch das Nein-Sagen gegenüber dem, was weniger oder keinen Wert für einen hat. Man behält sich, bleibt bei sich, ist sich treu, kommt sich nicht abhanden.

Lassen ist auch annehmen. Wo wir nichts mehr tun können, bleibt nur das Lassen. Dies gilt es zu üben – und es lohnt sich, es gibt Freiheit zurück: Etwa die 80-jährige Tante, die immer zu viel redet und nichts für sich behalten kann – sie *ist* so. Sie will so leben, hat immer so gelebt – es ist gut, wenn wir sie so lassen können (Bezug auf den Eigenwert des anderen).

Im Wollen ist stets eine *Absicht* enthalten: „Durch mich soll etwas werden, soll etwas ins Sein kommen.“ Einer Idee wird Willenskraft verliehen, damit die Realität jene Form bekommt, die der Mensch ihr geben will – damit ein Brot gebacken, ein Baum geschnitten, ein Haus gebaut, ein Gespräch geführt wird. Der Willensakt ist ein Sich-Einsetzen, damit etwas entsteht. Wollen ist ein erzeugendes, produktives Intendieren. Der Wille gibt Input, Anstoß. Hier kommt der andere Aspekt des Willens zum Tragen, das *„frei sein für etwas"*. Durch das Sich-Ausrichten und Anstreben gibt man etwas für die Sache, vermengt sich mit ihr, fügt das Eigene dazu. Man ist auf das Werden ausgerichtet, während man mit den Bedingungen umgeht und mit den Grenzen beschäftigt ist. Der Blick richtet sich auf das Mögliche, das durch den Input aufgrund der Verbindung mit den Kräften Wirklichkeit werden soll. Und durch den Kontakt mit dem Wert nährt und verändert der Willensakt zugleich das Eigene.

Der Bauplan des Willens

Der Wille ist eine dynamische Größe im Menschen, und die Willensentstehung geschieht über einen Prozess, durch den *mehrere innere Fähigkeiten* zusammengeführt werden. Erst durch ihr Zusammentreffen wird der Wille konstituiert und durch die einzelnen Faktoren in spezifischer Weise beeinflusst. Eine einzelne Fähigkeit allein macht noch keinen Willen aus. Zusammenfassend könnte das so formuliert werden:

Das Wollen wird vom *Können* ermöglicht, vom *Gefühl* getragen, vom *Gespür* geleitet und vom *Verstand* bestätigt. Schließlich sind noch externe Einflüsse zu beobachten, sodass zu ergänzen ist: und von der Gesellschaft gezügelt bzw. gebahnt/angeregt.

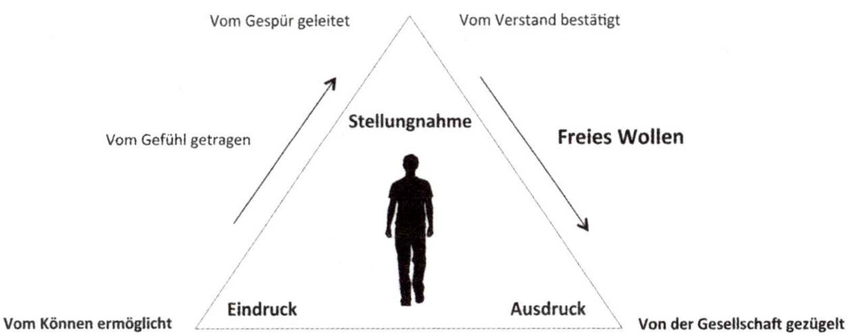

Abb. 53: Verknüpfungen des freien Wollens

Das bedeutet, dass sich der Wille als eine Resultante aus mehreren ihn bedingenden Strukturen und Schritten erweist: Ein Wille ist dann frei und ganzheitlich, wenn er auf das Können, Mögen, Dürfen und Sollen (den situativen Anspruch) abgestimmt ist. Wir können den Willen stärken und darin unterstützen, das zu wollen, was dem Menschen entspricht, wenn wir darauf achten, dass die vier Dimensionen der Existenz integriert sind. Der Wille ist umso hohler, dünner und schwächer, je mehr von den vier Dimensionen fehlen. Tauchen Probleme mit dem Willen auf, stellt sich die Frage, ob alle Elemente enthalten sind. Ein gewisses Defizit kann zwar durch die anderen Dimensionen kompensiert werden. Doch je mehr Kompensation besteht, desto fragiler wird der Wille, oder auch desto rigider und sturer.

Das Wesen des Willens kann somit in einer koordinierenden Kraft gesehen werden, die das anstrebt, was der Mensch gerade tun *kann,* was er gerade *mag* und was Anziehung auf ihn ausübt, was ihm *wichtig ist* im Hinblick auf seinen Selbstwert und seine innere Stimmigkeit und im Hinblick auf die *äußere Stimmigkeit.* Denn jede Dimension kann den Willen einseitig beherrschen.

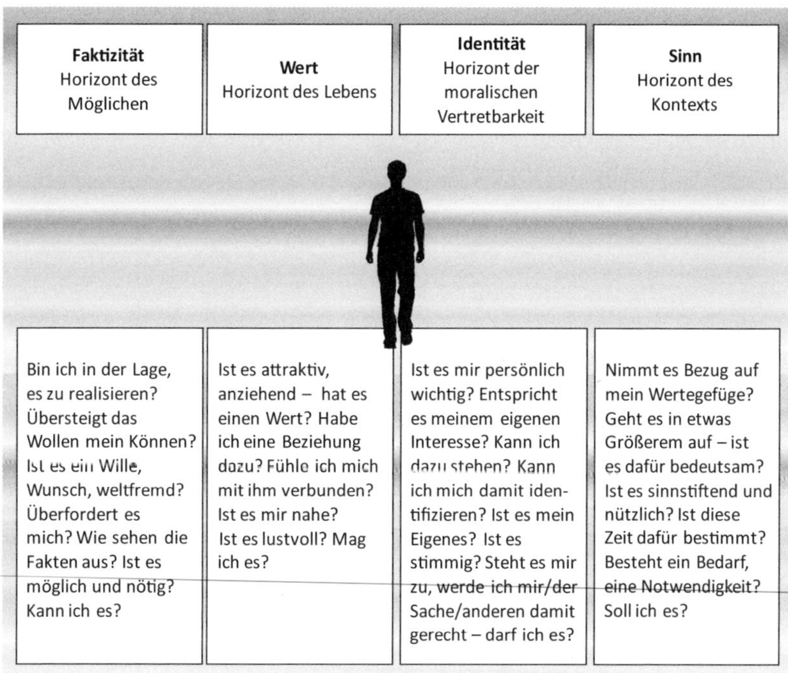

Abb. 54: Vier Filter der Willensklärung

Ein volles, ganzheitliches „ich will" bedeutet also: ich kann, ich mag, ich darf und ich soll. Das sind die Elemente, aus denen der freie und ganzheitliche Wille besteht.

Der Wille ist ein Prozess

Der Wille ist ein Prozess – doch womit beginnt er, wenn ich z. B. einen Spaziergang machen will, ein Buch lesen oder essen will?

1. *Das In-Bewegung-Kommen durch ein Angesprochen-Sein:* Etwas spricht mich an, erfasst mich, erreicht mich, bewegt mich – ein Mangel, ein Interesse oder ein Wert. Das bedeutet, dass jedem Wollen ein Berührt-Sein durch einen Wert vorangeht.
2. *Entscheidungsfindung (Wahl):* Was mich anspricht, wächst in mir, mobilisiert Kräfte. Durch das Hinfühlen wird klarer, worum es geht, oder aber es flaut ab und verschwindet. In diesem Abwägen wird die Wichtigkeit dessen, ob ich etwas tue oder nicht tue, in ein Verlust- und Gewinn-Verhältnis gesetzt. Wenn die Wichtigkeit nach dem Abwägen bleibt, drängt es mich zu einem Wollen. In diesem Schritt nehmen wir meistens die Rationalität und die Vernunft zu Hilfe: Logik, Bedenken, Konsequenzen beschäftigen mich. Welchen Weg gibt es? Ist er realistisch? Kann ich das tun? Erst auf dieser Basis kommt es zu einer Entscheidung. „Spreu wird vom Weizen getrennt", es erfolgt eine Wahl zwischen dem Wichtigen und Unwichtigen, dem Vorziehen des einen Wertes und Zurückstellen der anderen Werte und Möglichkeiten.
3. *Entschluss:* Oft – besonders bei wichtigen Entscheidungen – findet zuerst nochmals ein Überprüfen zur Sicherheit statt: Kann ich das? Geht es? Gibt es einen Weg, es zu tun? Wie realistisch ist es? Ein Überschlafen, Überdenken: will ich es wirklich angehen und tun?

   Im Entschluss geht es um die Zustimmung. Dafür muss ich mich aktivieren. Dann geht es an das „Ja", an den einen Ruck, den ich mir gebe; den *es mir* gibt. Der Ent-Schluss ist wie ein Ent-riegeln: Ich überlasse mich dem, was da in mir aufgekommen ist; ich *ergebe* mich dem, was in mir gewachsen ist, und gebe mich frei dafür. Dieser *„Ruck" ist das Aufgeben der Kontrolle* – „na gut, wenn es so in mir ist, dann lass ich es geschehen, dann stelle ich mich auf diese Seite und lasse mich darauf ein". Oder anders formuliert: Der Entschluss ist die Einwilligung, das innere Ja, die Zustimmung zum ausgewählten Wert. Damit gebe ich die Kraft frei, das Wollen erhält seine Dynamik. Die intensivste, reinste Form, wie der Wille erlebt werden kann, besteht aus dem Ja, das aus der Stimmigkeit heraus gesprochen wird: Wenn die innere Zustimmung gegeben ist.

4. *Handeln.* Der Wille kann nun so seine ureigenste Funktion erfüllen und den Auftrag zum Handeln geben.

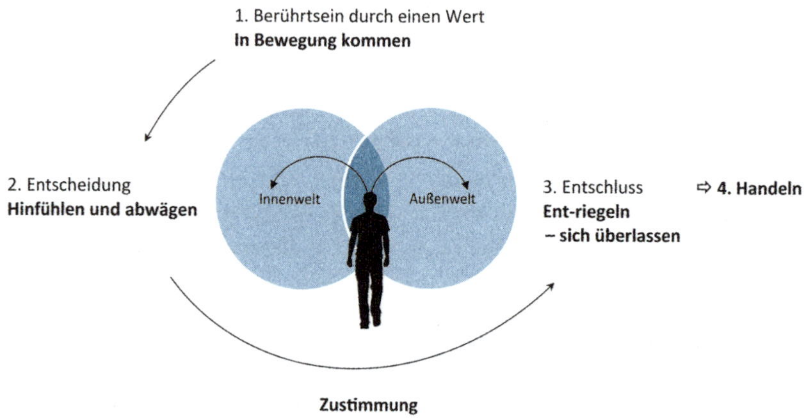

Abb. 55: Prozess der Willensbildung: Wie kommt es zum Entschluss, mich auf einen gewählten Wert einzulassen?

All das bestimmt den Willen nicht, legt ihn nicht fest, sondern beeinflusst nur die Willensbildung. Letzlich bleibt der Wille inmitten all dieser Einflüsse frei, ein Geheimnis, eine Lichtung aus der Tiefe des Daseins. Dieses Ja ist die Freiheit. Eine andere Freiheit haben wir nicht. Aber dass es überhaupt zu einem inneren Ja kommen kann, ist wie ein Wunder: Dass ich einwilligen kann, d. h. mich aus inneren Stücken in die Welt geben kann. Wille ist das, wobei ich sagen kann: „Das bin *ich* derzeit und unter diesen Umständen". Aus diesem Hintergrund heraus kommt es zum Entschluss. Die Entscheidung und der Entschluss beziehen sich also nicht auf die Ideale, sondern auf das jetzt *Machbare*. Durch den Entschluss bin ich handlungsbereit und habe Kraft zur Verfügung, dass ich etwas aktiv bewirken kann. Das Wollen will auf die Welt kommen – ich gebäre mich gleichsam in die Situation. Vom „das will ich" geht es über in „das mache ich". Dieser Punkt führt über zum Handeln, dem Ausführen eines Entschlusses. Im Handeln kommt das zum Ausdruck, wofür ich stehe und wofür ich mich entschieden habe. Das Handeln ist also bestimmt durch den Willen. Handeln ist frei und hat einen Grund, der gewollt ist. Daher bin ich verantwortlich für meine Handlungen. Sie sind die Folgen eines Willensaktes und unterscheiden sich darin von Reflexen oder Reaktionen, die ein Verhalten sind *ohne Wollen.*

Handeln	Reagieren
Berührt von einem Wert	Stimuliert von einem Auslöser, einer Ursache
Persönlich, situativ	Allgemein, stereotyp
Gewollt, absichtlich, geplant	automatisch
Weil es aus freien Stücken kommt, bin ich dafür verantwortlich	Weil der Reaktion keine Entschiedenheit zugrunde liegt, bin ich nur haftbar

Tab. 15: Handeln und Reagieren im Vergleich

Fassen wir zusammen: Der Wille bezieht sich immer auf einen Wert. Darum kann der Wille als ein *„Ja zum Wert"* definiert werden. Der Wille „will" also immer einen Wert, d. h. wenn ich will, will ich etwas Wertvolles. Ich kann nichts anderes wollen. Das Wollen will immer etwas, das in subjektiver Sicht in dem Moment, in dem ich den Entschluss fasse, als gut erscheint; ich kann gar nichts wollen, was nicht zumindest in dem Moment gut *erscheint.* Jedes „ich will" hat also ein „weil"; es gibt kein grundloses Wollen. Dieser Grund trägt, bewegt mich. Aus dem Gesagten ist klar, was der Grund eines Wollens, einer Motivation ist – es ist der Wert, der mich angesprochen hat, für den ich mich entschieden habe, um ihn geht es im Wollen. Wenn jemand sagt „ich will", kann ich immer fragen „warum?". Besteht kein Grund, ist es kein Wollen. Es kann allerdings sein, dass man den Grund noch nicht formulieren kann, ihn aber durchaus spürt.

Wir sehen also: Zu dem, was Person ist, gehören unterschiedliche Themen. Sie zu kennen und im Zusammenhang zu sehen ist für das Verständnis der Person wichtig, und es wirft auch ein Licht auf die Wirkung des Prozess-Modells; es wird verständlicher, was wiederum die Arbeit mit ihm erleichtert. Denn um zu einem inneren Ja, zu einer Zustimmung zu gelangen, bedarf es der Integration aller Elemente. Ihr Wesen, ihre Funktion und wie der Coach sie mobilisieren kann, wird hier mit einer Praxissituation illustriert.

Praxissituation

Seit 2 Monaten ist ein Coachee in der Beratung, weil sie sich beruflich verändern will. Der Grund dafür sind Spannungen und Konflikte am Arbeitsplatz, in die die Frau zwar nicht direkt involviert ist, denn es sei mehr „ein kulturelles Problem“, wie sie es nennt. Unter den Kolleinnen herrscht ein großer Konkurrenzkampf, der Druck nimmt stetig zu und jeder Versuch, mit dem Chef über das Klima zu sprechen, läuft ins Leere. Der Chef selbst gebe einfach die Anweisungen weiter, kümmere sich aber überhaupt nicht darum, wie der Workload verteilt werden kann, und wenn am Ende die Zahlen nicht stimmen, sei jeder „sich selbst der Nächste“. Obwohl dem Coachee die Arbeit an sich Spaß macht, stellen diese Bedingungen zunehmend eine Belastung dar, sodass sie bereits begonnen hat, sich auf Stellenangebote außerhalb der Firma zu bewerben. In dieser Stunde berichtet sie von ihren Erfahrungen. Bereits zweimal sei sie zu einem Vorstellungsgespräch eingeladen worden, habe sich aber nicht „gut verkaufen“ können. Im Hinterkopf war immer die leise Stimme, die sagte: Du willst ja gar nicht wechseln, aber du musst, weil es so am alten Arbeitsplatz nicht weitergeht. Zeitweise habe sie sich fast wie eine Bittstellerin erlebt, die sich aufgrund von äußeren Umständen etwas suchen muss. Dass sie mit dieser Haltung in einem Bewerbungsgespräch nicht sehr kraftvoll wirke, sei ihr sonnenklar. Im Kopf sei ihr auch klar, dass sie etwas anderes suchen will, aber dieses „weg vom Alten“ sei eben schon nicht sehr überzeugend für einen neuen Arbeitgeber. Im Coaching will sie ihre Motivation, die Stelle zu wechseln, nochmals prüfen und auch sehen, wie sie mehr in die Haltung „hin zu etwas Neuem“ kommen kann.

Um die Situation gemeinsam zu erhellen, begleitet der Coach das Gespräch unter der Perspektive des Willensbildungs-Prozesses:

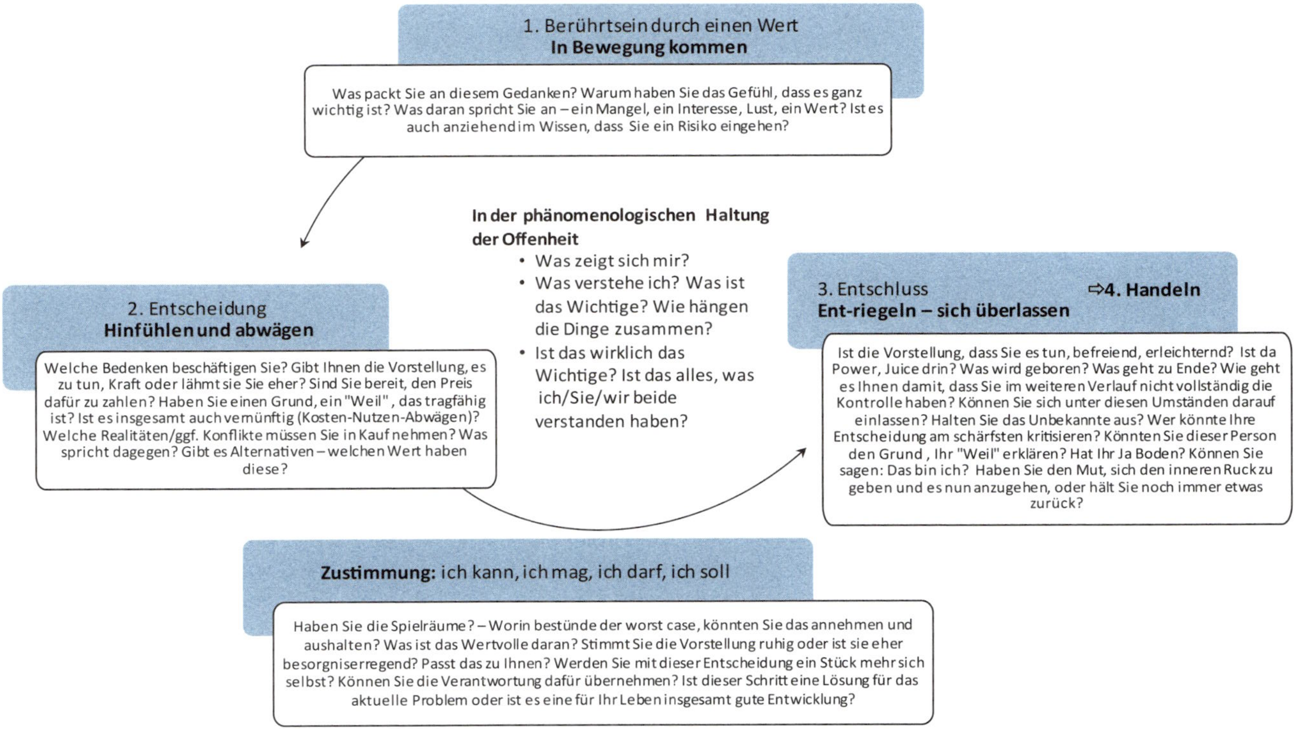

Abb. 56: Den Willensbildungs-Prozess begleiten

7. Methoden

Die Person entfalten

In Kapitel 4 wurden die einzelnen Schritte des Prozess-Modells detailliert vorgestellt, weil es das methodische Herzstück des Existentiellen Coachings darstellt. Mit ihm kann der Coachee Mittel und Wege erkennen und einüben, um das Persönliche in den Alltagsbezügen besser leben zu können. Ausgangspunkt ist immer eine konkrete Situation, in der es etwas praktisch zu bewältigen gibt.

Mit dem Prozess-Modell aktiviert der Coach die personalen Ressourcen des Coachee: Er begleitet die Person des Coachee mit Fragen nach *Eindruck – Stellungnahme – Ausdruck* und bereitet damit der Person den Weg, um mit dem Faktischen und Welthaften *umgehen* und darin das *Persönliche entfalten* zu können.

Persönliches braucht aber das Antreffen seiner selbst (eine Begegnung mit sich selbst) und den inneren Dialog mit sich selbst. Unpersönlich ist ein Dialog, wenn der Coachee nur über Dinge oder über andere (die nicht anwesend sind) spricht und so die direkte Begegnung mit dem Gesprächspartner vermeidet. Er bleibt bei allgemeinen Themen wie dem Wetter, ohne darauf einzugehen, *wie es ihm damit geht.* Das ist Austausch reiner Sachlichkeit oder vielleicht objektiver Information, aber nicht Sprechen über das Persönliche, das sich darin zeigt, wie man mit den Dingen in Beziehung steht, wie man darin lebt, wie man sie er-lebt.

Persönlich hingegen wird es, wenn der Coachee offen ist und zeigt, was ihm an einer Sache wichtig ist, was ihn berührt, was ihn bewegt, und wenn sichtbar wird, was ihn trifft und beschäftigt („Wie ist das für Sie?"). Erst wenn der Dialog auf der Ebene der Beweggründe und der Stellungnahme („Was halten Sie davon?") stattfindet und sich der Coachee darauf einlässt, wird es persönlich.

Das Prozess-Modell mobilisiert dieses Sich-darauf-Einlassen und das Umgehen-Können (Eindruck – Stellungnahme – Ausdruck). Denn erst damit vollzieht der Mensch sein Personsein. Wenn die Person das tut, wird sie sich selbst.

Das Wichtigste in Kürze

Zur Wiederholung nochmals die wichtigsten Schritte der Vorgangsweise in der Praxis (Frageweise anhand des Beispiels: Jemand ärgert sich über ein Verhalten seines Kollegen):

1. *Eindruck:* Was für Gefühle bekommen Sie dazu? Was ist das, was Sie da ärgert? Warum ärgert Sie das eigentlich?
2. *Stellungnahme:* Verstehen Sie, dass Sie das so ärgert – und verstehen Sie, warum der andere sich so verhält? Was halten Sie davon – davon, was er tut und wie Sie reagieren? Was finden Sie richtig? Wie könnten Sie damit umgehen? Was wollen Sie tun?
3. *Ausdruck:* Was könnten Sie konkret tun und wie können Sie das am besten realisieren? Mit welchen Mitteln (wie) können Sie es umsetzen? Wann?

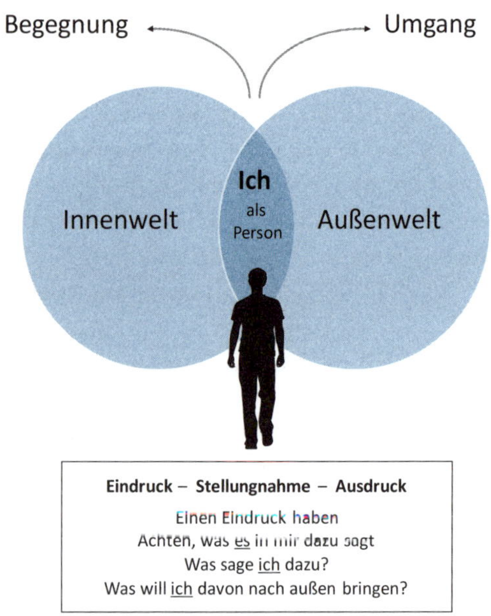

Abb. 57: Verarbeitungsdynamik der Person, Grundlage für Begegnung und Dialog

Person ist also die innere Resonanz, die sich zu den Dingen einstellt und etwas ganz Eigenes, Genuines in die Welt bringt. Der Umgang geht über die drei Schritte *Eindruck – Stellungnahme – Ausdruck* und mobilisiert das Ich im Coachee. Die Person ist eine Potenz, die nicht festgeschrieben werden kann, sondern eine Fähigkeit, mit dem Gegebenen einen Umgang zu finden, der aus der personalen, unbewussten Tiefe (oder Höhe der Eingebung) schöpft. Das Prozess-Modell ist also prozesshaft-persönlichkeitsbildend.

In Ergänzung zum prozesshaft-persönlichkeitsbildenden Begleiten gibt es eine Reihe von Methoden, die auf spezielle Aufgaben oder Themen des Coachee eingehen. Sie können eingesetzt werden, wenn das freie Fließen an bestimmten Stellen eingeschränkt ist und es darum geht, die Grundfähigkeiten der Person gezielt zu mobilisieren. Dazu gehören:

- *Die Personale Positionsfindung (PP):* Kommt zum Einsatz, wenn Annahmen, Wunschhaltungen oder Vorstellungen den Coachee passivieren, weil es ihm an dialogischer Offenheit zur Realität fehlt und er sich von Fantasien und Annahmen nicht lösen kann. Mit der PP können Gefühlszustände (z. B. Ängste, selbstabwertende Gefühle usw.) geklärt und das herausgearbeitet werden, was für den Coachee wesentlich ist.
- *Die Methode zur Einstellungsänderung (EÄ)*: Kommt zum Einsatz, wenn sich der Coachee durch Vorentscheidungen in seinem Horizont einschränkt und dadurch eine Schwierigkeit oder ein Problem oft erst erzeugt oder aufrechterhält. Die Methode der EÄ unterstützt den Coachee in der Klärung und Entwicklung von Einstellungen sowie im Prüfen seiner Wertehierarchie.
- *Die Willensstärkungsmethode (WSM)*: Wenn es dem Coachee an Entschiedenheit und Durchhaltekraft fehlt und er sich mit Ausweich- und Vermeidungsverhalten selbst behindert, ist die WSM angezeigt. Sie unterstützt die Fähigkeit zur Entscheidungsfindung beim Coachee.
- *Die Sinnerfassungsmethode (SEM)*: Wenn der Sinnfindungsprozess blockiert ist, weil der Coachee in der Auseinandersetzung mit den existentiellen Dimensionen (Können – Mögen – Dürfen – Sollen) eingeengt ist, kann die SEM helfen, über vier Schritte zur Sinnfindung zu kommen.

Die Personale Positionsfindung (PP)

Die Personale Positionsfindung (PP)[3] ist eine Methode in drei Schritten (PP1–3) zur Entwicklung einer tragfähigen emotionalen Grundlage für authentische Entscheidungen.

Anwendung: Generalisierende Annahmen und Beliefs; situationsfremde Gefühle; bei der vertieften Arbeit an der personalen Fähigkeit der Selbst-Distanzierung; durchbricht Einengungen aus einer verfehlten Einschätzung und Verstrickung in die Situation; Opferdenken; entflechtet gefühlsmäßiges Verhaftet-Sein im Eindruck.

Schritt/Richtung	Worum geht es?	Kernfrage	Folge	Weiter zu
PP1: Position nach außen	***„fest-stellen“***, was real der Fall ist	Woran sehen Sie das? Was kann real passieren?	▪ Anbindung an die Realität ▪ Sachlichkeit ▪ Abgrenzung und Schutz der realen Welt gegenüber ▪ Klarheit schaffen	PP2, wenn die Generalisierung durchbrochen ist
PP2: Position nach innen	***„sich ein-stellen“*** auf die eigenen Kräfte und Selbst-Distanzierung von eigenen Ansprüchen	Könnten Sie das Negative *einmal* aushalten? Wären Sie bereit dazu?	▪ Einschätzung der eigenen Kräfte, Fähigkeiten und des inneren Halts ▪ Angemessene Distanz zu den eigenen Ansprüchen, Entscheidung provozieren ▪ Revision der Haltung und Loslassen	PP3, wenn Anspruch erkannt ist und wenn der worst case einmal auszuhalten wäre (lassen)
PP3: Position zum Positiven	***„sich dazu-stellen“*** zum Wert, um den es eigentlich geht	Worum geht es eigentlich? Was ist das Wichtige?	▪ Pos. Ziele und Inhalte (Werte) anpeilen ▪ „Was tatsächlich zählt“ (Sinn), ursprüngliche Motivation, mit der der Coachee in die Situation ging	Maßnahmenplan, wenn das „Einstehen für den eigenen Wert“ stabil ist

Tab. 16: Die personale Positionsfindung im Überblick

3 Angaben zur Erstpublikation der Personalen Positionsfindung: Längle A (1994) Personale Positionsfindung. In: Bulletin der GLE 11, 3, 6–21; Längle A (1997) Die personale Positionsfindung (PP) in der Angsttherapie. In: Hofmann P, Lux M., Probst Ch, Steinbauer M, Taucher J, Zapotoczky H-G (Hrsg.). Klinische Psychotherapie. Wien/New York: Springer,

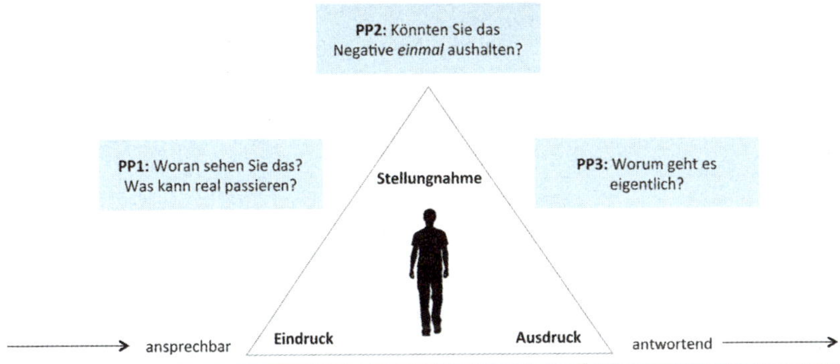

Abb. 58: Die drei Schritte der personalen Positionsfindung

Vertiefung der Methode

Betrachten wir die Methode vertieft anhand einer Praxissituation.

Im Coaching gibt es oft Situationen, in denen der Coachee entmutigt und von Gefühlen belastet ist, die in der Kognition enden: „Ich mache alles falsch", „Alle anderen sind besser als ich" oder „Das kann ich nicht, ich werde sicher wieder versagen".

PP1 – die Position nach außen: Der Generalisierung entgegentreten

Hier ist es wichtig, dass der Coach den Coachee in eine phänomenologische Offenheit bringt, indem er ihm die konkrete Situation vor Augen führt und ihn fragt:

✓ *Stimmt es wirklich, dass Sie alles falsch machen? Woran sehen Sie das? Was haben Sie konkret falsch gemacht in den letzten Tagen? Wer sagt, dass es falsch ist? Finden Sie auch selbst, dass es falsch war, was Sie gemacht haben? Glauben Sie, dass Sie in diesem Fall/in dieser konkreten Situation jetzt dabei sind, etwas Falsches zu machen?*

Wenn das real der Fall wäre, wäre daran zu arbeiten, wie es besser ginge. Oft zeigt sich nichts konkret Falsches, manchmal jedoch schon. Es soll ein realistisches und kein fantasiertes Bild entstehen. In beiden Fällen wird es nur festgestellt, und der Coach geht zu PP2 über.

284–297; Längle A (2008) Existenzanalyse. In: Längle A, Holzhey-Kunz A Existenzanalyse und Daseinsanalyse. Wien: UTB (Facultas).

PP1: die Position nach außen	Die Hintergründe
Ziel	▌ Realitätsprüfung („fest“-stellen) ▌ Infragestellen des scheinbar Gewussten ▌ Aus-ein-ander-Setzung (Erleben weglenken vom Vorgestellten hin auf die Sachlage)
Vorgehen	Was ist real passiert? Woran können Sie das sehen? Stimmt das auch? Was daran stimmt? Was kann realistischerweise passieren? Was stimmt daran? Woher nehmen Sie die Sicherheit, dass es *so* ist?
Was bei PP1 passiert	▌ Hinwendung zur Welt (Können) ▌ Was ist wahrgenommene Wirklichkeit und was ist interpretierte Wirklichkeit? ▌ Führt den Coachee zu jener Realität, die belastend ist
Folge von PP1	▌ Halt/Schutz und Entlastung durch die Erkenntnis: Wenn die Realität tatsächlich so belastend/gefährlich ist, muss ich nicht handeln. ▌ Offenheit der Situation: Es muss nicht eintreten, was ich befürchte. ▌ Offenheit der Person: Es ist möglich, dass ich mich auch ganz anders erleben kann in dieser Situation.

Tab. 17: PP1 im Detail

PP2 – die Position nach innen: Den Anspruch erkennen und den worst case einmal zulassen können (aushalten und annehmen)
Es ist meist nicht zu erwarten, dass nach dem Positionsbezug nach außen die belastenden Gefühle verschwunden sind. Doch im gelungenen Fall setzt nach PP1 vielleicht ein Verwundert-Sein darüber ein, dass doch nicht alle Beispiele klar auf ein Versagen, auf ein Nicht-Können oder auf ein Falsch-Machen hinweisen. Die bedrängenden Gefühle halten aber oft an. Darum ist das wichtigste Element in PP2, diese Gefühle anzunehmen, sie belassen zu können statt sie zu bekämpfen und loswerden zu wollen. Es geht also darum zu prüfen, ob noch eine einzige Situation neben diesen Gefühlen ausgehalten werden kann, wie weit sie erträglich sind und wie viel innere Kraft gegen sie vorhanden ist. So sind denn die typischen Fragen:

✓ *Haben Sie den Anspruch, dass Sie immer alles richtig machen? Ist es Ihnen möglich, diese Tätigkeit einmal noch durchzuführen, auch wenn dabei dieses Gefühl anhält? Was verlieren Sie dabei, wenn Sie diese konkrete Aufgabe so angehen, wie Sie es sich überlegt haben und Ihnen dieses alte, bekannte Gefühl erhalten bleibt?*

Auch hier ist der springende Punkt die Probe aufs Exempel:

✓ *Und wenn es dieses eine Mal tatsächlich schief ginge, würde das in der langen Reihe Ihrer Enttäuschungen sehr ins Gewicht fallen? Könnten Sie dieses eine Versagen aushalten, oder würden Sie dann verzweifeln?*

Bei dem Gefühl, dass alle anderen besser seien als man selbst, könnten folgende Fragen gestellt werden:

✓ *Wenn das wirklich so wäre, dass alle anderen besser sind als Sie, was hätte das für eine Bedeutung für Sie? Brauchen Sie dies für heute, dass Sie bei dieser Aufgabe der Beste sind? Oder könnten Sie für dieses eine Mal auf diesen Anspruch verzichten? Was würde Ihnen konkret verloren gehen, wenn in diesem Fall andere besser wären als Sie? Ist Ihnen das (z. B. die Wertschätzung für die Leistung) wirklich so wichtig, wie Sie spontan angenommen haben? Können Sie es schaffen, für einmal etwas zu tun, ohne der Beste sein zu wollen – ohne Erwartungen an die anderen?*

PP2: die Position nach innen	**Die Hintergründe**
Ziel	▪ Position zu den eigenen Ansprüchen, Erwartungen, Annahmen ▪ „sich ein-stellen“ auf die eigenen Kräfte/Fähigkeiten und sie einschätzen ▪ Selbst-Distanzierung von den eigenen Ansprüchen
Vorgehen	Könnten Sie das erwartete Negative (noch) einmal aushalten? Könnten Sie heute darauf verzichten? Könnten Sie dieses eine Mal annehmen, dass …? Ist es wirklich so wichtig, dass es auch dieses eine Mal so sein muss, wie Sie es erwarten? Könnten Sie dieses eine Mal auch aushalten, dass es anders kommt? Wenn die Realität so wäre (so wie in der negativen Erstbeschreibung PP1), was würde Ihnen heute dadurch verloren gehen? Wären Sie bereit, das Befürchtete dieses eine Mal noch zu ertragen – diesmal freiwillig, sodass Sie es von vornherein als Möglichkeit zulassen und gar nicht bekämpfen?

PP2: die Position nach innen	Die Hintergründe
Was bei PP2 passiert	▪ Hinwendung zu Werten (mögen) ▪ Auseinandersetzung mit eigenen Ansprüchen und Erwartungen ▪ Eigene Wertvorstellungen werden in Frage gestellt ▪ Einschätzung der eigenen Kräfte, die Situation emotional aushalten und durchstehen zu können
Folge von PP2	▪ Entkoppelung von konkreter Situation und generellen Ansprüchen („Es darf nie passieren" vs. „Es darf schon einmal passieren, wenn auch nicht immer": Man schlägt sich auf die Seite des Sinn- und Wertvollen). Schritt von 0 auf 1: „Ich stelle mich einmal freiwillig nicht dagegen, sondern gebe frei, was passiert" ▪ Mobilisierung oppositioneller Kräfte des Geistes („Zumindest einmal will ich es versuchen") ▪ Innere Freiheit zu einer situationsbezogenen Einstellung: „Ja, dieses Mal brauche ich das nicht und wie wichtig es zukünftig ist, lasse ich vorerst noch offen"

Tab. 18: PP2 im Detail

PP3 – die Position zum Positiven: Das Wertvolle/Sinnvolle anpeilen

Wenn es gelungen ist, mit PP1 ein In-Frage-Stellen der Generalisierungen und Überzeugungen und im zweiten Schritt das Lassen-Können der Person zu mobilisieren, das heißt, wenn es dem Coachee möglich ist, die In-Frage-Stellung anzunehmen und sich von seinen emotionellen Selbstansprüchen etwas zu distanzieren, dann geht es bei PP3 um ein Sich-Einsetzen für die eigentliche Motivation. Es bedeutet, sich zu den persönlichen Werten „dazuzustellen": Man schlägt sich auf die Seite des Sinn- und Wertvollen.

Wir folgen dem vorigen Beispiel weiter, in dem jemand das Gefühl hat, alles falsch zu machen: Durch PP1 ist der Coachee unsicher geworden, ob diese Annahme und dieses Gefühl generelle Gültigkeit hat. Nach PP2 ist klar, dass er in der konkreten Aufgabe einen einmaligen Fehler in dieser Angelegenheit riskieren kann. Nun geht es um die folgenden Fragen:

✓ *Was liegt Ihnen an dieser Aufgabe? Worum geht es Ihnen da? Was ist da so wichtig? Geht es Ihnen darum, etwas zu tun/etwas zu erleben? Oder geht es Ihnen eigentlich darum, keinen Fehler gemacht zu haben, nichts falsch zu machen? Ist Ihnen das Formale wichtiger als das Inhaltliche?*

Fragen wir uns nochmals, was Sie ursprünglich dazu bewogen hat, diese Sache anzugehen.

PP3: die Position zum Positiven	Die Hintergründe
Ziel	„Sich dazu-stellen" zum Wert, um den es einem in der Situation geht
Vorgehen	Was ist Ihnen in dieser Situation wichtig? Warum können Sie es nicht problemlos lassen? Was wollen Sie? Worum geht es Ihnen hier eigentlich? Was zieht Sie an? Was ginge verloren, wenn Sie es nicht täten?
Was bei PP3 passiert	Hinwendung zum Eigenen (dürfen) und zum Wertvollen in der Situation (sollen) Die Person kann sich auf die ursprünglichen Beweggründe beziehen (authentische Motivation)
Folge von PP3	Authentisch bleiben (Hinwendung zum motivierenden Wert für den Coachee in dieser Situation) „Ja" sagen zu dem, was da ist und was die Situation bietet (Sinn ist die wertvollste Möglichkeit in der jeweiligen Situation) Das Gefühl, die Situation lässt sich angehen Sich treu bleiben auch bei widrigen Umständen

Tab. 19: PP3 im Detail

Bei dieser Methode ist es wichtig, dass das anvisierte Ziel auch wirklich dem Willen des Coachee entspricht und er und nicht aus einem äußeren Druck heraus an den „störenden" Gefühlen arbeitet (siehe die Psyche als Ko-Rektor in Kapitel 2). Als Beispiel sei ein Mitarbeiter erwähnt, der Angst vor der Durchführung einer Firmenpräsentation hat. Sein Chef verlangt dies von ihm, er fühlt sich der Aufgabe aber nicht gewachsen. Vom Ausgang dieser Präsentation könnte seine berufliche Zukunft abhängen und er fürchtet eine Zurückstellung bzw. sogar eine Kündigung.

Hier geht es nicht primär um die Bewältigung der Selbstunsicherheit in der Situation. Die PP ist dafür vielleicht sogar hinderlich und sollte nicht eingesetzt werden, aus dem einfachen Grund, dass der Coachee diese Firmenpräsentation gar nicht machen wollte. Das Problem ist nicht eigentlich die Bewältigung der Firmenpräsentation. Das Belastende war die Befürchtung der Entlassung. Der Einsatz der PP sollte für diesen Situationskontext nur herangezogen werden, wenn es hier z. B. um ein Gespräch mit dem Chef ginge.

Die PP bei unterschiedlichen Gefühlszuständen

Versagensängste („Ich habe Angst, bei Gesprächen mit dem Kunden zu versagen.") oder *pessimistische Gefühle* („Wenn ich die Beförderung nicht schaffe, hat alles keinen Wert/Sinn mehr") sind häufige Gefühlszustände im Coaching. Die Anwendung der PP bei ängstlichen und pessimistischen (depressiven) Gefühlen folgt grundsätzlich den gleichen Schritten, hat jedoch unterschiedliche Gewichtungen und Themen, die sich unter Umständen in den Vordergrund des Gesprächs schieben. Um hier Klarheit behalten zu können, kann es hilfreich sein, die typischen Thematiken nebeneinander zu stellen und zu vergleichen:

Ängstliche Gefühle (z. B.: Ich habe Angst, bei Gesprächen mit dem Kunden zu versagen)	**Schritte**	**Pessimistische (depressive) Gefühle** (z. B.: Wenn ich die Beförderung nicht schaffe, hat alles keinen Wert/Sinn mehr)
Thema: Gefahr *Aufgabe:* Woran sehe ich, dass ich bei Kunden leicht versage?	**PP1 (Position nach außen):** Beziehungsaufnahme mit der Realität	*Thema:* Verlust *Aufgabe:* Vorstellungen durchbrechen (Woran sehe ich, dass es möglich ist, dass ich die Beförderung nicht schaffen werde?)
	„Gesiebte Wirklichkeit" Trennung (Trennung von Realität und Möglichkeit/Vorstellung)	
Fixierende Einstellung: Was auf keinen Fall sein darf, damit es gut ist *Thema:* Freiheit *Aufgabe:* Spielraum aufgreifen – ich habe die Möglichkeit und den Mut, es einmal anders zu machen (Ich kann das auch anderswo bekommen, bin nicht auf diese Situation angewiesen)	**PP2 (Position nach innen):** Aufgabe der Verabsolutierungen (Ansprüche)	*Fixierende Einstellung:* Was auf jeden Fall sein muss, damit es gut ist *Thema:* Werte *Aufgabe:* Verlust aushalten – ich habe die Kraft, es einmal anders zu versuchen (Es ist nicht alles verloren, wenn es schiefgeht; es gibt noch andere Werte)
	situationsangemessene Einstellung	
Aufgeben des Verbannens dessen, was nicht sein darf, und Hinwendung zu dem, was da ist und was die Situation bieten kann	**PP3 (Position zum Positiven):** Hinwendung zum motivierenden Wert	Aufgeben des Vergleichens mit anderen oder Normen (Es geht nicht um Versagen oder Bessersein) und Hinwendung zu dem, was da ist und was die Situation bieten kann
	Offenheit für den Eigenwert der Situation	

Tab. 20: Die thematische Gewichtung der PP bei ängstlichen und pessimistischen Inhalten

Methode zur Einstellungsänderung (EÄ)

Die Methode zur Einstellungsänderung (EÄ)[4] ist ein Vorgehen zur Einstellungsänderung über eine Prüfung der Wertehierarchie. Sie ermöglicht es, dass der Coachee zu ursprünglichen Einstellungen auf Distanz kommen kann und durch diese Horizonterweiterung frei für die aktuelle Situation wird.

Anwendung: Einengende Einstellungen, die nicht mit der Situation abgestimmt sind, sondern aus Vorentscheidungen stammen; fehlende Offenheit für die Situation/Anfrage; übernommene und unreflektierte Meinungen; Vorstellungen, die Handlungsblockaden bewirken; zur Entflechtung von Wertehaltungen und unverarbeiteten Erfahrungen.

Meinung: Eine Meinung ist ein *persönliches Urteil* über einen Sachverhalt, in welchem das aktuelle Ergebnis der Reflexion der Person enthalten ist und das ihre derzeitige Position zum Sachverhalt beschreibt. Meinungen sind relativ *instabil* und Veränderungen unterworfen. Man „meint" ja nur, man identifiziert sich nicht voll damit, sondern ist sich sozusagen des Suchens (des Prozesses) bewusst. Man spricht auch vom Meinungsbildungsprozess, bei dem verschiedene provisorische Denkergebnisse gesammelt und geprüft werden.

Einstellung: Einstellungen sind Vorwegnahmen, *wie man mit etwas umgeht.* Indem man sein Verhalten antizipiert (z. B.: Wenn ein älterer Mensch in die Straßenbahn einsteigt, überlasse ich ihm meinen Sitzplatz, wenn sonst keiner frei ist), verfügt man über eine Handlungsanleitung, die einen startbereit macht für die Handlung. Tritt der Fall dann tatsächlich ein, muss nicht jedes Mal neu überlegt werden.

Viele Probleme werden deswegen schwerer, weil die *Einstellung* zu ihnen sie schwerer macht, bzw. sie entstehen durch *problemerhaltende* Einstellungen. In solchen Situationen stammt das Handeln aus einer Vorentscheidung, die nicht abgestimmt ist mit der aktuellen Situation. Damit geht dem Coachee die Offenheit für die Situation und den existentiellen Sinn verloren.

4 Zur Erstpublikation der Methode zur Einstellungsänderung siehe Längle A (2000a) In: Stumm G, Pritz A (Hrsg) Wörterbuch zur Psychotherapie. Wien: Springer; Längle A (2008) Existenzanalyse. In: Längle A, Holzhey-Kunz A: Existenzanalyse und Daseinsanalyse. Wien: UTB (Facultas), 157f.

Vier Schritte zur Horizonterweiterung

Im Coaching besteht die Einstellungsänderung oft nur darin, zu einer neuen Offenheit zu kommen (z. B. „Wenn ich diesen Job verliere, dann wäre das kein Leben mehr“). Die vier Schritte können anhand der vier Dimensionen des Struktur-Modells eingeordnet werden:

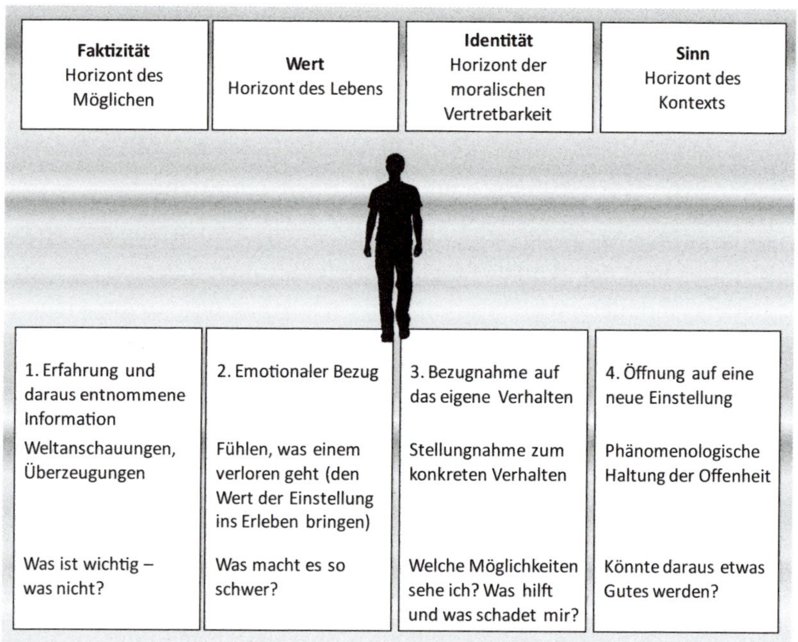

Abb. 59: Die Methode der EÄ im Überblick

1. Bewusstmachen der Einstellung und Feststellen der Gültigkeit

Einstellung formulieren

Die erkannte Einstellung (evtl. gemeinsam) klar formulieren, um sie greifbar zu machen (z. B. „Da haben Sie eine ganz konkrete Einstellung zum Leben, nämlich dass das Leben nur unter der Bedingung des Erfolgs lebenswert ist“).

„Vor Augen führen“	Durch die Zusammenfassung dessen, was als Einstellung verstanden wurde, kann der Coachee einmal die Einstellung hören, mit der er lebt. *Sind Sie wirklich davon überzeugt, wenn Sie das so hören?*
Lebensbezüge verstehen	Vertiefen und Verstehen: *Wie kommen Sie zu dieser Einstellung? Welche Erfahrungen und Überzeugungen stehen dahinter? Welche Weltanschauung? Glauben Sie, gilt das nur für Ihr Leben, oder gilt das allgemein und für jeden Menschen? Welche Erfahrungen und Erlebnisse haben Sie selbst gemacht, die diese Einstellung bestätigen oder zu ihr geführt haben? Wie haben sich diese Einstellungen bisher in Ihrem Leben ausgewirkt?*

Mit diesem Vorgehen kann deutlich werden, warum dem Coachee diese Einstellung wichtig ist und was er mit ihr zu gewinnen hofft, also welche Werte bestimmend sind.

Fallen für das Coaching!

- Aussage des Coachee reizt zum Widersprechen
- Aussage des Coachee verleitet dazu, ins Diskutieren zu kommen
- Coach bestätigt den Coachee in seiner Einstellung

2. Erlebnisebene: Den Wert der Einstellung ins Erleben bringen

Gefühle erleben	Emotionale Berührtheit: Nachfragen und verstehen, was der Coachee fühlt und was ihm vielleicht verloren geht: *Was macht es konkret so schwer? Kennen Sie einen Fall, wo Sie erfahren haben, dass dies kein Leben ist?*
Horizont erweitern	Vertiefung: Wie ist es für den anderen? *Erleben/sehen Sie es auch so? Gäbe es Möglichkeiten, es anders zu sehen? (mögliche Sichtweise des Coachs behutsam einbringen)*
Methodenvielfalt	Anregung: z. B. ein Gedicht, ein Gedanke

3. Beurteilung der alten Einstellung

Distanz gewinnen	Weitere Verdichtung und Distanzgewinnung: *Wie ist es, ohne den Job zu sein? Wie erleben Sie es? Haben Sie es schon einmal erlebt? (Vorerfahrungen?) Könnte es anders sein, als Sie es sich vorstellen? Gäbe es Möglichkeiten, anders damit umzugehen? Könnten Sie es anders sehen, in einen anderen Horizont stellen? Könnte Ihnen etwas dabei helfen?*
Trauern	Zuwendung zum Unwerten: *Welches Gewicht hat es – was ist daran das Schwere? Was macht das Problem? Was würde Ihnen genommen ohne den Job? Wovon müssten Sie Abschied nehmen? Was kann Neues werden?*

4. Neue Einstellung: Die neue Einstellung der Offenheit (phänomenologische Haltung)

Offenheit für die Zukunft	Phänomenologische Haltung der Offenheit: *Könnte daraus etwas Gutes werden oder könnten Sie etwas Gutes daraus machen? Könnte das auch Leben sein, wenn es so ist, wie es ist? Für wen machen Sie das (Sinnfrage)?*
Wozu lebe ich?	*Könnte es auch noch Leben sein ohne den Job? Worin könnte für Sie Leben bestehen? Was würden Sie konkret tun, wenn Sie den Job verlören? Was wäre Ihnen dann noch wichtig? Worauf würden Sie sich freuen?*

Praxissituation

„Wenn ich diesen Job verliere, dann wäre das kein Leben mehr." Das ist die Aussage eines 43-jährigen Coachee, der im Coaching berichtet, wie sehr ihn die Reorganisationen in der Firma, in der er tätig ist, belasten. „Wie lange ich mich halten kann, weiß ich nicht." Die Vorstellung, den Job zu verlieren, lähme ihn – gerade jetzt, wo doch sein voller Einsatz gefragt wäre. Er fände es auch schrecklich und demütigend, einfach so wegrationalisiert zu werden. „Damit nimmt man den Menschen die Würde", meint er.

Er berichtet von zwei Kollegen, deren Abteilung bereits aufgelöst worden sei und die seither nicht wieder eine Stellung gefunden hätten. Sie seien jetzt bei der internen Stellenbörse gemeldet – der „Loser-Pool", wie sie intern hinter vorgehaltener Hand bezeichnet werde ... „Wer in meiner Branche den Job verliert, hat sich nicht klug genug verhalten." Von den Unruhen im Betrieb habe er seiner Frau bisher noch nichts gesagt, „sie wird so leicht nervös, vor allem seit dem Hauskauf ...".

1. Bewusstmachen der Einstellung und Feststellen der Gültigkeit

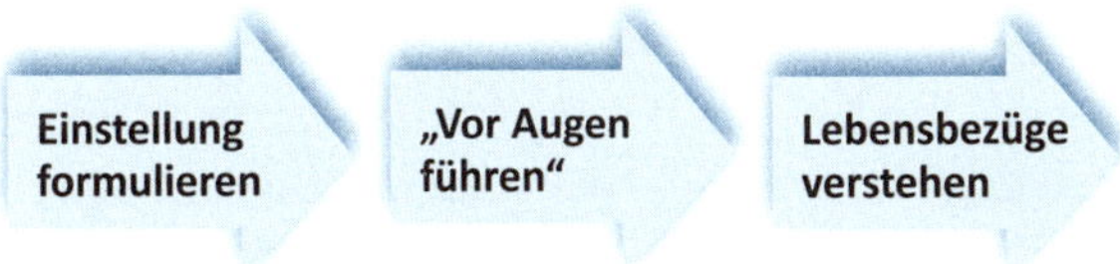

Coach: Habe ich Sie richtig verstanden, Sie meinen, dass es kein Leben mehr wäre, wenn Sie den Job verlören, und dass Menschen die Würde verlieren, wenn das Arbeitsverhältnis mit ihnen aufgelöst wird, und dass das nur „Losern" passiert? Haben Sie schon einmal diese Erfahrung gemacht? Kennen Sie das Gefühl, die Würde verloren zu haben? Am Arbeitsplatz, in Beziehungen, im Leben? Teilen Sie die Auffassung, dass alle Menschen „Loser" sind, wenn sie ihren Job verlieren?

Im Gespräch wird deutlich, wie sehr der Coachee den Wert seines Lebens abhängig macht vom beruflichen Erfolg. Er lebt ganz dafür. Andere Gründe, weshalb das Leben lebenswert sein könnte, haben nachgeordnete Bedeutung – den Inhalt des aktiven Lebens macht der Beruf aus.

2. Erlebnisebene: Den Wert der Einstellung ins Erleben bringen

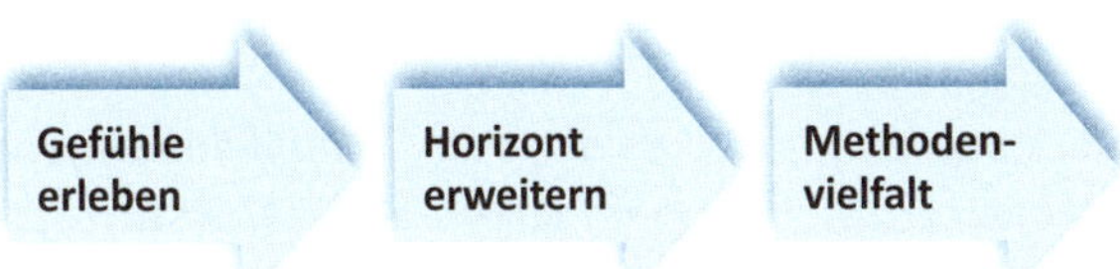

Der Coach fragt nach: Was alles an Wertvollem in Ihrem Leben ginge verloren, wenn Sie tatsächlich die Kündigung erhalten würden? Was macht eine Kündigung so schwer für Ihr Leben? Wissen Sie, wie es für Ihre beiden Kollegen ist? Sind alle Menschen in Ihrem Umfeld der Auffassung, dass eine Kündigung einem Würdeverlust gleichkommt, oder gibt es noch andere Sichtweisen?

Der Coachee erzählt, wie wichtig es ihm sei, dass sich seine Frau keine finanziellen Sorgen machen muss, das habe sie nicht verdient. Und wenn es schon eine berufliche Veränderung geben müsse, wolle er so etwas selbst beschließen und nicht einfach rausgeschmissen werden. Außerdem sei ihm dieser Job sehr passend, er täte sich schwer, sich einen anderen in dieser Qualität vorzustellen.
Den Kontakt zu den beiden Kollegen habe er bisher vermieden – das wäre ihm unangenehm gewesen, schließlich wolle er nicht auch noch etwas Falsches sagen; in seiner Betroffenheit hätte er sicher nicht die richtigen Worte gefunden. Überrascht habe ihn allerdings die lakonische Aussage eines jungen Kollegen, der meinte: „Solange die Firma mich finanziell überbrückt, bis ich was gefunden habe, wäre mir das ziemlich egal."

Der Coach bringt hier einige Gedanken aus seiner Arbeit in der Laufbahnberatung ein und das Zitat von Henry Ford: „Es gibt mehr Leute, die kapitulieren, als solche, die scheitern."

3. Beurteilung der alten Einstellung

Der Coach verdichtet weiter: Ist das eine gute, hilfreiche Einstellung, die Sie da haben? Was ist es, was dem Leben dann den Wert und die Würde nehmen würde? Welchen Wert wollen Sie mit dieser Einstellung aufrechterhalten? Ist diese Einstellung Ihnen wichtig – warum? Gäbe es andere Einstellungen zum Verlust einer Arbeit? Welche wären sonst möglich?
Anfangs meinte der Coachee noch, dass diese Einstellung ihm helfe, den Ernst der Situation besser zu sehen. Beim näheren Hinsehen wurde ihm jedoch deutlich, dass er mit dieser Einstellung gar nichts verändern oder gar aufhalten könnte. Von einem so guten Job gekündigt zu werden, würde in ihm erhebliche Selbstzweifel auslösen. Eigentlich würde es ihm weniger die Würde nehmen, als ihn zu entwerten. Das möchte er auf jeden Fall verhindern. Wovon er sich auch verabschieden müsste, wäre die Vorstellung, dass er seine Frau ein Leben lang vor schwierigen Situationen abschirmen könne. „Das kann ich nicht – ich muss mit ihr darüber sprechen."

Der Wert der Arbeit für sein Leben war zwar ein wenig Thema, konnte aber in der kurzen Zeit nicht substanziell behandelt werden.

4. Neue Einstellung: Die neue Einstellung der Offenheit (phänomenologische Haltung)

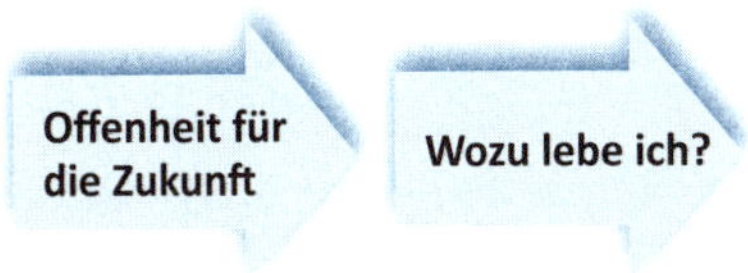

Der Coach nimmt das Thema auf und fragt nach: Was könnte aus dem Verlust der Arbeit (Gespräch mit Ihrer Frau) Gutes werden? Für wen und für was machen Sie die Arbeit, abgesehen von Ihrer Frau? Worin besteht für Sie Leben? Was wäre dann in Ihrem Leben/Ihrer Ehe noch wichtig? – Was ist jetzt in Ihrer Beziehung zu Ihrer Frau wichtig, außer sie finanziell geschützt zu halten?

Die Vorstellung, den Job zu verlieren, ist für den Coachee weiterhin verständlicherweise belastend, aber dass daraus trotzdem etwas Gutes entstehen könnte, hat er sich nie überlegt. Es bedurfte einiger Zeit, bis er darin eine Möglichkeit sah, anders auf das Leben blicken zu können und z. B. dem Wert der Beziehung und des Gemeinsamen mehr Stellenwert zu geben. Was sonst noch Leben sein könnte, da tauchte doch eine Ahnung auf, die vom Sport über Freunde, Einladungen bis hin zum Beziehungsleben reichte. Was sich deutlich relativiert hat, war das Gefühl, den aktuellen Entwicklungen in der Firma ausgeliefert zu sein.

Nicht die Kündigung an sich wäre für ihn das Demütigende, sondern die Vorstellung, fremdbestimmt zu sein, nicht handeln zu können und keine Wahl zu haben.
Er will mit seiner Frau gemeinsam eine, wie er es nennt, „Auslegeordnung machen."

Dieses Gespräch soll in der nächsten Coaching-Sitzung mit dem Coach vorbereitet werden.

Die Willensstärkungsmethode (WSM)

Der Wille ist eine ganz zentrale Größe für den Menschen – repräsentiert er doch die menschliche Freiheit. Darum ist es umso überraschender, dass man in gewisser Hinsicht provozierend sagen kann: Der Mensch ist dem Willen „ausgeliefert". Er kann nicht einfach „wollen" wollen. Er kann dem Willen nicht befehlen, nicht „willkürlich" über ihn verfügen oder allein aus der Rationalität oder Vernunft heraus ihm Vorgaben machen. Wir müssen es dem Willen überlassen, etwas zu wollen oder es nicht aufzugreifen[5]. Jedoch muss dieses „Etwas" für ihn erstrebenswert sein. Der Wille ist nicht zu bewegen, wenn das anvisierte Ziel (Objekt) für den Coachee keinen subjektiven Wert darstellt und ihm nicht wichtig ist. Er muss etwas in seinen Augen „Positives" in diesem Ziel oder Objekt sehen oder von ihm erwarten. Wenn der Wille „das Freie im Menschen" ist, muss der Coachee *selbst* die Wichtigkeit (Wert) der Sache empfinden und kann es an keine andere Instanz delegieren. Im Coaching geht es also darum, den Willen zu wecken, zu bewegen, zu bündeln, zu formieren und ihn kritisch zu hinterfragen.

Die Willensstärkungsmethode (WSM)[6] ist ein Vorgehen in fünf Schritten, mit denen der Coachee darin unterstützt wird, sich entschlossen auf einen gewählten Wert einzulassen. Dabei muss ihm die Sinnhaftigkeit seines Wollens immer deutlich vor Augen stehen.

Anwendung: Wenn etwas gewollt, aber nicht getan wird; zur Überwindung von Unangenehmem; bei Unklarheiten bezüglich des eigenen Wollens; bei fehlender Durchhaltekraft.

---

5 Vgl. Frankls (1982a, 76) Beschreibung des Verhältnisses von Wille und Sinn: Es geht um das „Aufleuchten lassen von Sinn", um es dann „dem Willen zu überlassen, den Sinn zu wollen". Auch Schopenhauer meinte: „Der Mensch kann wohl tun, was er will, aber er kann nicht wollen, was er will." (Bekannte Umformulierung seines Originalzitats in: Schopenhauer A (1978) Preisschrift über die Freiheit des Willens. Hamburg: Felix Meiner, S. 58–59)

6 Erstpublikation der Willensstärkungsmethode in: Längle A (2000d) Die Willensstärkungsmethode (WSM). In: Existenzanalyse 17, 1, 4–16; Längle A (2008) Existenzanalyse. In: Längle A, Holzhey-Kunz A: Existenzanalyse und Daseinsanalyse. Wien: UTB (Facultas), 165f.

Schritte	Worum geht es?	Kernfrage	Ziel	Fokus
1. Grundarbeit (Sachebene)	Spontane Beweggründe schärfen	Weshalb ist es gut?	Primäre Motivation festigen	Vorteile sammeln
2. Problemebene	Zielhemmungen verstehen	Was ist der Gewinn, wenn Sie es *nicht* tun?	Realitätsbezug Entlastung Ist es das wert?	Gründe dagegen sammeln
3. Ver-Innerlichung	Werte fühlbar machen	Haben Sie das schon mal erlebt, was Sie da anstreben?	Beziehung zum zentralen Wert	Emotionalität einbeziehen
4. Sinnhorizont	Einbindung in das Lebenskonzept	Wofür wollen Sie es tun?	Lebenskonzept kann heute schon Gestalt annehmen	Eigener Beitrag für die Sinnhaftigkeit des Lebens
5. Festigung	Entschiedenheit üben	div. Instrumente	Positive Gewohnheit entwickeln	Den Willen trainieren

Die Entdeckung des freien Willens

1. Grundarbeit (Sachebene)	
Ziel	▌Sachliche Reflexion und Suche nach „objektiven" Gründen für das Ziel
Vorgehen	Wofür ist es gut, wenn Sie …? Weshalb möchten Sie das machen? Was hat Sie bewogen …? Was ist Ihnen dabei wichtig? Was ist der Vorteil? Haben Sie Erfahrungen, woraus Sie schließen, dass es gut ist …? Was wissen Sie schon davon …? Welche Vorstellungen haben Sie von …? Was erwarten Sie von …?
Was passiert	▌Positive Gründe sammeln, konkretisieren und bewusst machen ▌Klarheit über die Vorteile
Aufgabe des Coachs	▌Reflexiv nachfragen, konkret, nicht vage ▌Mitfühlen, wie gewichtig die Gründe sind ▌Feedback dazu, wie realistisch die Spontanmotivation ist

Vorteile sammeln

z. B. um eine Sprache zu lernen

2. Problemebene	
Ziel	▪ Hemmende Motivation beleuchten ▪ Konkurrierende Motive bewusst machen ▪ Gedachten Willen entdecken, eigenes Streben aufdecken
Vorgehen	Was könnte Schwierigkeiten oder Probleme machen? Was wäre der Gewinn, wenn Sie es nicht tun? Gäbe es andere Möglichkeiten, die leichter wären? Was spricht allgemein dagegen? Wie wäre es für Sie, wenn Sie es nicht machen würden? Wie würde es weitergehen? Was würden Sie tun in diesem Fall? Falls Sie es doch tun, was wäre für Sie bereits ein erster Erfolg? Könnte es auch nur ein kleiner Schritt sein? Welche Bedingungen sind Sie dafür bereit einzugehen?
Was passiert	▪ Entlastung ▪ Lockerer Umgang mit Willen, widerstrebende Kräfte müssen nicht verdrängt werden (ich sollte doch ...) ▪ Vorstellungen des Gegenteils thematisieren ▪ Demotivation ist kein Verlust!
Aufgabe des Coachs	▪ Gegengründe so lange thematisieren, bis sie entkräftet sind ▪ Ggf. zurück zu Schritt 1 ▪ Hemmnisse ebenso deutlich ansprechen ▪ Zielhemmnisse zum gleich großen Thema machen wie Ziel (wird oft als Überraschung erlebt, „als ob man es ihm ausreden möchte ...“)

Gründe dagegen sammeln

Emotionale Anforderungen, Zeitaufwand, Gründe, die zum Aufgeben oder Scheitern führen könnten, Alternativen überlegen

3. Ver-Innerlichung	
Ziel	- Beziehungsaufnahme zum zentralen Wert - Das Gute am Vorhaben begreifbar machen
Vorgehen	Haben Sie das, was Sie anstreben, schon mal erlebt? Was daran hat Ihnen gefallen, was war das Schöne? Wie hat sich das ausgewirkt? Wie haben Sie das erlebt? Was hat es bewegt? Was wurde dadurch anders? Was war der Gewinn?
Was passiert	- Nachfühlen von Vorerfahrungen - Das Ziel soll spürbar werden, der Wert fühlbar, „schmackhaft“ - Innerliches Anfühlen des Wertes - Gefühl: Ich muss ja gar nicht wollen können! - Erkenntnis: Wollen ist ja gar nicht so anstrengend, wenn ich mich vom Wert anziehen lasse
Aufgabe des Coachs	- Am Thema festhalten, immer wieder darauf zurückkommen

Emotionalität einbeziehen

Sich erfassen lassen von Wert und Schönheit der Sprache durch Erinnerungen, Vorerfahrungen, die vertieft, erweitert und nachgefühlt werden.

4. Sinnhorizont	
Ziel	- Wertebezug ins Lebenskonzept einbauen
Vorgehen	Ihr Leben betrachtend: Was braucht es jetzt von Ihnen? Ist Ihr Ziel eine Voraussetzung dafür? Wofür wollen Sie es eigentlich machen? Was könnten Sie heute konkret dafür tun? Was wird in 5 Jahren sein und was werden Sie davon halten, dass Sie heute diese Entscheidung getroffen haben? Wofür haben Sie eigentlich zuletzt gelebt? Früher? Wofür wollten Sie eigentlich immer leben? In welchen Belangen sind Sie enttäuscht worden?
Was passiert	- Zusammenhang erkennen zwischen Lebenskonzept und Ziel des Wollens - Einmaligkeit des Augenblicks (Chance, wenn ich das jetzt tue) auf die Ganzheit beziehen (Sinn) - Möglichkeit zur Verwirklichung meiner Zukunft
Aufgabe des Coachs	- Aktuelle Situation im Lebenszusammenhang thematisieren - Entscheidung von heute als Gewicht für morgen thematisieren - Am Thema festhalten, immer wieder darauf zurückkommen - Im Lichte von Sinnzusammenhängen kann Enttäuschung aufkommen (Grundlage für weiteres Bearbeiten von Werten)

In den Lebenssinn integrieren

Wie steht das zu meinem Lebenssinn – hat eine Sprache lernen dafür eine Bedeutung? Hat es Sinn, neben anderen Werten und Möglichkeiten sich dafür die Zeit zu nehmen?

5. Festigung	
Ziel	▪ Entschiedenheit üben
Vorgehen	Wollen Sie das tatsächlich? Fragen Sie vor jeder Entscheidung: Will ich das wirklich? Können Sie spüren, (dass Sie das wollen) dass es Ihnen wichtig ist? Was sind besonders gefährliche Momente, wie können Sie vorbeugen? Wie könnten Sie Ihre Entscheidung kontinuierlich trainieren? Mit welchem Bild ist Ihre Verführung/das Schwachwerden am besten vergleichbar? Was schützt bei so einem Bild am besten?
Was passiert	▪ (Vertrautheit, die Entscheidung in jeder Situation neuerlich einzuholen) Vernetzung und Verankerung der Entscheidung in Live-Situationen
Aufgabe des Coachs	▪ Instrumentelle Unterstützung (z. B. Visualisierung etc.) ▪ Fragen klar und mit Beharrlichkeit stellen, unterstützende Begleitung anbieten ▪ Konkret bleiben, Wissen einbeziehen, auf mögliche Gefahren verweisen ▪ Konfrontation ja, Machtkampf nein

Den Willen trainieren

Kleine Schritte zum Lernen, Vorbeugung gegen „Schlendrian“, Abmachung, dass man nur nach gemeinsamer Absprache aufhört, Belohnungen u. a.

Auch bei dieser Methode ist es wichtig, dass der Coach das Struktur-Modell als Landkarte im Hintergrund präsent hält:

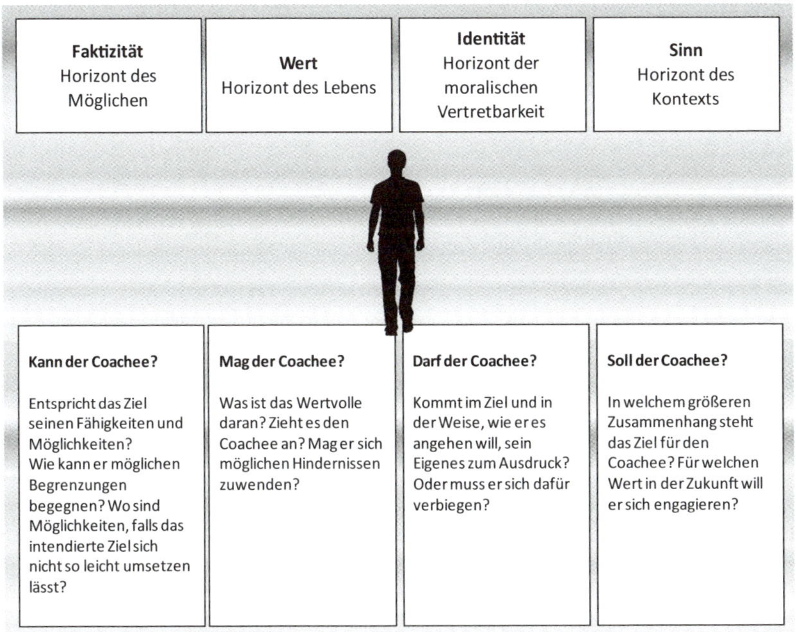

Abb. 60: Das Strukturmodell stellt den Hintergrund für das Wollen dar

Die Sinnerfassungsmethode (SEM)

Sinnfindung erfolgt nach einer gesetzmäßigen Abfolge von Schritten, die wir natürlicherweise spontan und meist nicht vollständig bewusst vollziehen. Im Coaching ist es jedoch eine Hilfe, wenn der Coach die einzelnen Schritte kennt und dadurch den Coachee gezielt unterstützen kann. Die Sinnerfassungsmethode (SEM)[7] geht vom logotherapeutischen Sinnver-

7 Zur Erstpublikation der Sinnerfassungsmethode: Längle A (1988c) Wende ins Existentielle. Die Methode der Sinnerfassung. In: Längle A (Hrsg) Entscheidung zum Sein. V. E. Frankls Logotherapie in der Praxis. München: Piper, 40–52; Längle A (2008) Existenzanalyse. In: Längle A, Holzhey-Kunz A: Existenzanalyse und Daseinsanalyse. Wien: UTB (Facultas), 164f.

ständnis aus: „Sinn ist die wertvollste Möglichkeit vor dem Hintergrund der Wirklichkeit“ (Frankl 1982; Längle 2007).

Anwendung: zur Tagesstrukturierung, zur Lebensgestaltung; bei Sinnfragen und der Entwicklung von Sinnmöglichkeiten; bei Stagnation in der Sinnfindung; bei Sinnlosigkeitsgefühlen.

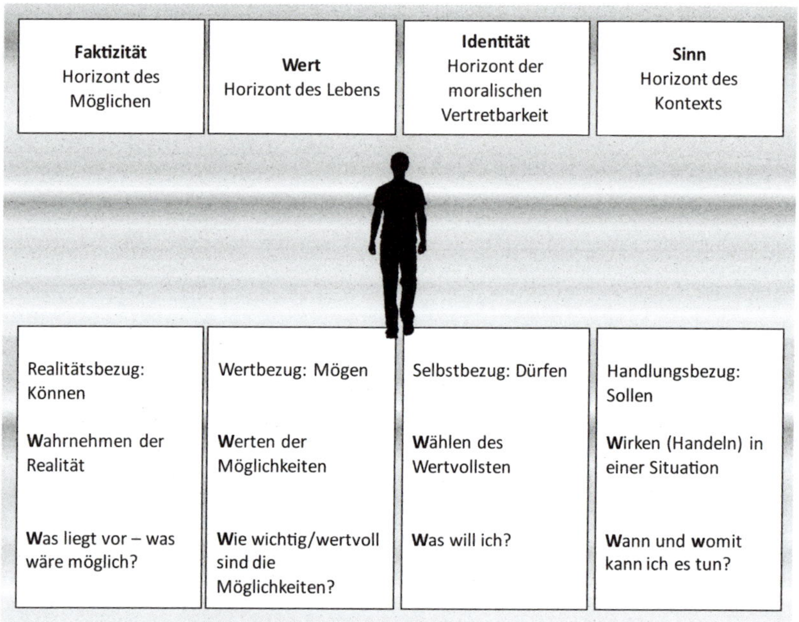

Abb. 61: Die Sinnerfassungs-Methode im Überblick

Die Methode greift psychologisch gesehen die vier Grundfunktionen menschlicher Interaktion mit der Welt auf, nämlich

- Wahrnehmen (Informationsverarbeitung, Erkennen)
- Fühlen (Wert empfinden)
- Denken (Urteilen, Entscheiden)
- Handeln (Ausführung, Praxis)

Die Methode erhält dadurch einen ganzheitlichen Charakter. Sie stellt ein Grundprinzip ganzheitlicher (und daher den Sinnanspruch erhebender) Entscheidungsfindung dar.

Damit man sich die Abfolge leichter merken kann, hat die Methode auch die Bezeichnung *„4W-Methode“* erhalten, weil alle Schritte mit einem **„W“** beginnen: wahrnehmen, werten, wählen, wirken. Diesen Schritten lassen sich auch Fragewörter zuordnen, die auf das abzielen, worum es in dem jeweiligen Schritt geht.

Die vier „Ws“ zum Sinn

Wahrnehmen: Sinn setzt immer an der Wirklichkeit an, nicht auf der Ebene der Wünsche. Sinnsuche, die auf der Ebene des „Ich hätte gerne“ ansetzt, führt in die Sackgasse. Sinn ist ein realistisches Konzept, keine Traumanalyse, sondern eine Wirklichkeitsanalyse. Was der Coachee sieht, was vorliegt, was der Bedingungsrahmen ist, was an Mitteln und Möglichkeiten da ist, davon muss ausgegangen werden.
→ Was: Hat der Coachee ein Bewusstsein für das, was vorliegt, was möglich wäre?

Werten: Sinnvoll kann nur das sein, was den Coachee anzieht und was er als gut empfindet. Deshalb braucht es eine Beziehungsaufnahme zum Vorhandenen, ein Fühlen der Wertigkeit und – wie ein Gewicht in der Waagschale – ein Abwägen in seiner Bedeutung.
→ Wie: Hat der Coachee ein Gefühl dafür, wie wichtig/wertvoll die Möglichkeiten sind?

Wählen: Eine Wahl treffen heißt, sich auf die eine Möglichkeit, die einem am wertvollsten erscheint, einzulassen – sich einen Ruck dazu geben.
→ Wer: Hat der Coachee den Willen für das eine?

Wirken: Die Tat – sich einsetzen dafür. Darin vollzieht der Coachee die Existenz. Wenn der Existenzvollzug auf diese Art geschieht, besteht die größte Wahrscheinlichkeit, dass er sinnvoll ist.
→ Wann/Womit: Hat der Coachee die Motivation für die Ausführung?

Der Person den Weg bereiten
Damit der Sinn für den Coachee persönlich wird – im Gegensatz zu einem rein gedanklich konstruierten Sinn – ist es wichtig, dass sich der Coach das Prozess-Modell vergegenwärtigt. Es zeigt nochmals den Zusammenhang zwischen der Fragenabfolge und dem Umgang der Person mit *ihrer* Welt, aus der sie den Sinn entnimmt.

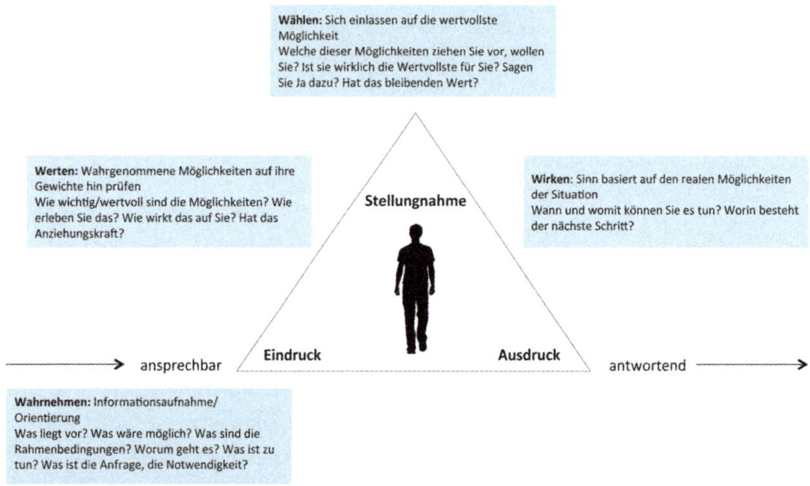

Abb. 62: Der Prozess-Charakter der Sinnerfassungsmethode

Wichtig für den Coach:

1. *Wahrnehmen:* Der Coach versucht die Situation vorurteilsfrei zu verstehen und achtet auf mögliche Wahrnehmungsverzerrungen, fixierte Vorstellungen oder biografische Prägungen, die dem Coachee vielleicht den Blick verstellen.
2. *Werten:* Werte nimmt der Coachee über das Fühlen wahr. Beziehung, Zeit und Nähe sind an dieser Stelle wichtige Elemente, damit ein Sich-Zuwenden auch stattfinden kann.
3. *Wählen:* Hier hat der Coach die Aufgabe, den aktuellen Bezug, den Zukunftsbezug und den Bezug zum Ganzen sicherzustellen: Ist es richtig in Bezug auf diese Situation und auch in Bezug auf das insgesamt Gute? Ist es richtig mit Blick auf das Aktuelle und auf das, was daraus werden könnte? Ist es richtig in Bezug auf das, was jetzt in Ihrem Leben und auch für Ihr zukünftiges Leben zählt – wollen Sie dafür gelebt haben? (Siehe auch ‚Nach dem Gewissen fragen‘ in Kapitel 6).
4. *Wirken:* Ist der Prozess gelungen, erfährt der Coachee seine Entscheidung als logische, zur Verwirklichung drängende Kraft. Das setzt sinnvolles Wollen frei.

Praxissituation

> *Ein Coachee, 49 Jahre, ist seit 18 Jahren als Kauffrau in einem Betrieb tätig. Seit längerem will sie sich beruflich verändern und kommt deswegen in ein Coaching. Ihr kaufmännischer Job ist für sie mittlerweile zur Routine geworden, große Aufstiegschancen gibt es nicht mehr. Deshalb hat sie beschlossen, endlich ihren alten Berufswunsch – Arbeit mit Kindern – zu verwirklichen. Doch bisher hat sie auf Bewerbungen nur Absagen erhalten, meist mit der Begründung, es fehle ihr an einer pädagogischen Ausbildung. Möglich wäre allenfalls eine ehrenamtliche Tätigkeit in einem Kinderhort oder bei einem Mittagstisch. Das kommt für sie aber nicht in Frage, weil es ihr um einen eigentlichen Berufswechsel geht. Den jetzigen Job erlebt sie zunehmend als sinnlos und etwas anderes als die Arbeit mit Kindern kann sie sich nicht vorstellen – „etwas anderes wäre wahrscheinlich genauso sinnlos wie das, was ich jetzt mache".*

Wahrnehmen: Der Coach beginnt den Prozess mit dem Klären der aktuellen Situation: Dabei zeigt sich, dass die bisherigen Bewerbungen eher spontane Aktionen waren, ohne wirklichen Überblick und Kenntnisse im anvisierten Berufsfeld. Der Coachee ist der Sache bisher auch nicht systematisch nachgegangen. Die Absagen haben sie entmutigt, weil sie ohne pädagogische Ausbildung „ohnehin keine Chance" hat. Der Coach fährt mit der Orientierung fort und fragt, ob es an der jetzigen Stelle Momente gäbe, die sie als sinnvoll erlebe? Darauf erzählt der Coachee von einem kleinen Lehrauftrag an einer kaufmännischen Fachhochschule, wo sie zwei Stunden pro Semester beschäftigt ist. Manchmal korrigiert sie auch als Zweitexpertin Abschlussprüfungen. In ihrem eigenen Betrieb sind seit zwei Jahren keine Lernenden mehr beschäftigt, was sie sehr bedauert. Diese Tätigkeit hat ihr immer viel Freude gemacht.

Werten: Als nächstes versucht der Coach mit ihr den Wert ihrer Tätigkeit mit Auszubildenden herauszuarbeiten. Der Coachee schildert die Begeisterung und Freude, die sie empfindet, wenn sie junge Menschen in einer Sache anleiten kann. Dazu erzählt sie lebhaft einige Beispiele aus der Praxis. Bald schon ist dem Coachee die Parallele klar zwischen ihrem Wunsch, pädagogisch tätig zu sein, und der Zufriedenheit, die sie im Umgang mit Lernenden erlebt. „Eigentlich geht es nicht um Kinder, sondern um mein Bedürfnis, etwas zu hinterlassen und meine Erfahrung weiterzugeben – und auch darum, jungen Menschen zu zeigen, dass Kaufmännisches keine trockene Materie, ein Verwaltungsjob, ist. Viele machen eine kaufmännische Lehre, weil sie nichts Besseres wissen – das ist schade für diesen interessanten Beruf." Der Coach meint, hier etwas wie einen Berufsstolz herauszuhören, und bleibt dabei, den positiven Wert darin zu bergen. Um zu prüfen, ob die wahrgenommene Möglichkeit (Lernenden das Kaufmännische nahezubringen) auch wirklich einen Wert darstellt, bleibt der Coach noch eine Weile bei diesem Thema und fragt nach der emotionalen Beteiligung: „Was empfinden Sie bei der Vorstellung, mehr mit Lernenden zu arbeiten? Wie haben Sie es bisher erlebt?" Je mehr sich der Coachee auf diese Erfahrungen einlässt, desto lebendiger und wacher wirkt sie. Dann wenden sich beide in gleicher Weise dem neuen Berufswunsch zu. Doch der Coachee bringt hier ungleich weniger Herzblut auf. Der Coach möchte verhindern, dass der Coachee in der aktuellen Begeisterung „den Weg des geringsten Widerstandes" geht, bleibt deshalb noch eine Weile in diesen Erfahrungen und fragt nach spontanen Gefühlen bei der Vorstellung, mit Kindern zu arbeiten. Sachlich steht diese Option immer noch im Raum, aber emotional geht der Coachee kaum mehr mit. Im Gegenteil: „Ich kann mir nur schwer vorstellen, mich nochmals für eine lange Ausbildung auf die Schulbank zu setzen – so etwas käme finanziell auch gar nicht in Frage."

Wählen: Nachdem die (in diesem Fall nur) zwei Wertigkeiten entwickelt sind, geht es um die Entscheidung, das innere Ja und das Sich-Dazustellen. Beim Schritt „Werten" schon war die wertvollste Möglichkeit derart evident, dass die Entscheidung sozusagen spontan fällt. Der Coach verweilt dennoch in dieser Phase und machte Angebote zur Überprüfung der Entscheidung. „Wenn Ihnen alle Möglichkeiten offen stünden, wo würden Sie sich morgen bewerben? Was spüren Sie, wenn Sie an die Möglichkeit denken, vollberuflich in der Ausbildung tätig zu sein? Können Sie sich sagen, diesen Schritt bin ich mir schuldig? Passt er zu Ihnen, zu Ihrer Biografie – finden Sie sich darin? Empfinden Sie es als organisches Wachsen Ihrer Laufbahn?"

Wirken: Für die ersten Schritte der Umsetzung gibt es in diesem Fall keine weiteren Hindernisse mehr. Der Coachee beschließt, sich systematisch über die Möglichkeiten zu informieren und mit der Direktorin der Kaufmännischen Fachhochschule, an der sie bereits tätig ist, ein Gespräch zu vereinbaren.

Nicht immer kann der Sinnfindungsprozess in nur einer Coaching-Sitzung durchlaufen werden. Die Methode lässt sich in ihren Schritten auch auf mehrere Sitzungen aufteilen. Der Coach kann den Prozess unterstützen, indem er dem Coachee für die Zeit zwischen den Sitzungen Aufgaben zur Vertiefung der einzelnen Schritte gibt. Beispiele dazu:

Wahrnehmen der Realität – was wäre möglich?

✓ *Was in der gegenwärtigen Situation ist für Sie (noch) wichtig? Gibt es neben allem Sinnlosen Momente der Erfüllung? Was ist da – was geschieht da? Um welche Werte geht es da? Gibt es Dinge, die (trotzdem) Bedeutung haben?*

Werten der Möglichkeiten – wie wichtig/wertvoll sind die Möglichkeiten?

✓ *Was würde fehlen, wenn das, was zurzeit Bedeutung hat, wegfiel? Wie viel Zeit wenden Sie für die Dinge auf, die Ihnen wichtig sind? Welche Stimmungen oder spontanen Gefühle kommen auf, wenn Sie gedanklich mit dieser oder jener Alternative befasst sind (bei Wertekonflikten)?*

Wählen des Wertvollsten – was will ich?

✓ *Inwiefern kommt bei dieser Wahl Ihr Eigenes zum Ausdruck? Wie wollen Sie das Gewählte gestalten, damit es – unverwechselbar – ganz Ihres ist?*

Wirken in einer Situation – wann und womit kann ich es tun?

✓ *Wie können Sie heute mit dem Umsetzungs-Prozess starten? – Plan, Prioritäten, Etappenziele definieren usw.*

8. Die Arbeit mit Gruppen

Teamentwicklung, Organisationsberatung und Supervision sind, oft in Kombination mit Coaching-Know-how, eigene Beratungsfelder. Auch führen viele Berater Workshops und Gruppenarbeiten im Sinne der Persönlichkeitsentwicklung, Leadership-Kompetenzen und Wissensvermittlung durch. Auch die Arbeit mit Gruppen kann aus einer existentiellen Perspektive und mit den Landkarten des Existentiellen Coachings gestaltet werden. Im Folgenden werden kurz einige Ansätze vorgestellt, wie Grundlagen aus dem Existentiellen Coaching die Arbeit mit Gruppen anregen können.

Teamentwicklung

Bei der Arbeit mit Teams steht in der Perspektive des Existentiellen Coachings der Dialog im Zentrum. Um den Dialog gut zu entwickeln, sind Zugänglichkeit, Prozessverarbeitung und die strukturelle Absicherung der einzelnen Person grundlegend. Dabei gelten Respekt für den anderen und Selbstsein-Können als unabdingbare Voraussetzungen für eine gelingende Zusammenarbeit.

Der Zugang über die Person

Der Zugang zum konstruktiven Miteinander im Team wird im Existentiellen Coaching in erster Linie über die Person der einzelnen Teammitglieder und über deren personale Interaktionsfähigkeit gesucht. Dabei stehen die Einzelperson und das individuelle Person-sein-Können im Miteinander mit den anderen Teammitgliedern im Vordergrund. Mit Person ist aber keineswegs eine in sich geschlossene Individualität gemeint. Person-Sein ist im existentiellen Verständnis eine grundsätzlich auf Andersheit ausgerichtete Kraft, die auf ein Du angelegt ist (vgl. z. B. Buber 1973; Frankl 1959; Längle 2008). Dieses Streben zum Du steht einem anderen entgegen, das sich auf die unverwechselbare, einmalige und einzigartige Person richtet, die man selbst ist.

Mit diesem Personverständnis ist bereits ein Spannungsfeld umrissen, in welchem sich der Mensch im Beisammensein mit anderen grundsätzlich wiederfindet: Einerseits hat er die Aufgabe, sich zu schützen, eine gute Beziehung zu sich zu halten, sich selbst zu sein, sich zu finden durch Abgrenzung, Individualität, Erhalten der Intimität und Leben des ganz Eigenen – es geht darum, im Miteinander sich selbst zu werden. Andererseits will sich der Mensch von sich auch lösen, über sich hinausgehen, für andere und anderes da sein, sich dem hingeben, um darin aufzugehen, fruchtbar zu werden, etwas zu schaffen, etwas zu verbessern, etwas zu gestalten, etwas zu entwickeln, weil er nur durch den anderen erst ganz sich selbst werden kann (vgl. die von Frankl 1982a beschriebene Selbst-Transzendenz). Vieles von dieser grundsätzlich anthropologischen Polarität – Ich-Behauptung vs. Selbstfindung im anderen – stellt eine (oft unbewusste) Hintergrundschablone für zwischenmenschliche Konflikte im Team dar, wo es dann um Verteidigung, Schutz des Eigenen und Kämpfen für das Eigene einerseits geht und andererseits um den anderen, den anzutreffen und ihm gerecht zu werden mitunter schwerfällt.

Wenn es einzelnen Teammitgliedern (oder allen im Team) nicht gelingt, ein Gleichgewicht zwischen Abgrenzung und Hingabe zu schaffen und zu halten, entsteht Unruhe, aus der sich Spannungen und Konflikte im Team entwickeln können.

Konstruktive Haltungen in Teams

Die persönlichen Haltungen und psychodynamischen Positionen in den Beziehungen innerhalb eines Teams sind natürlich wesentlich für die Teamabläufe. Solange dem anderen Respekt und Wertschätzung entgegengebracht wird und solange ein guter Selbstbezug und ein Selbstwert erlebbar sind, sodass man sich durch die anderen gefördert bzw. nicht behindert fühlt, hat die Team-Beziehung Substanz und kann zu allseitigem Gewinn beitragen. Dafür braucht es aber auch Austausch und gelebtes Miteinander. Die wirkungsvollste und konstruktivste Form des Austauschs ist der *personale Dialog*. Dieser aber beruht auf Personen, die Zugang zu sich selbst haben, die den anderen respektieren, Interesse für ihn haben und ihn in seiner Andersheit gelten lassen.

Während Respekt und Selbst-sein-Dürfen Basics in der Teamarbeit darstellen, achtet der Coach auf die Entwicklung eines konstruktiven

Miteinanders im Team. Dazu dient ihm die weite Sicht auf alle vier Dimensionen der Existenz, die eine Struktur bilden bei allen Bezügen des Menschen, so auch für gelingende personale Beziehungen. Im Kontext von Teams ist besonders auf Folgendes zu achten:

Faktizität und Sein-Können (1. GM): Jeder im Team braucht Schutz. Dies ist offen zu thematisieren. Jeder braucht Raum, so viel Raum, wie ihm notwendig erscheint (aber auch nicht mehr, als ihm gerechterweise zusteht). Dazu gehört, dass man den anderen sein lassen kann mit seinen Meinungen und Ansichten – ihn zunächst einmal annimmt. So kann sich ein jeder angenommen fühlen und erleben, dass er Halt hat.
Auch gilt es, die Fakten und Aufgaben des Teams klar herauszustellen.

Wert und Beziehung (2. GM): Ein Minimum an Zeit für den anderen bzw. das Team ist von jedem aufzubringen, damit man sich auch begegnen kann und die Beziehung etwas Wärme bekommen kann. Zeiten wie gemeinsame Kaffeepausen sind wichtig. Um Beziehungen zu pflegen, ist die Haltung der Zuwendung beim Sprechen wichtig, weil sie Nähe schafft und es ermöglicht, dass der andere sich besser fühlt (Empathie). Außerdem sollte es eine Absprache dahingehend geben, dass jeder möglichst die Dinge tun kann, die er mag.
Thematisch gilt es, auf gemeinsame Werte zu achten und sie in den Mittelpunkt der Teamarbeit zu stellen.

Identität und Selbst-sein-Dürfen (3. GM): Der Umgang miteinander soll von Respekt und Gerechtigkeit geprägt sein und von Wertschätzung für den anderen. Es ist sehr wichtig, dass jeder Einblick bekommt in das, was der andere macht, und dass man auch selbst die anderen darüber informiert, was man tut. Jeder will gesehen werden und braucht Anerkennung, wie auch faire und konstruktive Kritik.
Für das Team ist wichtig, das Eigene (evtl. in Abgrenzung zu anderen Teams) bewusst zu haben und sich damit identifizieren zu können. So schafft sich das Team seine Identität.

Sinn und Zukünftiges anstreben (4. GM): In welchem Kontext versteht sich das Team? Hat jeder sein klar definiertes Tätigkeitsfeld? Sieht jeder, worauf hingearbeitet wird, und hat das auch einen Wert für jeden? Erst wenn ein solches Ziel erkennbar ist, setzt sich der Einzelne auch ein, damit es für den andere/für das Gemeinsame gut wird.

Fehlt eine oder fehlen mehrere dieser personal-existentiellen Aktivitäten im Miteinander, ist die Struktur der Beziehungen im Team geschwächt. Daraus lassen sich nun Haltungen der Teammitglieder zueinander ableiten, die in einer Teambegleitung im Sinne einer Grundlagenarbeit zu entwickeln sind.

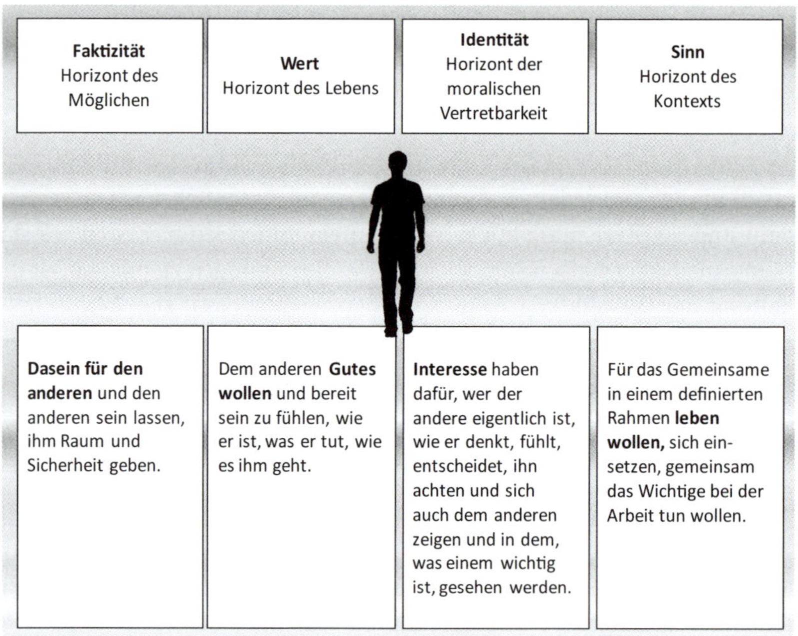

Abb. 63: Die Struktur der personalen Teambeziehungen

Vor dem Hintergrund des Struktur-Modells kann der Coach unterschiedliche Themen und Fragen ableiten, mit denen er den Teamentwicklungsprozess aus einer existentiellen Perspektive begleiten und unterstützen kann. Dazu gehören Fragen zu

1. **Strukturen und Prozessen** (z. B. definierte Arbeitsfelder, Kontinuität, Richtlinien, klare Verhältnisse, Informationsfluss, Verlässlichkeit, Regelmäßigkeit, verbindliche Auftrags- und Kompetenzbeschreibun-

gen, funktionales Organigramm, klare Ansprechpartner etc.). Sie sind die konkrete Umsetzung des existentiellen Bedürfnisses nach Raum, Schutz und Halt in einem Team.

2. **Beziehungsebene** (z. B. persönliche Kommunikation, Settings, Erlauben von Nähe, Zeit für Gespräche, über Belastendes reden dürfen, unter sich sein können, auf den Wert der Sache achten, gemeinsam feiern und trauern etc.). Sie ist die konkrete Umsetzung des existentiellen Bedürfnisses nach Zuwendung und Nähe in einem Team.
3. **Person und ihren Fähigkeiten** (z. B. eigene Aufgaben und Projekte, Entscheidungsspielräume, Verantwortungsübernahme/-übergabe, authentisches Feedback, Unterstützung bei Kompetenz-Entwicklung, Rückendeckung vom Chef etc.). Sie sind die konkrete Umsetzung des existentiellen Bedürfnisses nach Anerkennung und Wertschätzung.
4. **Kontext, Tätigkeitsfeld und Zukunft** (z. B. Tätigkeitsfeld, Verständnis der eigenen Aufgabe im größeren Kontext, transparente Kooperationsformen, Zielvereinbarung, Rückbezug auf übergeordnete Ziele etc.). Sie sind die konkrete Umsetzung des existentiellen Bedürfnisses nach Sinn.

Inputs zur Vertiefung der existentiellen Bedürfnisse auf der individuellen Ebene

✓ *Können: Welche Möglichkeiten habe ich in diesem Team? Mit welchen Begrenzungen tue ich mir manchmal schwer? Was schafft für mich klare Verhältnisse? Wie trage ich zur Klarheit in diesem Team bei? Worauf kann ich mich bei anderen auch in der Krise verlassen? Worauf können sich die anderen bei mir verlassen? Was gibt mir in diesem Team Sicherheit? Habe ich genügend Raum, damit ich sein kann in diesem Team – gebe ich den anderen genügend Raum, damit sie sein können?*

✓ *Mögen: Was ist für mich das Wertvolle an diesem Team? Auf welche positiven Erfahrungen in diesem Team schaue ich gerne zurück – was ist das Erinnerungswürdige daran? Gibt es auch Erinnerungen, die schwierig für mich sind? Was an Wertvollem für mich ging damals verloren und inwiefern fehlt das heute im Team? Was liegt mir in diesem Team ganz besonders am Herzen? Bekomme ich genügend Zeit von anderen, um das Schöne im Team gemeinsam zu erleben? Widme ich anderen genügend Zeit dafür? Arbeiten wir zusammen?*

- ✓ *Dürfen: Was ist in diesem Team für mich wichtig? Wo kann ich mein Eigenes aufgehen lassen? Wo würde ich gerne mein Eigenes noch mehr einfließen lassen? Was in diesem Team trage ich voll und ganz mit? Wo tue ich mir schwerer? Was ist das bedeutsamste Feedback, das ich je in diesem Team erhalten habe – was hat es zu einem besonderen Feedback gemacht? Bekomme ich genügend Wertschätzung für das, was ich tue? Schätze ich, was andere tun? Mit wem kann ich gut sprechen, mit wem nicht? Warum?*
- ✓ *Sollen: Worin liegt für mich persönlich der Mehrwert durch die Teilhabe an diesem Team? Wofür ist es gut, dass ich diesem Team angehöre? An welcher übergeordneten Entwicklung arbeite ich eigentlich in diesem Team mit? Worin besteht mein Beitrag? Welches Zukunftsbild in diesem Team gibt mir Zug? Welches nicht? Wofür ist es gut, dass wir zusammenarbeiten? Trage ich zur gemeinsamen Vision (Sinn) bei? Sehe ich bei den Projekten meinen Beitrag? Welchen bräuchte ich von anderen?*

Wo Begegnung stattfindet ...

Aus dem Struktur-Modell ergeben sich weitere Zugänge, die für die Arbeit an der Dynamik von Teams geeignet sein können und das personale Miteinander fördern. Mit ihnen kann eine Atmosphäre der Offenheit für den anderen, für sich selbst und für das Gemeinsame entstehen. Offenheit ist für die Entwicklung eines Teams wichtig. Offenheit auf der Basis des Personseins erlaubt es, dass das Wesen jedes Einzelnen ebenso wie das Wesen des Gemeinsamen in seiner Einmaligkeit erlebbar und lebbar wird. Findet Begegnung statt, ist die Person anwesend. Und wo die Person ist, geht es um das Wesentliche im Leben.

Die folgenden überblicksmäßig vorgestellten Fragen können gemeinsam im Team bearbeitet wie auch jedem einzelnen Teammitglied zur Eigenreflexion angeboten werden. Teammitglieder können sich diese Fragen auch gegenseitig stellen und sich darüber austauschen. Die Fragen können auf konkrete Situationen bezogen oder ganz allgemein gestellt werden. Im Rahmen länger dauernder Teambegleitungen können sie auch als „Hausaufgaben" eingesetzt werden.

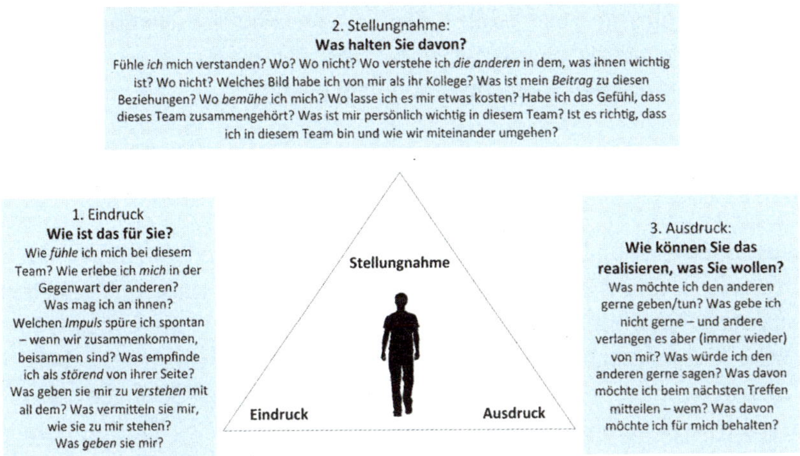

Abb. 64: Das Prozess-Modell als Anregung für die Arbeit mit Gruppen

Organisationsberatung

Die Organisationsberatung ist von der Tradition her das Feld systemischer Ansätze, in denen der Personenbegriff in diesem existentiellen Verständnis nicht vorkommt. Doch kann der Blick auf ein Unternehmen (in Zusammenarbeit mit dem Management) Bezug nehmen auf die Grundbedingungen der Existenz, da diese die Strukturen aufzeigen, die stets wesentlich sind, wenn es um Menschen geht. Entscheiden und Handeln sind in jeder Organisation von grundlegender Bedeutung. Existentiell gesehen könnte man von der „Daseinsgestaltung des Unternehmens" sprechen.

Führen mit Sinn

Faktizität und Realitätsbezug: Für Führungskräfte ist es entscheidend, dass sie die für das Unternehmen relevanten Umweltverhältnisse kennen, Veränderungstrends wahrnehmen und ihr Entscheiden und Handeln darauf abstimmen. Für das Unternehmen sinnvolle und existenzsichernde Entscheidungen bauen auf den Gegebenheiten und Möglichkeiten der

Realität auf. Nicht ehrgeizige Wünsche oder gefällige Träume bereiten den Boden für sinnvolles Wollen. Realistisches Entscheiden und Handeln setzt bei den Fakten und der gegebenen Situation an, und seien sie auch noch so störend, weil sie nicht in den Plan passen.

Wert und Beziehung: Zu den Aufgaben des Managements gehört auch das Gestalten von Beziehungen zu den Anspruchsgruppen, mit denen gemeinsam die unternehmerische Wertschöpfung erbracht wird. Zuwendung, d. h. Beziehung, Zeit und Nähe zu Kunden, Mitarbeitern, Geldgebern und anderen Partnern, mit denen das Unternehmen in einer Austauschbeziehung steht, ist eine Voraussetzung für die unternehmerische Ausrichtung auf Mehrwert. Das Gefühl, Mehrwert zu schaffen, kann dann entstehen, wenn Führungskräfte ihre Entscheidungen und die Ergebnisse als subjektiv wertvoll empfinden, wenn sie es machen *mögen*, sodass sie das Gefühl haben, dass sie etwas verlieren, könnten sie es nicht tun. Führung lebt aus dem persönlichen Bezogen-Sein der Führungspersonen zum Inhalt und zu den Aufgaben des Unternehmens.

Identität: Im Austausch mit den vielfältigen Anspruchsgruppen kommen verschiedene und oft auch konflikthafte Anliegen, Forderungen, Interessen oder Ansprüche auf die Führung zu, mit denen sie sich auseinandersetzen muss. Stellung zu beziehen, Entscheidungen zu treffen, auf Dinge einzugehen, anderes abzulehnen und mit Strukturen und Prozessen ordnend einzuwirken verlangt von Führungskräften Entschiedenheit, persönliches Commitment und die Bereitschaft, sich selbst darauf einzulassen. Dieses innere „Ja" kann nur gegeben werden, wenn die Tätigkeit dem Eigenen entspricht, sich mit dem deckt, was man selbst als wichtig ansieht und was mit den eigenen Überzeugungen, Werthaltungen, Zielsetzungen, im Grunde mit dem eigenen Wesen und dem Gewissen in Resonanz ist.

Sinn: Unternehmen sind einer hohen Umweltdynamik ausgesetzt, weshalb die unternehmerische Weiterentwicklung eine zentrale Managementaufgabe darstellt. Entscheiden und Handeln angesichts dieser Komplexität braucht Orientierung und eine übergeordnete Ausrichtung, ein *„Wozu soll das Unternehmen einen Beitrag leisten"* und ein *„In welchem größeren Gefüge steht das Produkt oder die Dienstleistung des Unternehmens"* – für den Markt, die Mitarbeiter, die Gesellschaft. Unternehmen selbst dienen mit ihrem Leistungsangebot einem Zweck, aber sollen darüber hinaus auch als sinnvoll gesehen werden, denn die darin tätigen Menschen fragen jedenfalls nach Sinn (zur Differenzierung von Sinn und Zweck siehe Kapitel 6). Management ist in diesem Verständnis nicht Zielsetzung, sondern *Sinnfindung* bzw. *Sinnstiftung*. Zielsetzung verfolgt einen *Zweck*. Sinn jedoch orientiert sich am Eigenwert, am Inhalt der Aufgabe, am Wert der Menschen, am Wert von sich selbst. Wenn die Steigerung dieser Werte das Ziel ist, dann ist Führung auf Existenz ausgerichtet und gibt Erfüllung – *dann macht Führen Sinn.*

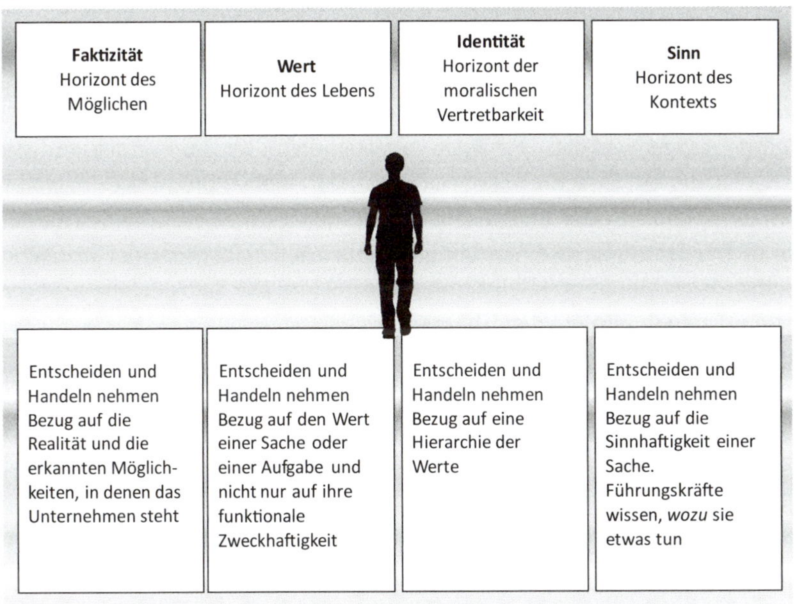

Abb. 65: Die vier existentiellen Perspektiven der Daseinsgestaltung des Unternehmens

Supervision

Existentielle Themen mit dem Coachee können in der Regel dann gut bearbeitet werden, wenn sie auch im eigenen Leben des Coachs geklärt sind. Denn dort, wo der Coach existentiell lebt und gelebt hat, ist er in Sachen

Existenz „ortskundig". „Um Lebendiges zu erkennen, muss man sich am Leben beteiligen", schrieb v. Weizsäcker (1949). Wie wir im Kapitel zur phänomenologischen Haltung gesehen haben, ist die Person des Coachs im Existentiellen Coaching in einem hohen Maß praktisch-methodisch eingebunden. Dazu gehören drei spezifische Fähigkeiten der Person:

1. die Fähigkeit, bei einem Thema (Problem, Sinnmöglichkeit) verweilen zu können
2. die Fähigkeit, die phänomenologische Grundhaltung der Offenheit einnehmen zu können
3. die Fähigkeit zur Beziehungsgestaltung im Gespräch (mit dem Coachee und mit sich und seiner Welt).

Gerade die Einzelsupervision des Coachs eignet sich auch für Schritte der existentiellen Selbsterfahrung. Denn Probleme des Coachs, die in seiner Arbeit mit dem Coachee auftauchen (oder auch eines anderen Coachs, der ein Coaching supervidieren will), haben oft auch mit eigenen blinden Flecken oder ungelösten Problemen zu tun. Gute Arbeit bedarf eines freien und sorgsamen Umgangs mit sich selbst, der auf kritischer Selbstdistanz und guter Selbstannahme beruht. Die Selbsterfahrung kann geleitet sein von folgenden Themenbereichen:

1. Selbsteinschätzung von Fähigkeiten und Grenzen
2. Umgang mit Spannungsfeldern, Problembereichen und Verhaltensmustern
3. Zugang zur eigenen Emotionalität, Umgang mit Affekten und die eigene Wertwahrnehmung
4. Selbstwahrnehmung, Wahrnehmung des eigenen Verhaltens und der Wirkung auf andere
5. der reflexive Bezug von Themen im Coaching auf das eigene Leben
6. der Einblick in das eigene Gewordensein (biografischer Bezug)
7. das eigene Lebensprojekt („Lebensgestalt": Wofür habe ich gelebt und wie/wofür will ich leben?)

Ist ein Coach von einer Situation mit dem Coachee persönlich betroffen oder in ihr verstrickt, empfiehlt sich das Vorgehen nach dem Prozess-Modell. Dazu sind hier die wesentlichen Fragen zusammengefasst:

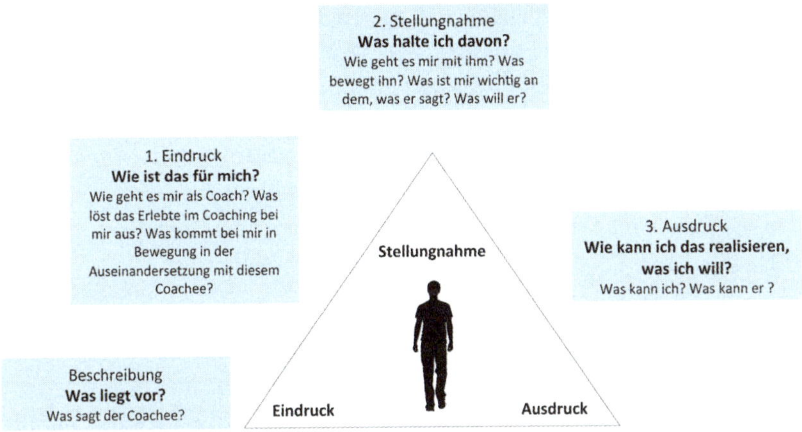

Abb. 66: Das Prozess-Modell als Grundlage bei der Besprechung von Praxissituationen

Orientierung in der Fülle der Informationen

Führt das oben vorgeschlagene Vorgehen entlang der Stationen im Prozess-Modell nicht zur gewünschten Orientierung und Klarheit für den Coach, empfiehlt es sich, zur Ausgangsfrage („Was liegt vor?") zurückzukehren und auf der Ebene der Faktizität anzusetzen: Was sagt der Coachee, was verstehe ich, was verstehe ich nicht?

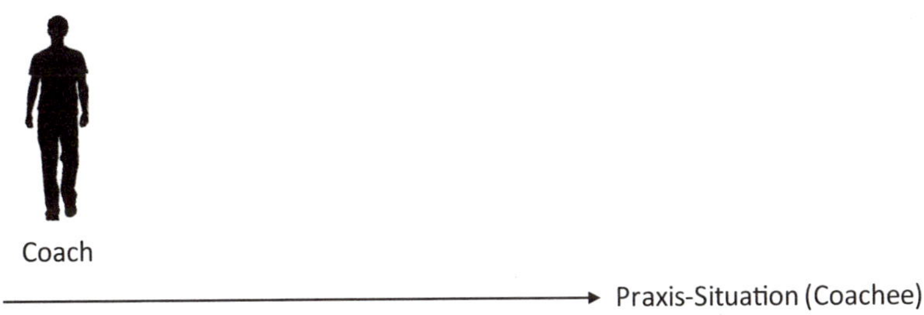

Abb. 67: Von der Eindrucksebene auf die Beschreibung zurückgehen

Führt auch der Fokus auf die Fakten nicht zur angestrebten Klärung, empfiehlt es sich, dass der Coach auf sein Erleben schaut und sich fragt: Wie geht es mir in dieser Situation mit dem Coachee? Was löst das Erlebte bei mir aus? („Wie ist das für mich?"). Ziel dieses Vorgehens ist, dass sich der Coach zuerst selbst wieder neu fassen kann und aus der Klarheit des eigenen Erlebens wieder auf die Praxissituation zurückkommt.

Abb. 68: Auf den Eindruck fokussieren, den die Praxissituation beim Coach hinterlässt

Es mag außerdem hilfreich sein, wenn der Coach seinen „Erkenntnistypus" kennt. Findet er den Zugang zum Coachee eher über Erklärungen und das kognitive Verstehen („sachlicher" Typus), mehr über das Emotionale („gefühlswarmer" Typus) oder primär über das Intuitive („gespüriger" Typus)? Abhängig davon braucht es für ein vertieftes Erkennen und Verstehen seitens des Coachs unterschiedliche Ergänzungen. So bedarf es beim intuitiven Typus oft vermehrt der Ergänzung durch Faktisches. Der kognitive Typus gewinnt, wenn er verstärkt bei dem verweilt, was das Vorliegende bei ihm in Bewegung bringt, und der emotionale Typus, wenn er sich in der Selbst-Distanzierung übt.

9. Theoretische Vertiefung

Gespräch – Kunst oder Technik?

Der Stellenwert von Methodik in Beratung und Therapie

Alfried Längle

Dieser Beitrag erschien 2001 im Tagungsbericht „Methoden der Existenzanalyse und Logotherapie Teil 2" (Int. Gesellschaft für Logotherapie und Existenzanalyse, GLE 2001) bzw. in der Zeitschrift **Existenzanalyse**, Zeitschrift der Internationalen Gesellschaft für Logotherapie und Existenzanalyse, 19/2+3/2001, 18. Jhrg., 7–18.

Abstract

Die Praxis der Existenzanalyse zielt auf die personale Freiheit, Authentizität und Eigenverantwortlichkeit der Einzelperson, die Praxis der Logotherapie auf den persönlichen, situationsbezogenen Sinn. Dieser Anspruch macht die Anwendung von Methoden und Techniken nicht selbstverständlich, weil diese nicht personbezogen, sondern strukturbezogen und daher generalisierend angelegt sind.
Eingangs wird zunächst die absolute Grenze aller Interventionsformen ins Bewusstsein gerufen und der Hintergrund der Entwicklung einiger Methoden in der Existenzanalyse und Logotherapie beleuchtet. Um den Stellenwert strukturierter, im Voraus festlegender Vorgangsweisen in dieser Beratungs- und Therapieform zu klären, wird vom Ziel der Gesprächsführung und vom anthropologischen Zugang zum Menschen ausgegangen, um davon die geeigneten Mittel abzuleiten. Es zeigt sich die Notwendigkeit beider Interventionsformen, der methodisch-strukturierenden wie der künstlerisch-freien. Im Besonderen wird die Rolle der Phänomenologie als Überbrückung der Polarität technisierender vs. personal-begegnender Gesprächsführung erläutert.

Problemdarstellung

Zwei kurze Beispiele aus der psychotherapeutischen Praxis sollen das Problem deutlich machen, um das es in diesem Beitrag geht.

Eine 35-jährige Frau sucht wegen ihrer Kontroll- und Zählzwänge Psychotherapie auf. Ihr Leiden begann während des Studiums, als ihr unter dem Druck der Anforderungen die Welt zunehmend bedrohlich und unheimlich erschien. Sie setzte sich mit magischen Beschwörungsritualen zur Wehr, begann sich öfters und ausgiebig die Hände zu waschen und alle Einzelheiten mitzuzählen. Doch die Selbsthilfe konnte die Ängste nicht wirklich verhindern. Sie wurde so krank, dass sie das Studium abbrechen musste. Auch ihre Beziehung zu ihrem Freund ist nun durch die Krankheit bedroht. Tagelang und seit Monaten hat sie mit ihm ihre Zwänge besprochen, ohne dass es ihr geholfen hätte.

Ein ungezieltes Gespräch, das nicht auf die Ursache der Krankheit und auf die sie aufrechterhaltenden Faktoren systematisch Bezug nimmt, vermag an einem solchen Leiden nicht zu rütteln. Zu sehr ist es eingeklinkt in psychische Automatismen, die gegen die reine Begegnung resistent sind und eines Hebels bedürfen, damit die psychischen Kräfte in andere Bahnen gelenkt werden können.

In einem anderen Fall kommt eine 50-jährige Borderline-Patientin in schwerem, suizidalem Zustand durch Überweisung vom Neurologen zur Psychotherapie. Eine Gesprächspsychotherapie hat sie vor zwei Jahren abgebrochen, weil sie die Nähe der Therapeutin, die mit einfühlsamer Nähe versucht hatte, sie zu verstehen, nicht aushielt. Sie wechselte in eine Psychoanalyse, von der sie einen sachlicheren und distanzierteren Gesprächsstil erwartete. Nach einem halben Jahr brach sie auch diese ab, weil sie vom Therapeuten nie eine Antwort bekommen hatte, was sie ebenfalls nicht ausgehalten hatte.

In beiden Fällen ist die für personale Begegnungen hochsensible Frau auf Methoden gestoßen, die sie an ihre Grenze führten und ihr das, was sie dringend brauchte – nämlich personale Begegnung – nicht gaben. Was sie brauchte, war in erster Linie als Person gesehen zu werden. Sie benötigte vor jeglichem Heilungsversuch Begegnung, in der sich ihr ein Gegenüber auf der Basis unverstellter, echter Mit-Menschlichkeit zeigt. Sie brauchte so etwas wie ein Stück „Freundschaft", wie sie immer sagte, ein Interesse für sie als Menschen. Jede Methode kränkte sie, verletzte sie in ihrer Ur-Wunde. Darum verfolgte sie hochsensibel die kleinste Veränderung in der therapeutischen Beziehung, entdeckte die Angst des Therapeuten vor ihren Ansprüchen, die in ihrem Fall ja besonders stark ausgeprägt waren und daher mit einer methodischen Abstinenz aufgefangen wurden. – Was ihr wohltat, war die freie, offene Antwort und ein ehrliches, authentisches, teilhabendes Mitgehen des Therapeuten, der auch als Mensch und Person und nicht nur als Fachmann präsent und an ihr interessiert war. Dies erlaubte es, eine therapeutische Beziehung zu etablieren, die für Jahre gehalten hat und in deren Rahmen auch Methoden zur Anwendung kommen konnten.

Die beiden Fälle umreißen die Bandbreite, die in der Psychotherapie geschieht. Zum einen bestehen klare Anforderungen an den Therapeuten hinsichtlich Kenntnis, Vorwissen, Struktur, Führung, Aufbau und Gestaltung der Therapie, wofür Fachwissen, Methoden und Techniken erforderlich sind.

Zum anderen ist der Berater oder der Therapeut aber in vielen Fällen, ich meine sogar in den meisten Fällen, auch als Mensch und Person in einer existenzanalytischen Vorgangsweise angefragt. Er soll diese personale Kraft zum Wohle der Patienten auch einsetzen. Sie gehört zu den wirkungsvollsten in der Psychotherapie, weil durch sie eine menschliche (und nicht nur fachliche) Beziehung geschaffen wird.

Welche Vorgangsweise ist nun in der Existenzanalyse erforderlich? – Um das zu klären, wird in einem nächsten Abschnitt zunächst das Ziel existenzanalytischer Arbeit reflektiert.

Ziel und Grenzen von Psychotherapie, Beratung und Coaching

Psychotherapie zielt auf *Heilung* von seelisch und/oder geistig verursachten Störungen und Krankheiten ab (vgl. Frankl 1959, 704; Strotzka 1984). Psychotherapie arbeitet vor allem mit den Mitteln des Verstehens, des Findens von Zusammenhängen, des gemeinsamen Durchtragens des emotionalen Prozesses unter Anleitung, Führung, Stützung und Konfrontation durch den Therapeuten.

Beratung und Coaching vermitteln *Kenntnisse und Anleitungen* zur selbstständigen Lösung von seelisch-geistigen Problemen über das Mittel der Klärung (erkennen) und Übung (Fähigkeiten und Ressourcen mobilisieren und in der Praxis einsetzen). (vgl. Längle S 1996; May 1991)

Methodik und Technik werden aus Gründen der Effizienzsteigerung eingesetzt. Leicht werden sie (unbewusst) als Erfolgsgaranten angesehen. Darum sei gleich am Beginn wieder ins Bewusstsein gerufen, dass jede therapeutische oder beraterische Vorgangsweise den unberechenbaren Faktor des *Erfolgssprunges* enthält – somit die unvermeidliche *Unsicherheit,* ob wir mit unserem Bemühen auch tatsächlich zu dem Ziel kommen, das wir anstreben.

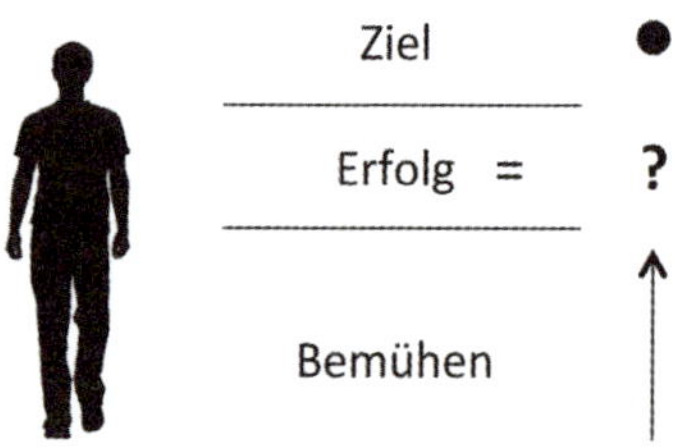

Abb. 69: Bemühen ist Grundlage für den Erfolg, aber nicht hinreichende, alleinige Ursache für das Gelingen.

Aller Methodik und Technik, aber auch allem Einsatz von Phänomenologie, mitmenschlichen Bezügen oder reiner Begegnung, sind Grenzen gesetzt bezüglich der erzielbaren Wirkung. Weder Technik und Methodik noch reine Begegnung sind selbst schon Heilung. Dass *Heilung nicht machbar* ist, gilt für die Psychotherapie ebenso wie für die Medizin, wo von alters her die Rede davon ist, dass der Arzt nur „pflegen" kann, während die Natur allein die Heilung vollbringt: *Medicus curat, natura sanat.* Dies kann als absolute Grenze in allen heilenden Berufen angesehen werden. Hilfe kann sich nur auf die Kultivierung und Ausgestaltung der *Pflege* beziehen, um Natur und Geist anzuregen und ihre Kräfte in Bewegung zu bringen, sodass die funktionsfähige Struktur wiederhergestellt werden kann.

Die Frage nach dem *Wert* von Methode, Technik oder reiner Begegnung läuft daher auf die Frage nach der *Optimierung des pflegenden Zugangs* zum Menschen hinaus. Das Problem der Wahl der Mittel reduziert sich auf die Frage, ob Pflege mit System effizienter sein kann als Pflege ohne System.

Am Anfang der Behandlung einer Krankheit, eines Konfliktes oder eines Problems steht fast immer das Erleben, auf einen *Widerstand* zu stoßen. Das *Nicht-Können* beherrscht das Gespräch, die Unfähigkeit oder sichtliche Unmöglichkeit, etwas zu ändern, wird auch für den Therapeuten oder Berater spürbar. Die zentrale Aufgabe von Therapie und Beratung ist es, diese Mauer, diese Unzugänglichkeit, diese Starrheit in den Verhaltensmustern, dieses Defizit zu überwinden.

Ich bin mit der Logotherapie vor Jahren vor diesen „Mauern der Krankheit" gestanden und fühlte mich recht hilflos. Diese Erfahrung war es, die mich zur Entwicklung von weiteren Methoden angeregt hat. Der Grund lag eigentlich darin, dass ich für mich beschlossen hatte, angesichts dieser „Mauern" nicht immer wieder theoriefremde Methoden und Techniken zu Hilfe zu nehmen, was von Frankl (vgl. 1982b, 271f.) ja durchaus begrüßt wurde, sondern nur mit logotherapeutischen und existenzanalytischen Theorie-Kernen zu operieren. Jedes Ausweichen in Methoden anderer Richtungen bestätigte, dass die Logotherapie keine eigenständige Psychotherapie ist. Ich sah aber in dieser Anthropologie wertvolle Zugänge zum Menschen, die von anderen Therapierichtungen noch nicht im logotherapeutischen Sinne genutzt wurden. Später merkte ich, wie ich die Methoden zu lieben begann wie gute Werkzeuge – ist doch mit solchen die halbe Arbeit getan.

Die Geschichte der Entwicklung existenzanalytischer Methoden als Illustration

In diesem Rahmen könnte es von Interesse sein, ein paar Erfahrungen, die zur Entwicklung von Methoden geführt haben, wiederzugeben. Sie illustrieren die Notwendigkeit methodischen Vorgehens und den Prozess der Erfahrungsverdichtung.

Die methodische Weiterentwicklung in der Existenzanalyse und Logotherapie nahm stets Anleihe an einem oder mehreren der folgenden drei Faktoren:

1. Eine **phänomenologische Analyse** des ganz persönlichen Problems. Solche Analysen führten zu *Gemeinsamkeiten*, die sich bei ähnlichen

Problemen *wiederholten*. Dadurch war der Hinweis gegeben, dass es sich um eine *generelle* Struktur handeln müsste, die mit dem Problem zusammenhängt.
Bei *Sinnproblemen* stieß ich z. B. regelmäßig auf den Umstand, dass die Patienten auf die *realen Gegebenheiten* nicht wirklich Bezug genommen hatten und sich in Wünschen und Vorstellungen aufhielten. Dadurch kamen sie nie zu einem lebbaren, realen Sinn. Bei vielen Leiden unter Sinnlosigkeit fand sich dieses Muster.
Ein zweites Muster bei Sinnlosigkeitsgefühlen war, dass die Patienten keinen persönlichen *Wertbezug* zu den Möglichkeiten in ihrem Leben aufgenommen hatten, sondern ihnen aus Überzeugungen, Hoffnungen oder Annahmen heraus Werte zugeschrieben hatten. So konnte die getroffene Entscheidung in ihrer Werthaftigkeit nicht erlebt werden. Aus solchen sich wiederholenden Erfahrungen ergab sich der Rohstoff, der zur Entwicklung der Sinnerfassungsmethode (Längle 1988c) führte.

2. Ein Licht in die gefundenen Gemeinsamkeiten brachte dann das **theoretische Verständnis**, durch das die Einzelelemente manchmal erst ein geistiges Band erhielten. Durch die Theorie konnten Lücken, die empirisch noch nicht festgestellt waren, aufgefüllt werden, und mit ihr konnte geprüft werden, wie das in der Praxis Gefundene zu verstehen ist. Schließlich konnte mit ihr überprüft werden, ob die Schritte auch zum benannten Konzept führten, das beispielsweise unter dem Begriff „Sinn" verstanden wird.
   Frankl (1982a, 255) hatte den Sinn als eine „Möglichkeit vor dem Hintergrund der Wirklichkeit" beschrieben. Diese Definition beinhaltete den notwendigen Realitätsbezug des Sinns („vor dem Hintergrund der Wirklichkeit") und die erforderliche Freiheit („Möglichkeit"). Frankl (1982a, 56ff.) erklärte an anderer Stelle, dass Sinn über das *Gewissen* gefunden wird und daher eine verantwortete Entscheidung darstellt. Diese theoretischen Elemente und die empirische Erfahrung mit dem Leiden an der Sinnlosigkeit führten dazu, dass die Sinndefinition erweitert wurde und fortan von der *„wertvollsten"* Möglichkeit der Situation gesprochen wurde. Damit wurden der Wertbezug und die Verantwortung in die Definition eingeführt. Die neue Definition beschreibt nun bereits die Elemente des Sinnfindungsprozesses.

So hatte die Theorie ein Licht auf die Empirie und die Empirie eine Korrektur der Theorie mit sich gebracht.

3. Als dritter Faktor war neben der Phänomenologie des Problems und dem Dialog mit der Theorie auch die Vertiefung durch die **Introspektion** hilfreich. Ich studierte an mir selbst, wie ich z. B. Sinn in einer Situation ausfindig machen konnte. Das konkrete Experimentieren und Studieren der Erfahrungen brachte zusätzliche Information und konnte manchmal unüberwindliche Hindernisse überwinden helfen. Dabei musste natürlich auf die Gefahr geachtet werden, dass man nicht einfach von sich auf andere schließen kann.
Der Wert der Introspektion ist mir besonders gut in Erinnerung bei der Entwicklung der *Willensstärkungsmethode* (Längle 1987, publiziert 2000d). Ich arbeitete gerade mit einer bulimischen Patientin, die darunter litt, dass sie gegen ihren Willen immer wieder Attacken von Fresssucht hatte, denen sie erlag. Diese Wiederholung war ein systematischer Fehler in ihrem Verhalten. Wo aber lag er?
Die Phänomenologie zeigte, dass das psychische Bedürfnis den geistigen Wert aus den Angeln gehoben hatte. Durch die *Introspektion* betrieb ich nun parallel zur Behandlung eine phänomenologische Analyse meines eigenen Wollens. Ich fragte mich, wie ich das machte, dass der Wille einer Versuchung standhalten konnte. Und was passierte, wenn ich gegen den eigenen Vorsatz handelte? Wie kam es, dass der Wille plötzlich „gegen meinen Willen" umkippte? Ich fand dann bei mir selbst, dass dies meistens dann der Fall war, wenn der *emotionale Bezug* zum Wert, der im Willen intendiert war, zu wenig ausgeprägt war – wenn also das „innere Nachzeichnen" des Wertes, das Schwingen und Fühlen des Wertes, das Gewicht, um das es ging, nicht gut genug gefühlt war. Dann hatte ich dem Ansturm des anderen Wertes nicht genügend Gewichtiges entgegenzusetzen und mein Wille wurde aus den Angeln gehoben. – Dies war genau das Phänomen, unter dem auch die Patientin mit der Sucht litt. So war ein wichtiger Abschnitt in der Entwicklung der Willensstärkungsmethode im Wechselschritt zwischen der Phänomenologie des Störbildes und der Phänomenologie der Introspektion gefunden worden.

In derselben Weise wurden neben der Sinnerfassungsmethode und der Willensstärkungsmethode auch die *Personale Positionsfindung* (Längle 1994; 1997) und die Ansätze der Methode zur *Einstellungsänderung* (Längle 1986, publiziert 2000a) entwickelt. Dies alles sind inhaltsbezogene Methoden, in denen es um eine umschriebene Fertigkeit der Person geht, die über einzelne Schritte zur Ausgestaltung gebracht werden kann. Dazu ist auch die Übung zu zählen, die als *Phänomenologische Dialogübung* („Sesselmethode") publiziert wurde (Längle 1987; 2000b).

Frankl gab als Entwicklungshintergrund für die Paradoxe Intention (Frankl 1982a, 184ff.) einen Zufallsbefund an, der dann durch systematisches *Experimentieren* erweitert und zur Technik ausgebaut wurde. Dagegen ist die Entwicklung der Dereflexion (Frankl 1999) wohl auf theoretische Überlegungen zurückzuführen.

Die Entwicklung der Personalen Existenzanalyse

In diesem Zusammenhang würde ich noch gerne ein paar Sätze zur Entwicklung der *Personalen Existenzanalyse (PEA)* (Längle 1993; 2000c) sagen, weil durch sie eine Entwicklung in der Existenzanalyse eingesetzt hat, die noch längst nicht zum Abschluss gekommen ist.

Etwa ein Jahr vor der Entdeckung des Systems der Grundmotivationen wurde das Prozess-Modell der Existenzanalyse, die PEA, ausgearbeitet und stand ab 1989 zur Verfügung. Anlass zur Entwicklung der PEA waren Überlegungen, wie der zentrale Begriff des Person-Seins in der Praxis fruchtbar gemacht werden kann. Denn bis dahin stellte die Person zwar ein wichtiges theoretisches Konzept dar, aber die Praxis bezog sich immer nur auf Einzelelemente des personalen Vollzugs, wie z. B. die Gewissensfindung, die Entscheidungsfindung, das Handeln. Obwohl Frankls geistiger Mentor, Max Scheler, den Gefühlen einen hohen personalen Stellenwert eingeräumt hatte, fehlte die Arbeit mit ihnen in der Logotherapie praktisch zur Gänze.

So stellten sich die uralten Fragen wieder neu in der Praxis: Was ist eigentlich die Person? Was tut sie? Was kennzeichnet sie? Wie kann sie erreicht werden? Wie kann ihre Kraft mobilisiert und genützt werden, die „Trotzmacht des Geistes" (Frankl 1982a) mit System angeregt werden?

Mit diesen Fragen operierte ich jahrelang in der Praxis. Und immer dann, wenn mir ein Verhalten des Patienten – oder mein eigenes Verhalten – apersonal erschien, stellte ich mir diese Fragen in verstärktem Maße. Um dann im Kontrast dazu zu sehen, was die Kennzeichen sind, wenn das Verhalten „personal" erschien.

Dabei fand sich regelmäßig, dass es „personal" wurde, wenn die Person *ansprechbar* war, wenn sie sich als „sich selbst" empfand und ausgab (authentisch war und eine Identität hatte). Die Person wurde sichtbar, wenn sie *entschieden* hatte und sich *akthaft* handelnd zum Ausdruck brachte. Aus diesem Wechselschritt zwischen Theorie, Phänomenologie/Empirie und Introspektion entstand das Ergebnis, in welchem diese drei Elemente des Eindrucks, der Stellungnahme und des Ausdrucks als zentrale Eckpfeiler des Person-Seins herausgehoben wurden. Damit wurde das Person-Konzept direkt psychotherapeutisch fruchtbar und es war möglich geworden, in Bereichen des Sich-selber-nicht-Verstehens sowie des personal noch nicht durchdrungenen Leidens, in welchem die Psychodynamik regierte, eine *personale Restrukturierung* durchzuführen und der Person zu ihrer Wirkmächtigkeit zu verhelfen (vgl. auch Kolbe 2000).

Diese Vorgangsweise blieb nicht ohne **Rückwirkung** auf das theoretische Verständnis der Person. Es tauchte z. B. die Frage an die Frankl'sche Logotherapie auf, ob nicht zur Person auch *Gefühle* gehörten und welchen Bezug sie zum Gewissen hätten. Es stellte sich die Frage, in welchem Verhältnis *Impulse* und *Reaktionen* zur geistigen Person stehen. Dürfen solche Regungen in einem ganzheitlichen Daseins-Verständnis und Selbstverständnis fehlen? Haben sie nicht im biografischen Geworden-Sein eine zentrale Bedeutung und an der Überformung der Persönlichkeit mitgewirkt?

So entstand durch die Praxis der PEA die Grundlage zu einer umwälzenden Veränderung der existenzanalytischen Anthropologie, die noch lange nicht abgeschlossen oder gar durchgeführt ist, aber im Keim bereits seit Jahren schlummert: Dass nämlich die Psychodynamik bei weitem nicht so ungeistig ist, wie Frankl meinte, und dass sie nicht immer nur als Widersacherin des Geistes anzusehen ist, sondern dass sie den Keim des Geistigen bereits in sich trägt. Dasselbe gilt für den Körper.

Damit wird die Auffassung des Geistigen als Antithese zu Psyche und Soma – die Grundlage des psychonoetischen Antagonismus – anthropologisch relativiert und der Graben zwischen Geist und Psyche, den Frankl nicht scharf genug ziehen konnte, teilweise zugeschüttet. So führt die stringente Arbeit in der Praxis im Wechselspiel mit der Theorie zu Veränderungen der ganzen Anthropologie und Theorie – eine fruchtbare Wechselwirkung und ein dynamisches Fließen, das durch den Dialog zwischen Geist und Welt eröffnet wird.

Das Ziel existenzanalytischer Beratung und Therapie

Der Wert von Methoden bzw. eines methodenfreien Vorgehens (z. B. mittels unstrukturierter, spontaner Gespräche) kann besonders anhand der *erwünschten Wirkung* festgestellt werden. So führen uns unsere Ausführungen zwangsläufig zur Frage nach dem Ziel existenzanalytischer Psychotherapie, Beratung und Coaching. Denn nur vom Ziel her kann entschieden werden, was die *geeignete* Vorgangsweise ist.

Als Ziel existenzanalytischer Beratung, Therapie und Coaching sehen wir in der neueren Existenzanalyse das Finden einer *inneren Zustimmung* zum Leben an. Das „Ja zum Leben finden" kann anhand der Grundbedingungen der Existenz als ein *vierfaches Ja* zu unterschiedlichen Themenbereichen verstanden werden, wodurch ein gezielter Zugang und bereits eine methodische Gliederung existenzanalytischen Vorgehens gegeben ist:

- die Zustimmung zur *Welt* und ihren Bedingungen
- die Zustimmung zum *Leben*
- die Zustimmung zum eigenen *So-Sein* (zur Person)
- die Zustimmung zum *Werden* (zu Veränderung, Tat und Sinn)

Um zur Zustimmung zu gelangen, ist ein *dialogischer Austausch* mit sich (mit der Innenwelt oder Eigenwelt), mit der Welt (Mitwelt und Umwelt) und im Ansatz mit der subjektiv empfundenen Überwelt erforderlich.

Die Wirkebenen

Darüber hinaus stellt sich bei der Untersuchung der Bedeutung von Methodik und Technik die Frage, welche *Zugangskanäle* zum Menschen prinzipiell zur Verfügung stehen, d. h. über welche Wege die angestrebte Wirkung erreicht werden kann. Entsprechend unserer Anthropologie (z. B. Frankl 1959, 666ff.) können wir drei voneinander verschiedene Ebenen unterscheiden, die im Menschen in eins fallen: die somatische, psychische und personal-existentielle („geistige", „noetische"). Ich würde als vierte Ebene den praktischen Existenzvollzug hinzufügen. Da sie eine Einheit bilden, ist über jede dieser „Dimensionen des Menschseins" eine Einflussnahme möglich.

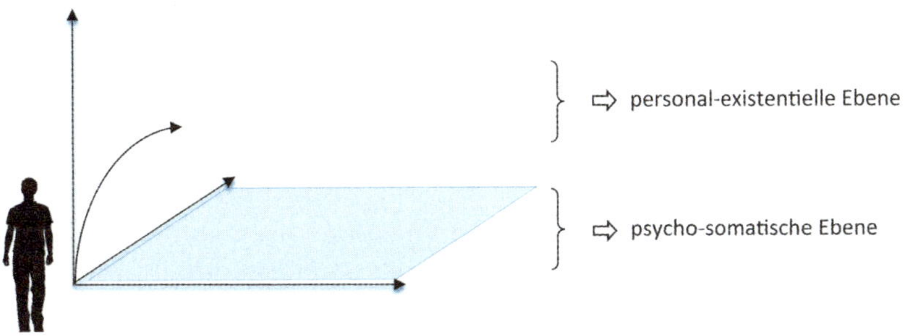

Abb. 70: Die existenzanalytische Anthropologie beschreibt eine kausal determinierte psychosomatische Ebene am Menschen und eine kausal **in**determinierte, „freie" personal-existentielle Ebene, wodurch grundsätzlich verschiedene Zugangsweisen zum Menschen markiert sind.

Die ersten beiden „Empfangskanäle psychotherapeutischer Wirkung" (Längle 1988a, 70) decken sich mit der psychosomatischen Ebene. Sie sind durch das *kausal-deterministische Wirkprinzip* gekennzeichnet und liegen daher auf der Reiz-Reaktions-Ebene.

Dagegen hat die personal-existentielle Ebene eine *nicht determinierte* Prozess-Struktur. Empfang und Verarbeitung von Wirkungen (Einflüssen) werden durch den Stimulus nicht festgelegt, sondern sind *freie Äußerungen* eines sich selbst determinierenden Subjekts. Sie geschehen daher nicht gesetzmäßig und verlaufen nicht in vorgegebenen Kanälen und Strukturen, die das Resultat festlegen.

Diese strukturelle Polarität, die sich in der Anthropologie findet, durchzieht das ganze Leben des Menschen, wie noch ausgeführt wird, und somit auch die Debatte um Methodik und methodenfreies Vorgehen in Beratung und Therapie.

Die Wahl der Mittel

Psychotherapeutische Wirkung ist auf die „Empfangskanäle" und ihre Struktur abzustimmen, wenn sie erfolgreich sein will. So legt bereits die Anthropologie einen Teil der Vorgangsweise fest.

Für die Wahl der Mittel ist daher zuerst eine klare Diagnostik erforderlich, um zu wissen, *wo* die Ursache und *wo* das Austragungsfeld der Störung ist, um dann zu entscheiden, mit *welchem* Mittel gearbeitet wird und in welcher Reihenfolge die Mittel zum Einsatz kommen sollen.

Eine auf die *kausal-deterministische Verarbeitungsstruktur* der psychosomatischen Ebene abgestimmte Vorgangsweise erfordert psychologische **Techniken**, die in klaren Schritten und abgestuft auf die Verarbeitungsweise und -geschwindigkeit dem Menschen Informationen und Anstöße zu Veränderungen zuführen.

Auf der *körperlichen* Ebene können das z. B. harmonisierende Bewegungen wie Chi Gong, Massagen, Feldenkrais etc. sein. Ein großes Gebiet ist die kausale Einflussnahme durch Psychopharmaka.

Auf den *psychischen* Kanal wirken Techniken wie Entspannungsverfahren, Hypnose, Mobilisieren von Aggression oder triebhaftem Impuls im Anbieten einer Übertragungsfläche, oder Konditionierungslernen wie in der Verhaltenstherapie, wodurch die Gesetzmäßigkeiten psychischer Abläufe aufgegriffen werden und Veränderungsprozesse in Gang kommen.

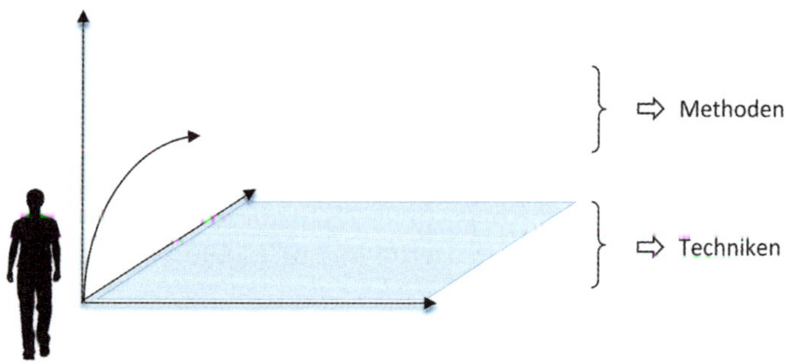

Abb. 71: Entsprechend den verschiedenen anthropologischen Strukturen im Menschen ergeben sich unterschiedliche Schwerpunkte der Mittel in der Behandlung: *Techniken* eignen sich nur für den determinierten Bereich menschlicher Wirklichkeit, während *Methoden* einen Schwerpunkt im indeterminierten Bereich haben.

Auf der *personal-existentiellen Ebene* herrscht der freie Geist, der allen Einflüssen eine personal-autonome Verarbeitung entgegenstellt. Das heißt: Ein Einfluss kann auf dieser Ebene nur dann wirken, wenn er durch das Nadelöhr der *subjektiven Evidenz* bzw. *emotionalen Zustimmung* gegangen ist. Darum gibt es auf dieser Ebene keine Wirk*ursachen* mehr, die eine Veränderung per se hervorrufen könnten, sondern nur Wirk*angebote*, die für das wählende, an der eigenen Emotion und Lebensbezüglichkeit wertende, autonom – d. h. aus sich heraus – entscheidende Subjekt Gründe sind, sich von sich heraus auf etwas Neues einzulassen. Die Wirkungsverarbeitung erfolgt nicht kausal-determiniert, sondern enthält als bestimmende Größe eine unberechenbare, kreative Kraft, die aus der nie ganz einholbaren Tiefe des „Geistig-Unbewussten" (Frankl) stammt. Es ist die Kraft der *Person*.

Gespräche, die die Person mit ihren Einstellungen, Meinungen, Haltungen, Fähigkeiten und Kräften mobilisieren sollen, kommen ihr durch einen *begegnenden* Charakter am nächsten. Dadurch wird sich die Person ihrer Urpotenz – der autonomen Entscheidung – wieder bewusster. Um dieses Ziel zu erreichen, ist ein **methodisches Vorgehen** naheliegend, da es nicht an den kausalen Verarbeitungsprozessen mit abgestuften Schritten ansetzt, sondern an den *Inhalten* und Bereichen, die zur Entfaltung der freien Kräfte der Person dienen. Was hier in das Gespräch einfließt, ist kein „Know-how", sondern ein „Know-what". Das Gespräch wird verstehend geführt und hat zum Ziel, dem Gesprächspartner Möglichkeiten zu eröffnen. Die akzeptierende Vorgangsweise, mit der der Person in der Haltung begegnet wird, dass sie stets gute Gründe für ihre Entscheidungen hat, auch wenn sie vielleicht unverständlich sind oder anders ausfallen als erwartet, gibt ihr jenen Schutz, den sie als Person braucht, um mehr sich selbst sein zu können. Dies ermöglicht auch, Gefühle und Impulse zu bergen, die zur Ganzheit des Person-Seins gehören. Diese Entwicklung ist vor allem von Carl Rogers (z. B. 1987) in der Psychotherapie vorangetrieben und mit seinen Grundvariablen der Gesprächsführung systematisch beschrieben worden. Dieselbe Haltung und Vorgangsweise findet sich im Übrigen auch in *der Personalen Existenzanalyse*, in der die Rogers'schen Grundvariablen in einer methodischen Abfolge von Schritten vorkommen (vgl. auch Stumm 2000). Wesentlich an dieser therapeutischen Grundhaltung ist, dass die Person eingeladen wird, „dem ständigen Durchwirkt-Sein von Welt ein gestalterisches Wirken der Person entgegenzustellen"

(Längle 1988a, 73), wodurch es zu einem „prozesshaften Verknüpfen der Person mit Werten“ (ebd., 74) kommt.

Dafür ist eine *phänomenologische Vorgangsweise* jener Weg, welcher der Person und der Restrukturierung ihres Weltbezugs, wie es in der existenzanalytischen Psychotherapie versucht wird, am nächsten kommt. Konkret bedeutet dies z. B. in der PEA, die Person in ihrer *Ansprechbarkeit* zu erreichen, indem ihr mitfühlend (empathisch) und mitschauend begegnet wird.

Ein weiteres Mittel auf der personalen Ebene ist die *Konfrontation*, durch die die Person zur Stellungnahme aufgefordert wird. Dies geschieht in der PEA im zweiten Schritt. Auch provokative Vorgehensweisen, wie sie z. B. Frank Farrelly (1985) ausgearbeitet hat, können dazu dienen, Stellungnahmen der Person zu mobilisieren. Bei uns wird diese Vorgangsweise eher wenig angewandt. Früher jedoch war die Arbeit mit *Paradoxa* im Rahmen der Logotherapie und Existenzanalyse geläufiger. Heute ist dies eine Vorgangsweise, die vor allem von den systemischen Richtungen (z. B. Watzlawick 1974; Selvini-Palazzoli 1977) verwendet wird.

Schließlich entsteht eine besondere Gemeinschaft und Solidarität mit den Patienten im letzten Schritt der PEA, wo es um die Phänomenologie der *Handlungsmöglichkeiten* geht und die Person auf ihrem Weg des Sich-selbst-in-die-Welt-Bringens begleitet wird.

Das gemeinsame Element im existenzanalytischen Vorgehen ist jedenfalls *die teilhabende Nähe* und die gemeinsame Suche nach dem für den aktuellen Existenzvollzug *Benötigten* (Längle 1988b, 15). Existenzanalyse setzt stets am Personal-Existentiellen an und hat dort den Schwerpunkt der Behandlung.

In der zeitlichen Abfolge einer Psychotherapie oder Beratung ergeben sich *Schwerpunkt*e, die im Prinzip dem Modell der PEA folgen. Die Eingangsphase ist durch Offenheit und Verstehen gekennzeichnet, in der es um die Problemfindung geht. Sie ist vorwiegend *phänomenologisch*. Die mittlere Phase der Behandlung bedarf mehr der *Methodik*, um die Probleme innerlich durchzuarbeiten. In der Schlussphase geht es um die Konsolidierung und das reale Vollziehen des Neuen, somit um Üben und Umsetzen, wofür *Techniken* oftmals besonders geeignet sind.

Begriffsbestimmung von „Methode“ und „Technik“

Unter **Methode** verstehen wir die geplante Anwendung einer Theorie in definierten Schritten, ohne dass konkrete Handlungsanweisungen vorgegeben wären.

Der Anwender einer Methode weiß somit um die *Inhalte*, um die es in seiner Praxis geht. Methodisches Vorgehen ist wie das Begleiten eines Menschen im Rundgang durch die Räume eines Hauses, die der Reihe nach durchschritten werden. Wie lange man sich in jedem Raum aufhält und was man darin tut, bleibt aber jedem Besucher frei. Methoden belassen somit einen gewissen Spielraum. Sie geben Orientierung, ohne die Durchführung festzulegen. Methoden sind daher geeignet für Anwendungsgebiete, die eine große Variabilität und Anpassung der Schritte fordern. Methoden verlangen allerdings eine größere persönliche Beteiligung des Therapeuten, als dies bei Techniken erforderlich ist, da sich diese durch einen stärkeren Schematismus auszeichnen. Um eine Methode anwenden zu können, muss der Therapeut in der Theorie „gebildet“ sein und um die Inhalte und ihre Zusammenhänge wissen, die zur Anwendung kommen sollen.

Die klassischen Methoden in der Existenzanalyse sind die *Dereflexion* (Frankl 1959, 729ff.) und die *Personale Existenzanalyse* (Längle 1993). Weitere Methoden in der Existenzanalyse und Logotherapie sind die *Sinnerfassungsmethode (SEM)*, die *Einstellungsänderung (EÄ)*, die *Willensstärkungsmethode (WSM)* und die *Personale Positionsfindung (PP)*.

Als eine uns sehr nahestehende Vorgangsweise ist die Gesprächsführung nach *Carl Rogers* (z. B. 1987) zu nennen, die nach den Grundsätzen der Echtheit, der unbedingten Wertschätzung und Empathie arbeitet und somit drei kategoriale „Räume“ zum Einsatz bringt, die in der konkreten Durchführung an die Bedürfnisse des Klienten und an die Fähigkeiten des Therapeuten anzupassen sind.

Unter **Technik** verstehen wir ausgearbeitete Interventionsschritte mit Werkzeugcharakter, durch die nicht nur die Abfolge der Ebenen festgelegt wird, sondern auch die konkreten Behandlungsschritte.

Eine Technik stellt somit eine Art „*Gebrauchsanweisung*“ für die Lösung eines umschriebenen Problems dar (z. B. Atemtechnik, Lerntechniken, Gesprächstechniken). Dabei ist der Beziehungsaspekt weniger bedeutsam als bei der Anwendung von Methoden, da sich die Vorgangsweise primär an der Funktionsweise der *Sache* orientiert. Techniken haben daher einen natürlichen Schwerpunkt in der Behandlung kausal determinierter Strukturen (Körper, Psyche, noopsychische Werkzeugleistungen wie Denken, Gedächtnis, Gesprächs-„Grammatik“). Gute Techniken haben hohe Effizienz, weil sie eine straffe, in der Praxis erprobte Führung vorgeben. Bildlich gesprochen begleiten Techniken nicht einfach einen Menschen von Raum zu Raum in einem Haus, sondern nehmen ihn bei der Hand und führen ihn (auch im Dunkel!). Sie legen den Weg und die Tätigkeit in jedem Raum fest. Techniken vermitteln als Instrumente ein „Know-how“.

Als klassische Technik in der Existenzanalyse und Logotherapie hat Frankl die *Paradoxe Intention* bezeichnet (Frankl z. B. 1959, 723ff.). Weiters zählt die *Phänomenologische Dialogübung* (Längle 2000b) dazu.

Außerhalb unserer Schule sind berühmte Techniken das Autogene Training (Schultz 1970), die Systematische Desensibilisierung (Wolpe 1958), die Übertragungstechnik in der Psychoanalyse etc.

Der *Sinn* von Methodik und Technik liegt in der Strukturierung der Vorgehensweise. Die Struktur der Vorgangsweise ergibt sich durch

1. Bezugnahme auf ein **Vorwissen** über die Struktur
   - des Problems und
   - der Psyche.

Daraus ergeben sich die *Mittel,* die zur Lösung eines solchen Problems gebraucht werden, wodurch eine Orientierung für den Therapeuten und Berater sowie Sicherheit im Vorgehen für Helfer und Hilfesuchenden vermittelt wird;

2. Einsatz von **Vor-Erfahrung** und Übung, was zur
   - Strukturierung der benötigten Mittel, zur
   - Kumulierung der Erfahrung, zur
   - Bündelung der Kräfte durch Konzentration auf das eine Thema, zur
   - Zerlegung der Vorgangsweise in Teilschritte, zur
   - Intensivierung der Schlagkraft durch gleichförmige, übende Wiederholung der Vorgangsweise und zur
   - Schaffung eines u. U. vom Patienten selbst handhabbaren Instrumentes führt.

Als Nachteile und Gefahren von Methodik und Technik sind anzuführen, dass sie

- unpersönlich,
- verallgemeinernd,
- einengend bzw. Probleme und Fähigkeiten ausblendend,
- starr und
- unlebendig

sein können. Niemals soll eine Technik oder ein methodisches Vorgehen den unmittelbaren mitmenschlichen Bezug zum Patienten und Klienten ersetzen – dies hieße, das Ende der Psychotherapie und den Beginn der Psychotechnik zu markieren.

Professionalität, Methodik und Kunst

Professionalität zeichnet sich dadurch aus, dass jemand, der sich als „Helfer" ausgibt und dafür gesellschaftlich sanktioniert ist, einer anderen Person, die Hilfe sucht, eine für ihr Problem geeignete und über das Laienwissen hinausreichende, erprobte und wissenschaftlich-theoretisch begründete Hilfe anbietet (vgl. Frank 1981; Strotzka 1984). Professionalität ist daher allein von ihrem Anspruch her *immer Methode – zumindest Methode*, wenn nicht Technik. Der professionellen Arbeit liegt System zugrunde, ihre Vorgangsweise hat Methode. D. h., dass der professionelle Helfer wissen muss, was er tut, warum er es tut, wie er es tut (welche Mittel dafür geeignet sind) und wann er die geeigneten Mittel einsetzen soll.

Je weniger Methode in einer Psychotherapie vorliegt, desto mehr gerät ihre Professionalität in Gefahr und bekommt den Charakter der (vielleicht gebildeten oder bemühten, aber laienhaften) Unterhaltung oder der (philosophischen bzw. psychologischen) Diskussion. In diese Richtung ging die häufigste Kritik an der alten Logotherapie Frankls (vgl. z. B. Görres 1978, 33). Zwar war dieser Mangel ursprünglich nicht als Defizit anzusehen, weil Frankl die Logotherapie als anthropologische Ergänzung für *alle* Psychotherapie konzipiert hatte, ohne den Anspruch einer eigenständigen Psychotherapieform an sie zu knüpfen (für einen Überblick vgl. Längle 1998, 251ff.). Je mehr sich die Logotherapie aber zu einer solchen zu entwickeln begann, desto notwendiger wurde die weitere Entfaltung von Methodik und Technik.

Neben diesen Begründungen zur methodischen Struktur von Beratung und Therapie besteht eine geradezu konträre Auffassung, wonach Psychotherapie und Beratung mehr eine **Kunst** als eine Technik sei, mehr mitmenschliche, „reine“, d. h. durch kein Korsett getrübte Begegnung sein soll als vorstrukturierte, von Sachwissen geprägte, verfremdende, am Menschlichen vorbeigehende Methodik oder Technik. In diesem Verständnis ist Psychotherapie Kunst, die man als solche schwer lernen und bestenfalls verfeinern kann. Auch diese Ansicht vertritt ein legitimes und wichtiges Anliegen. – Worum geht es in diesem Verständnis?

Diese Auffassung tritt als Anwalt auf gegen die Gefahr der Technisierung und Entmenschlichung der Gesprächsführung. Sie unterstreicht das *Nicht-Machbare* in der Begegnung, die Wichtigkeit des Geschicks, des Sinns für Ästhetik, für die Feinheit und Sensibilität des Umgangs mit der Person. Zum Nicht-Machbaren gehört weiters auch die Ausstrahlung des Therapeuten, die „Chemie“ der Beziehung, die Therapeuten und Patienten füreinander ansprechbar macht. Als eine Kunst ist auch die Improvisation innerhalb der Methode und Technik zu nennen, wodurch die Vorgangsweise ganz auf die Person und ihre Bedürfnisse angepasst werden kann. Die Handhabung von Strukturen ist nämlich nicht per se als Stumpfsinn anzusehen, sondern lässt dem kreativen Geist reichlich Spielraum.

Zur Etablierung der persönlichen, zwischenmenschlichen Beziehung in der Therapie sind Methoden und Techniken fehl am Platz. Vertrauen, Offenheit, Anteilnahme, Mitfühlen sind rein begegnende Elemente, die aus der Freiheit der Person in jeder Situation und Beziehung neu erwachsen und nicht durch Vorgaben oder sachliches Kalkül ersetzt werden können, ohne ihre Echtheit zu verlieren. In einer personorientierten Psychotherapie wie der Existenzanalyse haben diese Elemente eine tragende Funktion.

Die Auffassung, Therapie oder Beratung seien mehr Kunst als Technik, beinhaltet daher ein feines Gespür für den *Ereignischarakter* der Begegnung, für einen notwendigen Rest an Unprofessionalität, die dem echten Verstehen und Sich-verstanden-Fühlen eigen ist. Denn wirkliches Verstehen geschieht von einem Menschen als Mensch und nicht als Methodiker oder Techniker. Gerade in der existenzanalytischen Gesprächsführung ist es von großer Wichtigkeit, dass die Person Platz im Gespräch hat.

Dazu gehört auch, dass die Person des Therapeuten vorkommen kann. Jedes gute, existenzanalytische Gespräch ist daher meines Erachtens *auch* Kunst. Eine Kunst, die *beiden* Beteiligten ein Geschenk macht, das Geschenk der mitmenschlichen Begegnung, des Ansichtig-Werdens der Person jenseits der sachlichen Aufgabenbezogenheit.

Dennoch ist dieser Auffassung eine beträchtliche Einschränkung entgegenzustellen. Denn so schön der Kunstcharakter der Gespräche ist und so erfüllend er unsere Arbeit macht, der Patient *kommt* meistens nicht *deshalb* zum Gespräch! Er sucht Hilfe für seine Angst, für seine Probleme, für eine klare Aufgabenstellung, aber er sucht im Allgemeinen nicht primär Begegnung.

Dennoch: Obwohl er nicht deshalb kommt, möchte er nicht ohne die Erfahrung der Begegnung *gehen*!

Dilemma psychotherapeutischer und beraterischer Vorgangsweise

Genau besehen beinhaltet professionelle Beratung und Behandlung ein nie ganz einlösbares Dilemma. Man könnte von der „Quadratur des Kreises" in Coaching, Beratung und Therapie sprechen. Sie spiegelt sich in der Diskussion darüber, ob Psychotherapie mehr Kunst oder mehr Technik sei. Es ist der alte Gegensatz zwischen Geist und Natur, zwischen Geisteswissenschaften und Naturwissenschaften.

Dieser Gegensatz bringt auch die Psychotherapie in das Problem, dass sie

- einerseits *der Person gerecht* werden und ihrem Anspruch auf Individualität, Unterschiedlichkeit, Eigenständigkeit, Verstanden-Werden und Begegnung genügen will;
- andererseits muss sie aber *der Krankheit bzw. Störung gewachsen* sein mit ihren Gesetzmäßigkeiten und Determinanten, ihrer Allgemeinheit der Struktur und Einheitlichkeit der Symptome und Psychopathologie.

Hier steht der Mensch vor einer **Bipolarität**, die das ganze Leben durchzieht und daher auch das psychotherapeutische und beraterische Gespräch mitbestimmt, ein Yin-Yang zwischen dem

Harten, Welthaften, Bedingenden	und dem	Weichen, Personhaften, Ermöglichenden
	oder dem	
Alten, Geschichtlichen, Festgefahrenen	und dem	Neuen, Zukünftigen, Ausstehenden
	oder dem	
Geübten, Trainierten, Disziplinierten	und dem	Ungeübten, Schwachen, Keimenden
	oder dem	
die Kraft und Hilfe von *außen* an die Person Herantragen, sie von außen „Freischaufeln"	und dem	Vertrauen auf die Lebenskraft und autonome Geistigkeit von *innen*, die sich selbst aktualisiert und wächst und *aus sich heraus* die Heilung vollbringt.

Es ist wie bei einem Tunnelbau, wo üblicherweise von zwei Seiten vorgestoßen wird und man sich in der Mitte trifft. Dieses Prinzip der Polarität durchzieht alle Bereiche des Menschen, z. B. auch die Wirtschaft, die Politik, die Pädagogik. Es kennzeichnet die Situation der Beratung und mehr noch der Psychotherapie, die ja personnäher und prozesshafter arbeitet als die Beratung. Diese Polarität ist die große Herausforderung in unserer Arbeit, nämlich zwei gegenläufige Paradigmen laufend unter einen Hut zu bringen.

Die Rolle der Phänomenologie

Gibt es eine Hilfe, eine spezielle Vorgangsweise in der Lösung dieses Dilemmas? Was kann helfen, die beiden Pole zu integrieren? Da sie zwei Seiten ein und derselben Realität sind, sind wir auf *beide* angewiesen. Nichts wäre schlimmer, als sie gegeneinander auszuspielen. Es ist wie das Stehen auf zwei Beinen, und da hilft es nicht, das eine durch das andere ersetzen zu wollen. Die Kunst des Zweibeiners besteht vielmehr darin, die Gegensätzlichkeit und Polarität auszuschöpfen, wodurch wir schließlich aus dem *Stehen* in das *Gehen* kommen können. Gehen kann ja auch verstanden werden als ein kontinuierliches, aufeinander folgendes Nützen der Einseitigkeiten der beiden Beine.

Wenn wir dieses Bild auf die geistigen Polaritäten übertragen, suchen wir nach einer Brücke zwischen der Notwendigkeit von Methodik/Techniken einerseits und andererseits der Notwendigkeit, der Gesprächsführung den Charakter von Kunst zu belassen. Eine solche Rolle kann meines Erachtens am besten von der Phänomenologie wahrgenommen werden.

Die *Phänomenologie* ist eine im praktischen Verhalten zur Welt fundierte *Erkenntnishaltung*, eine „Einstellung des geistigen Schauens", wie sie z. B. Scheler (1957, 380) bezeichnete. Das Charakteristische an dieser Erkenntnishaltung ist, dass sie den anderen „in seiner Eigenart beläßt" (Lleras 2000) und sich nach dem richtet, was das Phänomen von sich selbst herzeigt, was es von sich aus, sozusagen „freiwillig", sehen lässt.

Phänomenologisch achten wir in der Praxis auf das, was der Patient und sein Problem von sich herzeigen *lassen* in der Art, wie sich die Person und das Problem auf die Umgebung *auswirkt* und wie die Umgebung ihrerseits *einwirkt* auf den Menschen und sein Problem. Die Phänomenologie schaut daher auf die Vernetzung, Wechselwirkung oder darauf, *„wie"* jemand lebt, spricht, sich zeigt – „wie" er in seinem Milieu mit seinem Problem zur Erscheinung kommt.

Der Vollzug und das Ziel hermeneutischer Phänomenologie im Sinne Heideggers ist das *Verstehen*. Verstehen heißt, etwas oder jemanden *aus sich heraus* in seinem Wesen bzw. in seinen Beweggründen zu erfassen, besser seiner „ansichtig zu werden". Bis in das eigene Gefühl hinein „nachvollziehen können", warum sich ein Mensch so fühlt, wie er fühlt, warum er sich so verhält, wie er sich verhält.

„Aus sich heraus die Beweggründe erfassen" bedeutet, nicht aufgrund anderen Wissens verstehen zu wollen, den anderen nicht zu erklären, keine Theorie, kein Vorwissen, keine empirische Erklärung zu bemühen. All das ist einzuklammern (Epoché).

Um dies zu können, bedarf es der Übung, um zu einem freien, geistigen Schauen zu kommen, um sich bereitzustellen und offen zu machen für den anderen, um den *Mut* und das *Vertrauen* zu haben (Scheler 2008, 325), sich so weit aussetzen und zurücklassen zu können.

Genaugenommen handelt es sich bei der hermeneutischen Phänomenologie (Heidegger 1997) um keine Methode, sondern um eine reine *Haltung der Offenheit*, um einen *Weg*. Wenn diese Haltung wirklich offen ist, darf sie nur an den Phänomenen Maß nehmen, und der Weg selbst darf nicht Maß für die Phänomene werden. Sie hat sich in ihrem Vorgehen von dem leiten zu lassen, was die Phänomene zeigen und zu ihrem Verständnis fordern. Phänomenologie ist ein dem Phänomen angemessener Zugang; nur dann ist es wirkliches Verstehen von der Sache bzw. vom anderen her.

Heidegger verwendet daher in den späteren Schriften den Begriff „Methode" nicht mehr (Vetter 1992, 34ff.), weil Methode bereits ein „Nachher" bedeutet, ein Nachgehen (met-hodos), das wie das Nach-Denken sich bereits aus dem Prozess der unmittelbaren Begegnung herausnimmt. Ein solches Nachgehen beinhaltet bereits eine Zielsetzung, wird zum Nachstellen, zu einem Verfolgen, was bereits zu viel Absicht des Phänomenologen beinhalten würde. Echte Phänomenologie ist nach Heidegger ‚hodos', Weg, also gemeinsames Beschreiten, eine Form des Miteinander, nicht des Nacheinander.

Gerade wegen dieser respektvollen Offenheit ist die Phänomenologie das Mittel der Wahl, um in existenzanalytischen Gesprächen die Person zu erreichen. Phänomenologie ist daher die angemessene Vorgangsweise in Existenzanalyse und Logotherapie und erhält zentralen Stellenwert.

Phänomenologie in der Existenzanalyse

Spiegelberg (1985, 68) stellte in seiner Untersuchung der Frankl'schen Anthropologie fest, dass die „seiner Logotherapie zugrundeliegende Wertelehre phänomenologischer Natur" sei, die Phänomenologie aber kein „wesentlicher Bestandteil seiner Botschaft" sei.

In der Existenzanalyse ist heute die *Personale Existenzanalyse (PEA)* jene Methode, in der die Phänomenologie auf verschiedenen Ebenen Platz hat und systematisch zur Anwendung kommt (vgl. auch Lleras 2000).

Im ersten Schritt der PEA *(PEA 1)* geht es um die *Phänomenologie der Situation* (Vergangenheit) unter dem Gesichtspunkt des subjektiven Erlebens.

Im zweiten Schritt *(PEA 2)* geht es um die *Phänomenologie der Innerlichkeit*, des inneren Erlebens und der geistigen Stellungnahme.

Im dritten Schritt der PEA *(PEA 3)* wird die *Phänomenologie der Situation (Zukunft)* unter dem Gesichtspunkt des Handelns betrieben.

Da sich die PEA als hermeneutische Phänomenologie in jedem Schritt vom Phänomen leiten lässt (wie es von einer strikten Phänomenologie gefordert ist) und nicht einem Ergebnis nachstellt, wird auch verständlich, warum wir in der Praxis immer wieder ein *„Abgleiten vom Thema"* erleben, ja erleben müssen. Wir alle kennen die Erfahrung, dass wir von den einzelnen Schritten der PEA wegkommen und Themen behandeln, die außerhalb der methodischen Abfolge liegen. Dies ist nicht selten auf die Offenheit für den Patienten und für sein Problem zurückzuführen, eine Offenheit für das, was sich ungeplant einstellt auf dem Weg zu ihm und zu seinen Ressourcen.

Die **Grenzen der Phänomenologie** i. e. S. sind erreicht, wenn das Verstehen erfüllt ist. Dank der Phänomenologie haben wir die Grundlage für ein Handeln geschaffen und den Weg für die zielführende Intervention gewiesen bekommen. Nun aber setzt das andere Paradigma ein, das Anleihe am Vorwissen und an der Vorerfahrung nimmt, an Erklärungen und Interpretationen. Hier ist nun der Punkt erreicht, an dem *Methoden und Techniken* die konkrete Arbeit bereichern und die nötigen Mittel zur Verfügung stellen, um die Mauern der Fixierung, der Gewohnheit, der Starre, des fehlenden Austausches – kurz: die Gesetzmäßigkeiten der Störungen und Krankheiten – zu durchbrechen.

Mit dem Verstehen ist schon viel bewirkt und eröffnet, aber mit Verstehen allein ist noch nicht alles getan. Die Patienten fragen daher oft während der phänomenologischen Phase ganz spontan: „Und was soll ich jetzt *tun*?". – Sie suchen nach Mitteln und Anleitungen, brauchen eben Techniken und Methoden, um ihre Kraft einsetzen zu können und ihrem Veränderungswillen zum Durchbruch zu verhelfen. Denn mit Freiheit, Verantwortung und Sinn allein kann der Mensch mit einer schweren Störung nicht zurechtkommen. Es wäre eine Überforderung des Geistigen bei aller respektablen „Trotzmacht des Geistes" (Frankl), mit der die Probleme ja nicht gelöst, sondern nur eingedämmt werden können[8]. Dass dies eine Überforderung wäre, ergibt sich auch aus unserer Anthropologie. Ihr zufolge hat das Psychische und Somatische seine Eigengesetzlichkeit und ist dem Geistigen nicht direkt unterworfen. Darum bedarf es in der

---

8 Im Kontext der Entwicklung der PEA wies Kolbe (2000, 40) auf dieses immanente Problem der Logotherapie hin. „Was ist aber, wenn er diese innere Freiheit nicht erlebt, was ja gerade den Normalfall der psychotherapeutischen Alltagspraxis darstellt?" Um psychisch kranken Menschen helfen zu können, brauche es eine Methode. Aus Mangel an Methode sei die Logotherapie an dieser Stelle stets appellativ geworden.

Praxis eines *Wechselschrittes*, eines „Gehens“ in der Psychotherapie und Beratung – des Wechselschrittes zwischen

Phänomenologie ⟷ Methode/Technik

Die Phänomenologie erschließt uns, wie wir gesehen haben, den Zugang zur Person durch die Haltung der Offenheit für das Neue, für das Wesen, für das Nicht-Festgelegte. Das ist die Grundlage unserer Arbeit. Ist die Struktur der zielführenden Handlung einmal erkannt, kann uns die gebündelte Erfahrung und das verdichtete Vorwissen der Methoden und Techniken helfen, den Weg zum Ziel auch gehen zu können. Strukturiertes Vorgehen liefert einen Hebel gegen das Sperrige und Sich-Wiederholende der Probleme und Störungen. Technik und Methodik beinhalten so viel Struktur, um gegen das Problem der Probleme antreten zu können, welches darin besteht, dass sich die Probleme wiederholen, dass sie entmutigen und leiden lassen, weil sie „immer dieselben“ sind, trotz der Absicht des Geistes und des Veränderungswillens oder Veränderungswunsches der Person. Nur der Wechselschritt zwischen der Offenheit und der Struktur führt zum Vorankommen in Psychotherapie und Beratung. Denn nur das wird der Tatsache gerecht, dass wir als Menschen *eingewoben* sind in die Bedingungen dieser Welt und *eingefleischt* sind in unser Leben.

Es wäre naiv zu glauben, der Geist allein – die gute Absicht – sei stark genug, die Hindernisse der verschiedenen Realitäten zu überwinden. Er bedarf der Partnerschaft mit der Struktur und den Vorgaben, um auf die Welt zu kommen und in ihr fruchtbar werden zu können. Dann ergießt sich die Kreativität des Geistes in einen Bauplan für das Haus unseres Daseins, ein Dasein, in dem das eigene Erleben und Verhalten im fortschreitenden Leben immer mehr *personiert* und die Welt in „wachsenden Ringen“, wie Rilke sagte, in die eigene Existenz eingebunden werden kann.

Die anthropologische Dimension der Personalen Existenzanalyse (PEA)

Alfried Längle

Dieser Beitrag erschien 1999 in der Zeitschrift **Existenzanalyse**, Zeitschrift der Internationalen Gesellschaft für Logotherapie und Existenzanalyse, 16, 1, 18–25.

Abstract

Das Verhältnis der geistigen Dimension zur psychischen und somatischen wird in der existenzanalytischen Anthropologie als dialektisch-oppositionell verstanden. – Die Personale Existenzanalyse (PEA) differenziert dieses Verhältnis. Körper und Psyche werden in ihr als „im Geist stehend" in die Arbeit einbezogen. Das Geistige wird als eine Kraft gesehen, die nicht zum Physischen „dazustößt", sondern ihm zugrunde liegt. Bei einem solchen Verständnis ist der Einbezug von Körper und Psyche in die existenzanalytische Therapie selbstverständlich und ein Erfordernis. – Obwohl in der PEA die Person stärker mit dem Leiblichen und Sinnlich-Psychischen verwoben ist als im Frankl'schen Verständnis, kommt sein Geistkonzept im mittleren methodischen Schritt der PEA inhaltlich ungebrochen weiter zum Tragen, wenn auch ohne einen zwingenden metaphysischen Überbau.

Die Anthropologie der Existenzanalyse

Die Existenzanalyse beschreibt den Menschen als eine Einheit und Ganzheit, die sich in drei unterschiedlichen „Seinsweisen" aktualisiert: somatisch, psychisch und noetisch (Frankl 1959, 667; 1982a). Frankl wählt zur Beschreibung dieser Vielgestaltigkeit von ein und demselben die „dimensionale Betrachtungsweise" in Anlehnung an Spinoza (Frankl 1982a, 31). Damit gelingt es besser, die Dynamik der in der Unterschiedlichkeit der Seinsweisen enthaltenen intrinsischen Potenz zur Diversifikation modellhaft darzustellen und zu betonen. Dadurch hebt sich das dreidimensionale Modell von statischen Beschreibungsformen des Menschen ab, etwa von der Schichtstruktur in Form konzentrischer Kreise bei Max Scheler (1980) oder vom Stufenmodell wie bei N. Hartmann (Frankl 1959, 667; 1979, 21).

Das Neue an der existenzanalytischen Anthropologie – ihr eigentlich großer Wurf – ist der Versuch, das Geistige als *Dynamik* in die Beschreibungsform einzuführen. Die geistige Dynamik bildet den Mittelpunkt der existenzanalytischen Anthropologie, ist ihre Drehscheibe und wird zur Grundlage der Motivationslehre („Wille zum Sinn"). Das Geistige ist in seinem Wesen nicht statisch, nicht fassbar, nicht materiell. Trotz seiner Unfassbarkeit ist die unmittelbare „zeugende" Wirkung der geistigen Dimension die Einheit des Menschen (Frankl 1990, 176f.). Darum kann Frankl in bildhafter Kürze sagen, der Mensch setze sich nicht „zusammen" aus Leib, Triebseele und Geist. Sowohl seine Einheit als auch die damit verbundene Dynamik stamme vielmehr daraus, „dass sich das Geistige mit dem Leiblichen und dem Seelischen auseinandersetzt" (ebd.).

Als zentrales *Thema* der existenzanalytischen Anthropologie erweist sich folglich das Verhältnis des Geistigen zum Psychischen und Somatischen. Frankl schreibt jeder Dimension eine Eigenständigkeit zu. Sie unterscheiden sich wesensmäßig voneinander. Dies kommt in der dimensionalen Darstellungsweise durch den orthogonalen Winkel zum Ausdruck, in welchem die Dimensionen zueinander stehen. Dass sich die Einheit und Ganzheit Mensch in so unterschiedlichen Dimensionen aktualisieren kann, zeigt die potenzielle Spannung an, die sich innerhalb des Menschen auftut. Anders formuliert: wenn im Menschen wesensmäßig so differente Dimensionen zu einer Einheit verschmolzen sind, sind Spannungen in der „anthropologischen Tektonik" der Einheit Mensch aufgrund seiner Ganzheit vorprogrammiert. Eine aus der Spannung resultierende Dynamik z. B. zwischen Bedürfnissen und Vernunft gehört zum Wesen des Menschen. Ebenso gehört zum Menschsein das mit dieser Spannung einhergehende Leiden.

Frankl gibt auch an, wo die Spannungen auftauchen. Sie sind nicht zwischen dem Psychischen und dem Physischen anzutreffen, weil dort ein „obligater Parallelismus" (Frankl 1959, 666) regiert und ein homöostatisches Gleichgewicht angestrebt wird: Veränderungen im Physischen bewirken ein paralleles Mitgehen im Psychischen und umgekehrt, wodurch auftretende Spannungen laufend abgebaut werden. Spannungen treten nur zwischen dem Geistigen und dem Psychophysikum auf. Zwar ist das Geistige mit dem Psychophysikum zeitlebens untrennbar verbunden, aber es steht nicht in einem Parallelismus mit ihm und hat daher – trotz gewisser Grenzen in der menschlichen Realität – eine prinzipielle Unabhängigkeit. Das Geistige schwingt in der Scheler-Frankl'schen Anthropologie (Wicki 1991, 39–48, 82–92) nicht konkordant, sondern gleichsam diskordant nach eigenen Gesetzen: Es ist wesensmäßig *frei* gegenüber dem Psychophysikum. Durch diese prinzipielle Unabhängigkeit des Geistigen vom Psychophysikum entsteht ein *Antagonismus*, wie Frankl (1959, 666) das Verhältnis bezeichnet. So wie sich Beuger- und Streckermuskeln am Arm des Menschen durch ihr Gegenspiel die Waage halten, so halten das Geistige und das Psychophysikum den Menschen durch gegenspielende Kräfte in Bewegung. Frankl bezeichnet den aus der geistigen Opposition stammenden Ursprung der personalen Dynamik des Menschen als „psychonoetischen“ oder „noopsychischen Antagonismus“ (Frankl 1959, 666; 1990, 235).

Fragen an die existenzanalytische Anthropologie

Wie mit jeder anthropologischen Konzeption sind auch mit der existenzanalytischen weitreichende und grundsätzliche Fragen verbunden. Eine ist beispielsweise, ob das Wesen des Geistigen nur als antagonistisch zum Physischen und Psychischen aufgefasst werden kann. Könnte das Geistige nicht ein inneres Prinzip des Physischen und Psychischen sein, ihr Gestalter „von innen“? Dann wäre das Geistige ein agonistisches Prinzip.

Damit verbunden ist eine noch tiefer greifende Frage: Hat das Geistige einen anderen Ursprung als das Psychische und Physische? Ist es von „anderer Natur“ als das Psychische – und ist die psychische Dimension von „derselben Natur“ wie das Somatische? Findet sich darin die dualistische Auffassung von göttlich (Idee, Vernunft) und irdisch (materiell, vergänglich)?

Wie kann es zur theoretisch und praktisch geforderten „Einheit des Menschen“ kommen, wenn den Menschen so wesensmäßige Differenzen kennzeichnen? Ist zur Vermeidung einer letztlich doch unüberbrückbaren Inkohärenz zwischen Geistigem und Physischem, vielleicht anzunehmen, dass alle drei Seinsweisen (somatisch, psychisch und noetisch) polymorphe Erscheinungsweisen ein und desselben sind? Gilt dies nicht ohnehin für das Somatische und Psychische in der Frankl'schen Anthropologie? Warum soll es darauf beschränkt bleiben? – Es sind im Grunde die alten Themen der philosophischen Anthropologie, die sich im Lichte der Erfahrung neu stellen.

Frankl hat auf diese Fragen Antwort gegeben. Das Geistige ist in Frankls Verständnis ein Prinzip, das nicht aus der Welt stammt. „Der Mensch als geistige Person wird nicht *von uns* geschaffen." (Frankl 1990, 171) Als Ursprung kann er mit Aristoteles nur angeben, dass der Geist „zur Tür herein" komme und zum Leiblich-Seelischen „irgendwie erst hinzutrete" (Frankl 1990, 186). Wenn das Geistige nicht aus der Natur stammt, sondern gleichsam dem Menschen eingehaucht wird, so folgt daraus logisch, dass es auch nicht mit dem Tod des Körpers vergehen kann, sondern ein Sein über den physischen Tod hinaus hat. „So hätte sich denn die geistige Person als etwas erwiesen, das bereits zeitlebens in einem Jenseits der Leiblichkeit und Sinnlichkeit ist." (Frankl 1990, 207) Frankl führt im Weiteren aus, „dass die geistige Person bereits zeitlebens nicht unmittelbar gegeben ist – mittelbar aber auch nach dem Tode." (ebd., 208) Das Wechselspiel des Geistigen mit dem irdischen Anteil des Menschen erzeugt die spezifisch menschliche („bedingte") Freiheit, die in der Dialektik des Eingebundenseins (in Vergangenheit und Bedingungen) und des Ungebundenseins (der Herkunft des Gewissens) oszilliert. Der im Menschen angelegte fakultative Antagonismus des Geistigen ist die Grundlage für das Opponieren-Können des Menschen, was nach Scheler (z. B. 1991, 55) das spezifisch Menschliche kennzeichnet und bei Frankl zur Betonung der „Trotzmacht des Geistes" führt (Wicki 1991, 123 f.). Der psychophysische Parallelismus ist deshalb möglich, weil das Somatische und das Psychische gleichen Ursprungs sind. Das Geistige hingegen, besonders in seiner Verdichtung des Gewissens, wird als Offenheit zur Transzendenz verstanden (Frankl 1979, 45 f.).

Espinosa (1998) und Vetter (1998) haben aufgezeigt, wie sehr anthropologische Konzeptionen von geistesgeschichtlichen Traditionen geprägt bzw. als Reaktion auf Strömungen und Geisteshaltungen zu verstehen sind. Anthropologische Konzepte sind daher nicht als „ewige Wahrheiten" zu verstehen (Espinosa 1998, 5), sondern in jeder Zeit und in jeder Hinsicht auf ihre Anwendung und Zielsetzung hin immer wieder neu zu denken. In dieser Arbeit geht es nicht darum, fundamental-anthropologische Überlegungen zu entwickeln. Die Aufgabenstellung ist bescheidener und beschränkt sich darauf, die implizite Anthropologie, wie sie in der Praxis der PEA zur Anwendung kommt, bewusster zu machen. Sie vor den Hintergrund der klassischen Anthropologie Frankls zu stellen möge weitere Reflexionen anregen und den anthropologischen Diskurs in der

GLE (Internationale Gesellschaft für Logotherapie und Existenzanalyse) in Gang halten.

Der Geist als Opponent der Physis

Frankls Anthropologie ist ihrem Wesen nach dichotom: Sie vereinigt zwei konträre Prinzipien. Diese Denkweise hat eine lange Tradition seit der Antike (Manichäismus, Gnosis, Platonismus). Das Urbild der jüdischen und christlichen Schöpfungslehre, wonach Gott dem Menschen die Seele in einen irdischen Körper eingehaucht hat, steht dieser philosophischen Anthropologie Pate. Das Geistige als letztlich jenseitige, unfassliche Kraft setzt den physischen Leib mit seiner diesseitigen Schwere und Erdverbundenheit in Bewegung. Im Menschen ist der Horizont zwischen Diesseits und Jenseits ständig wirksam. Und gerade das macht die „Signatur der menschlichen Existenz" aus, nämlich die „Koexistenz zwischen der anthropologischen Einheit und den ontologischen Differenzen" (Frankl 1990, 198). Existieren ist in der Konsequenz das Nachvollziehen dieser anthropologischen Linie, nämlich das Aus-sich-Heraustreten und Über-sich-Hinausgehen (Selbsttranszendenz) auf der Basis einer geistigen Distanz zum Psychophysikum (Selbstdistanzierung).

Das dichotome Bild der Frankl'schen Anthropologie zeichnet den Menschen somit als ein Psychophysikum, auf den das Geistige trifft und mit dem das Geistige in Auseinandersetzung trifft, sich einmal mit ihm verbündet, ein andermal ihm opponiert. Das bedeutet mit anderen Worten, dass das *Somatische und Psychische nicht geistig* ist, sondern eben ein anderes Prinzip repräsentiert. Somatisches und Psychisches sind, um es pointierter zu sagen, „antigeistig", eben dem Geist antagonistisch. Dennoch sind sie im Frankl'schen Verständnis nicht geistlos, sondern durch die Auseinandersetzung mit dem Geistigen gewissermaßen „durchgeistigt" (vgl. Frankl 1990, 237). In logischer Konsequenz dieser Auffassung kommt Frankl zum Schluss, dass zwischen dem Psychophysikum und dem Geistigen ein Graben besteht, ein „Hiatus", der „nicht streng genug gezogen werden kann" (Frankl 1979, 17f.). Er schließt sich einem Satz von M. Boss an, der „Trieb und Geist als inkommensurable Erscheinungen" bezeichnet hat (ebd.). Dieser „ontologische Hiatus" scheide „zwei grundverschiedene Bereiche innerhalb der Gesamtstruktur des Wesens Mensch voneinander": auf der einen Seite die Existenz, „etwas wesenhaft Geistiges", auf der anderen Seite die Faktizität, die „sowohl Psychologisches als auch Physiologisches" enthält (ebd. 18). Hier betont Frankl, dass nicht vermischt werden soll, was vom Ursprung und Anfang an ebenso wie von seinem Wesen her gegensätzlich ist. Manch einer gewinnt den Eindruck, dass die Reinheit des Geistes nicht durch die psychophysische Natur befleckt werden soll. Frankl ging es jedoch nicht um diesen Nebeneffekt, den er vielleicht eher abgelehnt hätte, sondern um die therapeutische Fruchtbarkeit dieses Gedankens: um die aus der Gegensätzlichkeit erwachsende Fähigkeit zur Selbstdistanzierung und zur Selbsttranszendenz.

Nur an einer Stelle durchbricht Frankl meines Wissens diese strenge Haltung der Trennung zwischen Geistigem und Psychophysikum, nämlich dort, wo er im Gefolge der Auffassung Portmanns angibt, dass das Psychophysikum unverwechselbar menschlich sei. „Die Menschlichkeit des Menschen" lasse sich „bis in dessen Anatomie hinein verfolgen (...). Denn selbst der Leib des Menschen ist immer schon von dessen Geist geprägt." (Frankl 1982a, 34) In der analogen Stelle im *Leidenden Menschen* schreibt Frankl (1990, 237), dass der Mensch als geistige Person eben zu allem Stellung nehme, auch zu seinem psychophysischen Faktum. So sei auch die „Triebhaftigkeit bei Menschen immer bereits von einer geistigen Stellungnahme überformt" (ebd.). Dadurch hafte ein Geprägtsein vom Geistigen „der menschlichen Triebhaftigkeit immer schon geradezu als geistiges Apriori" (ebd.) an. Das Psychophysikum wird durch das Einssein mit dem Geistigen von Anfang an „durchgeistigt". Wobei aber Frankls Erklärung, dass dies durch Stellungnahmen geschehe, für die Überformung des Psychischen ein Stück weit angehen mag. Wie aber sollen sich Stellungnahmen anatomisch auswirken? Hat hier Frankl eine Inkompatibilität der Portmann'schen Denkweise mit der Scheler'schen Anthropologie bemerkt? Interessanterweise fügt er dem obigen Zitat eine Fußnote bei, die in die Richtung unserer Ausführungen weist: dass nämlich das Geistige Grundlage und Formgebung, inneres Prinzip und Wesen des Psychophysikums sei, ihm also zugrunde liege, von Anfang an, ja vor seinem Anfang schon „da" war und nicht irgendwann „dazukomme". Frankls Fußnote lautet: „Die Geistigkeit eignet dem Menschen auch schon biologisch und sogar anatomisch. Siehe A. Portmann, ‚Biologie und Geist', Zürich 1956."

Jede anthropologische Konzeption hat weitreichende Konsequenzen für die Praxis. Wir erwähnten bereits die Bedeutung der Geistkonzeption Frankls für die logotherapeutische Praxis, in der es um die Bewusstmachung der Selbstdistanzierungsfähigkeit und Ausrichtung des Menschen auf Selbsttranszendenz geht. Auf dieser anthropologischen Basis beruht das Existenzverständnis Frankls. In Einklang mit diesem Verständnis des Geistes hat sich Frankl nicht für die Emotionalität, für Triebhaftigkeit, für die Körperlichkeit des Menschen interessiert. Logotherapie sollte eine Anwaltschaft für dieses Geistverständnis übernehmen. Das aber liegt am anderen Ufer von Körperlichkeit, Sinnlichkeit, Gefühl, Vergangenheit, Selbsterfahrung.

Die Konzeption des Geistigen in der PEA

In der PEA kommt ein anderer Bezug zur Emotionalität, Impulshaftigkeit, Triebhaftigkeit und Körperlichkeit des Menschen zum Ausdruck, als dies in der Logotherapie je der Fall war. Die Ganzheitlichkeit des Menschen wird nicht in der Auseinandersetzung, sondern in der ursprünglichen Einheit und Verbundenheit der drei Dimensionen gesehen. Körperliche und triebhafte Regungen, Reaktionen und Impulse, Affekte, Fantasien und Erinnerungen werden in der PEA ebenso ernst genommen und aufgegriffen wie Reflexionen, Vernunft und Gewissen. – Ist eine solche praktische und methodische Vorgangsweise überhaupt vereinbar mit der Anthropologie Frankls? Frankls ablehnende Reaktion auf die Entwicklung der PEA ist innerhalb der GLE ja bekannt und war ein maßgeblicher Anstoß zu seinem Rückzug aus der GLE (Längle 1998). Es ist anzunehmen, dass für Frankl dieses Verständnis des Geistigen, wie es der PEA zugrunde liegt, nicht vereinbar war mit seiner Anthropologie, was aus dem bisher Gesagten verständlich ist.

Tatsächlich kommt in der PEA ein Menschenbild zum Tragen, in welchem auf den ersten Blick mit der Frankl'schen Tradition gebrochen wird. Erst bei näherem Hinsehen ist zu bemerken, dass es sich um eine weitere Differenzierung der Frankl'schen Anthropologie handelt, die mit dessen Inhalten im Kern kompatibel bleibt. Dies soll nun ausgeführt werden.

Abriss der PEA

Da nicht allen Lesern das Modell der Personalen Existenzanalyse geläufig sein dürfte, sei hier ein kurzer Überblick gegeben. Die PEA (Längle 1993) ist eine Methode zur Mobilisierung personaler Kräfte, welchen im existenzanalytischen Psychotherapieprozess zum Durchbruch verholfen werden soll. Damit werden die grundsätzliche Dialogfähigkeit des Menschen, das Sich-in-Austausch-Bringen mit der Welt, gefördert und bestehende Fixierungen gelöst.

Unter „Person" wird in der philosophischen Tradition das Geistige, das Freie und sich Verantwortende im Menschen verstanden (Frankl 1959). Um aber in die für die Praxis relevante dialogische Denkweise zu kommen, wurde Person im Rahmen der PEA auch als „das in mir Sprechende" bezeichnet (Längle 1993, 137). Als therapeutisch relevante Charakteristika der Person werden in der PEA nicht mehr die philosophischen Begriffe in den Vordergrund gestellt, sondern jene Aspekte, die für die praktische Erreichbarkeit der Person Bedeutung haben. In diesen Aspekten sind die genannten philosophischen Theoreme zwar weiterhin enthalten, aber sie stehen mehr im Hintergrund.

In den Vordergrund des Personseins werden drei spezifische Eigenschaften gestellt, die die Person als *ansprechbar, verstehend* und *antwortend* beschreiben.

- Als Person ist der Mensch **ansprechbar**, weil er von seinem Wesen her ein Sprechender, ein mit sich und mit anderen Dialogisierender ist. Er ist ein Sprechender, weil „es in ihm spricht".
- Als Person kann der Mensch **verstehen**, kann die Zusammenhänge und Beweggründe von anderen Menschen und von sich selbst finden, sich darin einfinden, sich daraus verstehen und darauf Bezug nehmen. Er ist befähigt zu verstehen, weil „es in ihm spricht", was ihm sein Wesen ins Bewusstsein bringt und damit das, was die anderen zu ihm sprechen, in der Tiefe des Gehalts (im Wesen) zugänglich ist.
- Der Mensch ist ein **Antwortender**, weil er als ein im Wesen Sprechender nicht bei sich bleiben will, sondern auf Kommunikation, Austausch, Begegnung und Andersheit angelegt ist. Er ist ein Antwortender, weil „es in ihm spricht" und sich dies in der Antwort mitteilen will, geben will.

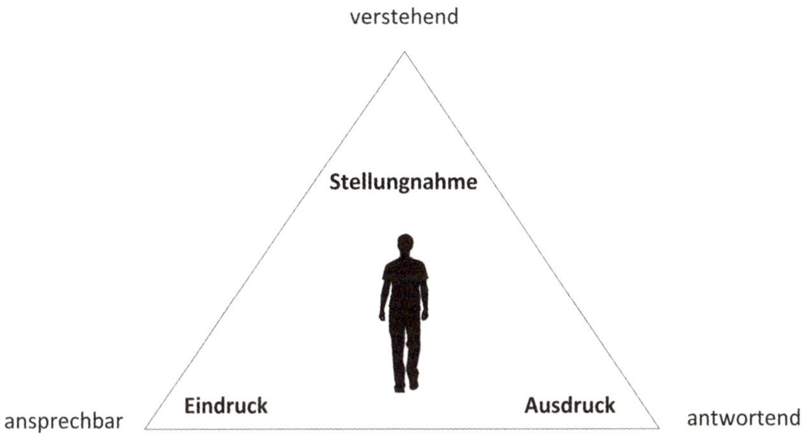

Abb. 72: Die Charakteristika des Personverständnisses der PEA

Analog zu diesen drei „Begegnungscharakteristika" der Person finden sich innere Vorgänge. Im subjektiven Erleben empfängt der Mensch dort, wo er angesprochen ist, einen *Eindruck*, führt ihn das Verstehen zu persönlichen *Stellungnahmen* und erlebt er sich im Antworten als sein Inneres zum *Ausdruck* bringend. Auf der Basis dieses Modells der Person sind in der Therapie die einzelnen Schritte angelegt. Jeder Schritt setzt sich aus weiteren Unterschritten zusammen, welche eine praktische Anleitung dafür geben, wie entsprechende Fixierungen, die den „existentiellen Dialog" mit sich und der Welt hemmen, aufgegriffen und bearbeitet werden können. Für die nachfolgende anthropologische Reflexion ist es wichtig, die Inhalte der einzelnen Elemente der PEA-Schritte überblicksartig zu kennen:

- **Eindruck**: Der Eindruck besteht aus dem spontanen, unreflektierten Gefühl, dem dazugehörigen Impuls (beide zusammen erzeugen den Affekt, sind die „primäre Emotion") und dem phänomenalen Gehalt des im Eindruck enthaltenen verstehbaren Inhalts.
- **Stellungnahme**: Sie beginnt mit dem Verstehen von sich selbst, dann des anderen, führt zur persönlichen Stellungnahme auf der Basis des Gewissens und geht über in das Finden des eigenen Wollens.
- **Ausdruck**: Das auf der Basis der Stellungnahme zu entwickelnde Ausdrucksverhalten passiert mehrere Filter persönlicher und praktischer

Natur, wie der Scham (zur Differenzierung dessen, was nicht in die Öffentlichkeit gegeben werden soll), der Modalität, des Zeitpunkts, des Adressaten unter jeweiliger Berücksichtigung der Rückwirkung und Umsetzbarkeit.

PEA – Systematik der Detailschritte

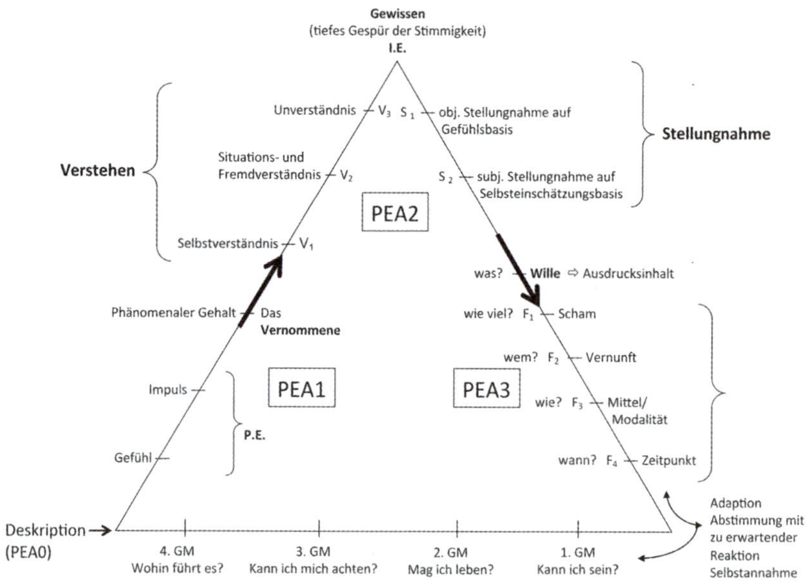

Abb. 73: Die Elemente der PEA im therapeutischen Prozess

PEA1	– G:		Welche Gefühle macht das?
	– I:		Welche Bewegung stellt sich spontan ein?
	– Ph.		Was sagt mir das (eigentlich)?
PEA2	– V_1:		Verstehe ich mich? – Was bewegt mich dabei?
	– V_2:		Verstehe ich den anderen?
	– V_3:		Was verstehe ich nicht?
		Gewissen:	Was spüre ich im tiefsten Innersten dazu?
	– S_1:		Was halte ich grundsätzlich davon?
	– S_2:		Was sage ich persönlich dazu?
		Wille:	Was würde ich da am liebsten und im Grunde tun wollen?

PEA3 – F_1: Was davon will ich konkret tun? – Wie viel davon mag ich preisgeben?
– F_2: Wem? – Passt es bei diesem Menschen?
– F_3: Wie und mit welchen Mitteln mache ich es am besten?
– F_4: Bei welcher Gelegenheit?

Die Arbeit mit der „Ganzheit des Menschen" in der PEA

Im Modell der PEA ist das Geistige zunächst nicht etwas, das mit dem Psychophysikum von vornherein in einem Antagonismus gesehen wird. Im Gegenteil: Zunächst ist eine *Einheit* gegeben. In einer Empfindung, in einem Gefühl, in einem Impuls, in einer spontanen Reaktion des Menschen wird die Geistigkeit des Menschen als ebenso enthalten angesehen wie das Psychische und Somatische. Dasselbe gilt für den Ausdruck des Menschen: Auch hier geht es darum, dass das rein Geistige sich abstimmt mit den psychischen Kräften und den körperlichen und faktischen Bedingungen der Welt. Ein Antagonismus wäre hier kontraproduktiv und würde die Wirkkraft des geistigen Inhalts, der in die Welt kommen will, schmälern, aufheben oder am Adressaten vorbei agieren lassen.

Einzig die Stellungnahme hebt sich aus dem psychophysischen Eingebundensein zu einem gewissen Grade ab und nimmt Bezug zu einer Geistigkeit, die jenseits der situativen Eingeengtheit liegt. Da dies am schwierigsten zu verstehen ist, wird im nächsten Kapitel darauf ausführlicher eingegangen.

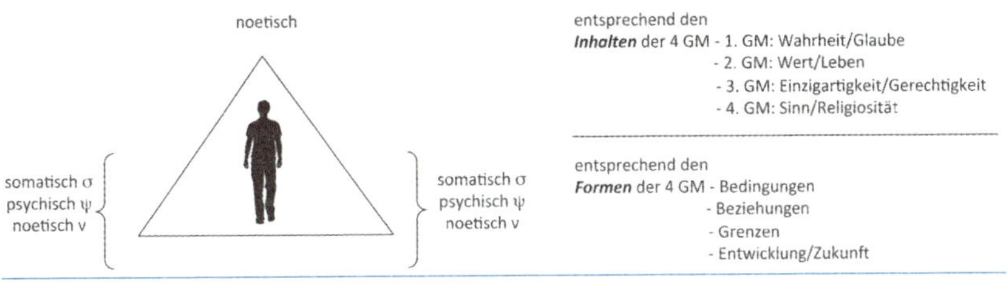

Abb. 74: Der anthropologische Bezug der Schritte der PEA und eine ansatzweise Parallelisierung mit den Grundmotivationen, auf die aber hier nicht weiter eingegangen wird.

Aus der impliziten Anthropologie der PEA ergeben sich *drei Unterschiede zur klassischen Anthropologie* Frankls:

1. Der Oppositionscharakter des Noetischen ist in den methodischen Schritten von PEA1 (Eindruck) und PEA3 (Ausdruck) aufgehoben. Der Oppositionscharakter des Geistigen würde darin die Einheit und Ganzheit des Menschen aufbrechen und wäre für die Psychosomatik des Menschen sowie für die existentielle Effizienz und Dialogik kontraproduktiv.
2. Der psychonoetische Antagonismus ist auf eine spezielle Phase geistigen Wirkens beschränkt, nämlich auf PEA2 (Stellungnahme). Darin wird die situative Eingebundenheit überschritten und dem grundsätzlichen, oppositionellen Wirken-Können des rein Noetischen Raum gegeben (s. u.).
3. Das Noetische ist in diesem Verständnis der Person, dem Physischen und Psychischen substruiert und bis zu einem gewissen Grad im Psychischen und Physischen bereits enthalten. Es kommt nicht „von außen“ dazu, sondern ist „von Anfang an“ dabei. Der Körper ist in der PEA „durchgeistigt“, ebenso die Psyche. Ein Hiatus ist anthropologisch im Bereich PEA1 und PEA3 nicht gegeben und methodisch geradezu zu überwinden, sollte er sich auftun.

Wenn Soma und Psyche von Anfang an *auch* geistig sind, so sind ihnen konsequenterweise auch „geistige Reaktionen“ zuzugestehen. Körperliche Reaktionen, sogar funktionelle Störungen und körperliche Krankheiten sind daher von vornherein auch als Ausdruck einer Geistigkeit aufzufassen. Das wiederholt im Wesentlichen das, was Frankl selbst für die Neurose vorbrachte und womit er sich in Konflikt mit Adler brachte (Längle 1998, 64): dass Neurose nicht nur Mittel zum Zweck, sondern auch Ausdruck der Person und personale Verarbeitungsform der Störung darstelle. Dasselbe Prinzip soll nun auch für den Körper gelten. So enthalten z. B. Migränen, rezidivierende Cystitiden, Herzinfarkte neben der physiko-chemischen Gesetzmäßigkeit auch ein „geistiges Wissen“ über nichtstimmiges Verhalten oder z. B. Umweltunverträglichkeiten, die über Jahre hinweg gleichsam „memoriert“ wurden. Mitunter kann der Körper „gewissenhafter“ reagieren als das bewusste Denken oder die bewusste Vernunft.

Dieses Verständnis eines „geistigen Wissens“ in körperlichen (und parallel dazu in psychischen) Reaktionen ist in der Bevölkerung weit verbreitet und gibt den Betroffenen und ihren Angehörigen Anlass zu manchmal waghalsigen und nicht selten simplifizierenden Interpretationen über die psychisch-geistige Genese z. B. eines Karzinoms oder einer Infektion. Für den psychosomatisch arbeitenden Arzt und Psychotherapeuten können dies wertvolle Einstiegsmöglichkeiten heuristischer Art sein, um den Patienten zu helfen, geistige Inhalte in ihrem Leben aufzudecken. Zugleich muss aber gewarnt werden vor allzu schnellen und zu festlegenden Interpretationen. Es wäre falsch, das Karzinom monokausal auf einen einzigen, nicht verarbeiteten Konflikt zurückführen zu wollen.

Ähnlich zur „Geistigkeit des Körpers" verhält es sich mit den psychischen Reaktionen. Merleau-Ponty (1972, 183ff.) schreibt dem sexuellen triebhaften Verlangen „eine vitale und originäre Form von Intentionalität" des Menschen zu (Kovacs 1982, 212). Auch Paul Ricœur sieht in der Sexualität „die expressive Natur menschlicher Subjektivität" (Kovacs 1982, 215). Der Körper sei in seinem sexuellen Sein eine „Sprache ohne Worte" (Ricœur 1955, 201). In einer Angst, in einem depressiven Zustand, in hysterischen Reaktionen, in Persönlichkeitsstörungen und Psychosen ist „geistiges Wissen" enthalten, sind Einstellungen, Lebenshaltungen, Einschätzungen, Stellungnahmen, Urteile, Entscheidungen und Verantwortungen, welche über die rein biologische Vitalität hinausreichen. Es scheint mir gerade für Existenzanalytiker wichtig zu sein, einen solchen tiefen und weitreichenden Blick geistiger Wirk- und Gestaltungskraft zu haben, um dann gemeinsam mit dem Patienten diese geistigen Inhalte mittels der PEA zu heben und aktivieren zu können. Dass solche geistigen Inhalte die Psychopathologie prägen und ursächlich mitbestimmen, erlaubt es, sie mit den „geistigen Mitteln" der Existenzanalyse therapeutisch anzugehen.

Noch eine Differenzierung ist einzubringen. Der Wirkungsgrad der Personalität nimmt von PEA1 zu PEA3 zu. Erst im Ausdruck, der auf Stellungnahme, Eindruck und Bezugnahme zu den Fakten (PEA 0) beruht, wird die Person vollständig. Das bedeutet, dass die in PEA1 enthaltene Geistigkeit noch nicht den Differenzierungsgrad von PEA3 erreicht hat. In PEA1 ist die Geistigkeit des Menschen sozusagen im Keim angelegt, steckt in einer reaktiven Ebene, hat seine wesensmäßige Vielgestaltigkeit gleichsam geweckt, aber noch nicht entfaltet und aktualisiert (was in PEA2 geschieht). In PEA3 schließlich wird sie „herausgehoben" und vollzogen. Die Geistigkeit von PEA1 ist sozusagen eine Geistigkeit „in statu nascendi". Sie entbehrt des distanzierten, umfassend-dezisiven und verantwortlichen Charakters.

Die Geistigkeit in der gewissenhaften Stellungnahme

Das „In der Welt Sein" des Menschen verlangt ein ganzheitliches Eingebundensein vermittels aller drei anthropologischen Dimensionen. Um aber in diesem Dasein verankert zu sein und seine Existenz dauerhaft behaupten zu können, bedarf es einer anhaltenden und offenen Verbindung mit ihrem Ursprung, mit der Tiefe des Seins, mit dem, woraus es geworden ist. Man könnte dies in einer psychologischen Sprache als „ontologische Authentizität" bezeichnen, was vielleicht Heideggers Begriffen der „Entschlossenheit" (z. B. Heidegger 1979, 299f.), der „Offenständigkeit" (ebd. 62) und „Lichtung des Seins" entsprechen dürfte.

Worin besteht diese „Nabelschnur" des Menschen zu seinem Ursprung? Beim Tier ist es die Instinkthaftigkeit, die es mit seiner Gattung und ihrem überindividuellen Wissen in Form arterhaltender Aktivitäten verbindet. Das menschliche „So-Sein", seine Spezifität ist geprägt von einem anderen Wissen als der Instinkthaftigkeit. Es gibt jedoch eine Parallele dazu: Es handelt sich auch bei ihm um eine Bezugnahme zu einem *allgemeinen Wissen*, das sowohl die *Grenzen der Individualität als auch der Situation überschreitet.* Dieses „ur-sprüngliche" Wissen-Können des Menschen stammt aus einer tiefen inneren Resonanz, die über sein individuelles Dasein hinaus Bezug nimmt zum „ewig gültigen Gesetz", zu dem, was in der konkreten Situation als Wahrheit, Wert, Schönheit, Sinn „an sich" durchschimmert. Als Absolutheit werden sie dem Menschen nie ansichtig. Ahnend kann sich der Mensch aber auf sie „ab-stimmen", kann spürend – also längst nicht mehr rational, sondern nur intuitiv – sich auf sie in seiner Unbewusstheit beziehen (Frankl 1979, 16–33). Gelingt ihm dies, so empfindet (empfängt) er eine *Evidenz,* eine letztlich unerklärbare *Gewissheit.* Sie kann jedoch weder den Anspruch auf Allgemeingültigkeit noch auf Absolutheit erheben. Denn der Mensch ist vor Irrtum nie geschützt. Sein Wissen-Können bleibt relativ, abhängig von seinem Lebenshorizont. Auch sein Sehen ist bezogen auf anderes („relativ") und nie die Sache selbst, ist niemals losgelöst von Einflüssen („absolut").

Die *Gewissheit* beruht vielmehr auf *zweierlei Sachverhalten.* Der eine ist die *Stimmigkeit mit sich selbst.* „So ist es in meinen Augen richtig – das passt zu mir." Es ist der schöpferische Akt des Sich-selbst-Schaffens in der je konkreten Situation. Sich in dem wiederzufinden, worin man steht und was man tut, ist der eine Sinn der Gewissheit. Es ist ein Abstimmen auf das eigene Wesen, ein Suchen nach dem Durchgehenden in einem selbst, nach dem Situationstranszendenten und damit Überzeitlichen. Frankl (1979, 46) wagt sogar die Behauptung, dass es sich dabei um das Absolute im Menschen handle („Stimme der Transzendenz"), was wohl einer eingehenderen Debatte bedürfte.

Der andere Sinn des Gewissens ist die *Abstimmung mit der Gemeinschaft* der anderen Menschen. Wenn es sich bei dieser „Gewissheit" tatsächlich um eine Anbindung an den Ursprung des Menschseins handelt, so ist diese eine Form von „allgemeinem", Situation und Individualität transzendierendem (also echtem „selbst-transzendentem") Wissen. Frankls anthropologisches Verständnis der Selbsttranszendenz hat m. E. hier seine Begründung. Der Anspruch von Überindividualität und Zeitlosigkeit hat eine konkrete Implikation. Neben der Abstimmung mit seinem eigenen, persönlichsten Wesen besteht eine potenzielle, hypothetische Stimmigkeit mit dem Wesen der anderen Menschen. Als Kriterium dafür ist die subjektive Gewissheit anzusehen, sich mit seiner Entscheidung und seinem Verhalten in der Gemeinschaft mit den anderen Menschen zu wissen. Es ist das persönliche Wissen darum, dass andere Menschen in seiner Lage und unter seinen Bedingungen dasselbe als richtig ansehen würden und daher gleichermaßen entscheiden würden wie er. Es ist die Gewissheit, die anderen könnten ihn verstehen und würden ihn nicht ausgrenzen, nicht schuldig sprechen, sondern gutheißen (vielleicht ließe sich hier ein Anknüpfungspunkt zum archetypischen Verständnis des Menschen bei C.G. Jung finden). Die Verbindung zum Ursprung ist offen, wenn die subjektive Gewissheit besteht, sich mit seinem Verhalten „sehen lassen zu können". Sie wird zur gelebten Gewissheit, wenn man damit tatsächlich vor sich selbst (und vor der eigenen Geschichtlichkeit, die ständig neue Aspekte und neue Erfahrungen bringt) und vor anderen *bestehen* kann. Das meint keinesfalls – was leicht verwechselt wird – sich mit anderen Menschen zu vergleichen oder an anderen Maß zu nehmen. Im Gegenteil: Es meint höchste Individualität, die aber nicht in Isolation fällt, sondern vom Kern her „selbst-transzendent", begegnungsfähig ist, weil sie auf das Wesen aller Menschen Bezug nimmt. Ein dadurch entfachter Konflikt ist gerechtfertigt, weil er der „Sache Menschheit" dient und darauf angelegt ist, entweder einem selbst und/oder dem anderen zu helfen, zu seinem Wesen zu finden.

Diese Art von Wissen-Können nennen wir das *Gewissen*. Es ist eigentlich ein Gespür, ein inneres Abgestimmtsein, eine Über-ein-stimmung zwischen mir und den situativen Anforderungen der Welt. Dieses Wissen meint nicht ein Rechthaben, sondern ein „Best-mögliches" inmitten der eigenen subjektiven und objektiven Bedingtheit und Begrenztheit erfasst zu haben. Es meint nicht, dass man es nicht besser machen könnte. Es meint, dass auf der Basis der bestehenden Information, Erfahrung und Möglichkeit dieser eine Mensch mit seinem Können zu dem Zeitpunkt nicht besser hätte handeln können und es daher für ihn in der Situation richtig war, wie er entschieden und gehandelt hat. Hätte er andere Informationen und Erfahrungen gehabt, hätte er anderes Wissen und andere Mittel zur Verfügung gehabt, hätte er anders gehandelt.

Wenn der Mensch so handelt, kann sich Kritik oder Unverständnis nur auf Informations- oder Erfahrungsdefizite beziehen – nie auf ihn als Person. Als solche ist dieser Mensch trotz Irrtum und Fehler seinem Wesen – und damit dem Menschsein schlechthin – treu geblieben. Das Verbundensein mit seinem Urgrund bleibt trotz aller Widrigkeiten bestehen, wenn sich der Mensch dieses innerste Räsonieren *im Rahmen seiner Möglichkeiten* offen hält und einsetzt, gelegentlich vielleicht bewusst macht. Die Beziehung zum Urgrund bedeutet nicht, Allmachtsanforderungen an sich zu stellen.

Viel *therapeutische Potenz* für die Existenzanalyse liegt in diesem Freilegen des Verstehens der „Tiefenperson" und einer inneren Stellungnahme zu sich selbst. In dieser Tiefenschicht besteht Therapie im Öffnen des Zugangs zum Ursprung, im Finden der eigenen persönlichen Wahrheit, der eigenen tragenden und lebensspendenden Werte, der Versöhnung stiftenden Gerechtigkeit und der individuellen Entwicklung innerhalb einer sinnvollen Ganzheit, auf die man sich bezieht (was der im Schema angedeuteten Bezugnahme auf die vier Grundmotivationen entspricht).

Warum ist PEA2 Bezugnahme zum Ursprung und zur „Geistigkeit" des Menschen?

Ist der Ursprung des Menschen nicht körperlich, psychisch und geistig zugleich? Braucht es daher nicht den Körper und die Psyche ebenso sehr wie die Geistigkeit, um zum eigenen Ursprung zu finden? Warum also soll der Ursprung der Person im Geistigen liegen?

Zunächst soll uns nochmals das „Eingefleischtsein“ der Person bewusst werden. PEA1 und PEA3 sind für die Person und für ein in der Person fundiertes Leben ebenso fundamental wie PEA2. Dies wird grafisch durch die Form eines Dreiecks angedeutet, bei dem keine Ecke fehlen darf, ohne die Gestalt zu zerstören. Jede der Ecken im „personalen Dreieck“ hat ihre spezifische Aufgabe.

PEA1 ist die Offenheit zur Welt, die Verbindungsschnur zur Gegenwart, zur Aktualität, zum Angesprochensein, zum äußeren Gegenüber.

PEA3 ist der existentielle Vollzug des Personseins, die Verwirklichung ihrer selbst, die Eröffnung der Zukunft auf der Basis von Gegenwart und Vergangenheit, ist die wirkmächtige Seite der Person. In ihr geht es somit um Werden und Wirken – was einen anderen, wesenhaften Zug der Person ausmacht. Auch in diesem vollzieht sich wesenhaft Geistiges, kommt seine „dynamis“ zum Vollzug.

In der vorliegenden Abhandlung interessiert uns vor allem das anthropologische Verhältnis der geistigen Dimension im Rahmen der PEA. Dieses ist im Schritt von PEA2 insofern ein anderes als in PEA1 und 3, als in PEA2 die Geistigkeit nicht in der Ebene des Flusses der Zeit verbleibt. PEA2 stellt gewissermaßen ein Herausheben aus dem sich ständig ändernden Prozess des Geschehens dar, somit aus dem Anspruch der Situation und der Forderung eines das Leben zu bestellenden Handelns (grafisch ist PEA2 darum die Spitze des Dreiecks – oder ihr tiefster Punkt, wenn man es umklappen mag). Es ist ein Rückzug auf das „Da“ des Seins in seiner „Lichtung“ (Heidegger), worin der Ursprung des Menschseins als personales Sein zu finden ist. Es ist ein Schritt der Abstimmung des individuellen und situativen Seins mit seiner eigenen Grundsätzlichkeit, nämlich des Sich-selbst-verstehen-Könnens in seiner Selbigkeit. PEA2 ist die Realisierung der Intimität des Menschen, jener größten Innerlichkeit, zu der der Mensch befähigt ist. Diese entzieht sich jeglichem Zugriff, auch seinem eigenen. Dieses innere Gegenüber ist somit dem Willen und der Verantwortung des Menschen enthoben. Beide – Freiheit und Verantwortung als personale Potenzialität – bleiben auf die Art des Umgangs mit der eigenen Innerlichkeit begrenzt. Diese höchst intime, personale Bezugnahme hat dabei zugleich den Charakter einer gewissen „Transpersonalität“, wenn man von der Freiheit und der Verantwortung als Charakteristika des Personseins ausgeht.

Diese Intimität ist dem Menschen Heimat und tiefste Geborgenheit. Dennoch kann er nicht in ihr bleiben. Der im zeitlichen Besorgen des Lebens stehende, geschäftige Mensch ist auch „draußen“, ausgesetzt im „Ex-sistieren“. Da er nicht über seine Innerlichkeit verfügen, sie nicht bewirken, nicht machen, nicht planen, nicht festhalten kann, ist er in seiner eigenen Intimität als homo faber gleichsam nicht zu Hause. Denn hier ist er nicht Gebender, sondern rein Empfangender. An dieser Stelle nimmt sich der Mensch selbst entgegen, jedes Mal neu. Hier begegnet er sich auf paradoxe Weise: Gewissermaßen nicht in seinem eigenen Hause wohnend, weil seinem schaffenden und gestaltenden Zugriff enthoben, stößt er wieder auf sich, schöpft sich in seiner je neuen und nie enden wollenden Ursprünglichkeit. Hier erlebt er das fundamentale „Sich-selbst-gegeben-Sein“ als Person, die sich darin unablässig neu gebären kann – darin geboren wird.

Diese Offenheit, diese Möglichkeit zu einer nicht feststellbaren, nicht weiter ableitbaren, ständigen Abstimmung mit einem „Gesamtwissen“, mithin zu einem „Ge-wissen“, bezeichnen wir als den *geistigen Ursprung der Person*. Aus ihm stammt die *Identität mit sich selbst* (Unverwechselbarkeit, Selbst-Sein vs. Entfremdung), die immer auch eine Resonanz mit dem anderen im Wir hat. Im Finden ihrer Identität als Kongruenz mit ihrem Wesen versteht sich die Person selbst. Darin findet sie ihre *Authentizität* (Unverwechselbarkeit) und erhält durch sie zugleich das geistige Band der Gemeinschaft, der Dazugehörigkeit zum anderen, letztlich zur Menschheit. Diesen anderen kann sie nur finden in der Bezugnahme auf ihr eigenes, innerstes „Ich“, das sich bereits aufzulösen beginnt, da es nie nur ein Ich, sondern immer schon ein „Wir“ war. Es war ein „Wir“, weil der Mensch im Anfang und im Ursprung aus einem Wir stammt. Sich auf sein innerstes „Ich-Wir“ beziehend meint der Mensch ein „Du“.

Die Bezugnahme auf diese Intimität ist der Grund sowohl für die unverwechselbare Einzigartigkeit der Person und die Einmaligkeit ihres Handelns, als auch für die Überbrückung dieses Getrenntseins vom anderen in der individuellen Ausprägungsform der Person über das Mittel der Begegnung mit dem Du, auf dessen Gemeinschaft er in seiner Intimität längst und ursprünglich verwiesen und bezogen ist.

10. Literaturverzeichnis

Buber M (1973) Das dialogische Prinzip. Heidelberg: Schneider

Buber M (1977) Ich und Du. Heidelberg: Schneider

Camus A [1938] (1957) Heimkehr nach Tipasa (L'été). Zürich: Arche

Claudius M (1829) Asmus omnia sua secum portans, oder Sämtliche Werke des Wandsbecker Bothen. Hamburg: Perthes, Bd. 7, Brief an Sohn Johannes 1799

Espinosa N A (1998) Zur Aufgabe der Logotherapie und Existenzanalyse im nachmetaphysischen Zeitalter. In: Existenzanalyse 3, 15, 4–12

Farrelly F, Brandsma J (1985) Provokative Therapie. Berlin: Springer

Frank J D (1981) Die Heiler. Wirkweisen psychotherapeutischer Beeinflussung: Vom Schamanismus bis zu den modernen Therapien. Stuttgart: Klett-Cotta

Frankl VE (1959) Grundriß der Existenzanalyse und Logotherapie. In: Frankl VE, v Gebsattel VE, Schultz JH (Hrsg) Handbuch der Neurosenlehre und Psychotherapie. Bd III, 663–736

Frankl VE (1979) Der unbewußte Gott. Psychotherapie und Religion. München, Kösel, 5°

Frankl VE (1982a) Ärztliche Seelsorge. Wien: Deuticke

Frankl VE (1982b) Die Psychotherapie in der Praxis. Wien: Deuticke

Frankl VE (1987a) Logotherapie und Existenzanalyse. Texte aus fünf Jahrzehnten. München

Frankl VE (1987b) Das Leiden am sinnlosen Leben. Herder, Freiburg/Basel/Wien, 11°

Frankl VE (1990) Der leidende Mensch. Anthropologische Grundlagen der Psychotherapie. München: Piper (Neuausgabe)

Frankl VE (1999) Theorie und Therapie der Neurosen. München: Reinhardt (Uni-TB 457), 8. Aufl.

Frankl VE (2005) Der Wille zum Sinn. Bern: Huber 1972–2005, 5. Aufl.

Frisch M (1998) Tagebuch 1946–1949. In: Gesammelte Werke in zeitlicher Folge. Zweiter Band, Frankfurt am Main: Suhrkamp

Görres A (1978) Kennt die Psychologie den Menschen? Fragen zwischen Psychotherapie, Anthropologie und Christentum. München: Piper

Guardini R (1931) Das Gute, das Gewissen und die Sammlung. Mainz: Matthias-Grünewald

Heidegger M (1975) Die Grundprobleme der Phänomenologie, GA Bd 24, Frankfurt/M: Klostermann

Heidegger M (1979) Sein und Zeit. Tübingen: Niemeyer, 15°

Heidegger M (1997) Die Grundprobleme der Phänomenologie. Frankfurt/M.: Klostermann

Hobbes T (1651) Leviathan. Hamburg: Meiner 1996

Hobbes T (1654) Of Liberty and Necessity. Wiederabdruck in: British Moralists: 1650–1800, Band 1, Raphael DD (Hrsg). Oxford: Oxford University Press 1969, 61–70

Hume D (1758) Eine Untersuchung über den menschlichen Verstand. Übers. von R. Richter, mit einer Einleitung von Kulenkampff J (Hrsg) Hamburg: Felix Meiner 1993

Jaspers K [1941] (1977) Über meine Philosophie. [Logos 24, 5, 1941, 227–259] Wiederabdruck in: *Was ist Philosophie? Ein Lesebuch*, 389–414

Auch in: Wahrheit und Leben. Stuttgart: Europäischer Buchklub 1965

Auch in: Rechenschaft und Ausblick. Reden und Aufsätze. München. 1951, 426ff.

Jaspers K (1956) Philosophie II, Berlin: de Gruyter

Jaspers K [1962] (1984) Der philosophische Glaube angesichts der Offenbarung. München: Piper

Jaspers K (1965) Kleine Schule des Philosophischen Denkens. München: Piper

Jaspers K (1974) Existenzphilosophie. Berlin: de Gruyter

Kolbe Ch (2000) Zur Entwicklung der Personalen Existenzanalyse. In: Längle A (Hrsg) Praxis der Personalen Existenzanalyse. Wien: Facultas, 39–52

Kovacs G (1982) The Personalistic Understanding of the Body and Sexuality in Merleau-Ponty. In: Review of Existential Psychology and Psychiatry, XVIII, 207–217

Längle A (1987) Recenti sviluppi dei metodi logoterapeutici. In: Peresson L. (ed) Lineamenti per una Classificazione delle Psicoterapie. Padova: Edizioni CISSPAT, 111–118

Längle A (1988a) Logotherapie als An-Spruch. Existenzanalyse psychotherapeutische Wirkung. In: Längle A (Hrsg) Existenz zwischen Zwang und Freiheit. Therapeutischer Prozeß und existentielle Entscheidung. Wien: Tagungsbericht der GLE, 62–93

Längle A (1988b) Zur methodischen Vorgangsweise in der Existenzanalyse und Logotherapie. In: Längle A (Hrsg) Existenz zwischen Zwang und Freiheit. Therapeutischer Prozeß und existentielle Entscheidung. Wien: Tagungsbericht der GLE, 14–16

Längle A (1988c) Wende ins Existentielle. Die Methode der Sinnerfassung. In: Längle A (Hrsg) Entscheidung zum Sein. V. E. Frankls Logotherapie in der Praxis. München: Piper, 40–52

Längle A (1988d) Die Wahrheit am Krankenbett. – Arzt und Pflege zwischen Sachlichkeit und Menschlichkeit. In: Österr. Krankenhaus-Zeitung, 29, 5, 379–388

Längle A (Hrsg) (1988e) Entscheidung zum Sein. München: Piper

Längle A (1993) Personale Existenzanalyse. In: Längle A (Hrsg) Wertbegegnung. Phänomene und methodische Zugänge. GLE-Verlag, Wien, 133–160

Längle A (1994) Personale Positionsfindung. In: Bulletin der GLE 11, 3, 6–21

Längle A (1997) Die personale Positionsfindung (PP) in der Angsttherapie. In: Hofmann P, Lux M, Probst Ch, Steinbauer M, Taucher J, Zapotoczky H G (Hrsg). Klinische Psychotherapie. Wien/New York: Springer, 284–297

Längle A (1998) Viktor Frankl. Ein Porträt. München: Piper

Längle A (2000a) Die Methode der Einstellungsänderung. In: Stumm G, Pritz A (Hrsg) Wörterbuch der Psychotherapie. Wien: Springer, 152f.

Längle A (2000b) Phänomenologische Dialogübung („Sesselmethode“). In: Existenzanalyse 17, 1, 21–30

Längle A (2000c) (Hrsg) Praxis der Personalen Existenzanalyse. Wien: Facultas

Längle A (2000d) Die Willensstärkungsmethode (WSM). In: Existenzanalyse 17, 1, 4–16

Längle A (2007) Sinnvoll Leben – eine praktische Anleitung der Logotherapie. St. Pölten/Salzburg: Residenz Verlag

Längle A (2008) Existenzanalyse. In: Längle A, Holzhey-Kunz A. Existenzanalyse und Daseinsanalyse. Wien: UTB (Facultas), 29–180

Längle A (2013) Lehrbuch zur Existenzanalyse – Grundlagen. Wien: facultas.wuv

Längle A, Wicki B (2000) Wille. In: Stumm G, Pritz A (Hrsg) Lexikon der Psychotherapie. Wien : Springer

Längle S (1996) Was ist existenzanalytisch-logotherapeutische Beratung und Begleitung? In: Existenzanalyse 13, 1, 36–37

Lévinas E (1978) De l´existance à l´existant. Paris: Gallimard

Lleras F (2000) Phänomenologische Haltung. In: Stumm G, Pritz A (Hrsg) Wörterbuch der Psychotherapie. Wien: Springer, 513f.

May R (1991) Die Kunst der Beratung. Mainz: Grünewald

Merleau-Ponty M (1972) Phénoménologie de la perception. Paris, Gallimard

Pascal B Fragment 72, zit. nach Spoerri T (1955) Der verborgene Pascal. Hamburg: Furche-Verlag

Portmann A (1956) Biologie und Geist. Reinbek: Rowohlt Verlag

Ricœur, P (1955) Histoire et Vérité. Paris: Seuil

Rogers C R (1987) Eine Theorie der Psychotherapie, der Persönlichkeit und der zwischenmenschlichen Beziehungen. Köln: GwG

Sartre JP (1946) L'Être et le Néant. Paris: Gallimard

Scheler M (1957) Ordo amoris. In: Schriften aus dem Nachlaß, Bd. I: Zur Ethik und Erkenntnistheorie. Bern: Francke, 2. erw. Aufl.

Scheler M (1980) Der Formalismus in der Ethik und die materiale Wertethik. Neuer Versuch der Grundlegung eines ethischen Personalismus. Franke, Bern, 6°

Scheler M (2008) Gesammelte Werke, Band 3, Bonn: Bouvier

Schopenhauer A (1978) Preisschrift über die Freiheit des Willens. Hamburg: Felix Meiner, 58–59

Schultz J H (1970) Das autogene Training. Stuttgart: Thieme, 13. Aufl.

Selvini-Palazzoli M, Boscolo L, Cecchin G, Prata G (1977) Paradoxon und Gegenparadoxon. Stuttgart: Klett-Cotta

Spiegelberg H (1985) Die Rolle der Phänomenologie in Viktor Frankls Logotherapie und Existenzanalyse. In: Längle A (Hrsg) Wege zum Sinn. München: Piper, 55–70

Strotzka H (1984) Psychotherapie und Tiefenpsychologie. Wien: Springer

Stumm G (2000) Die personale Existenzanalyse aus der Sicht des personzentrierten Ansatzes nach C. Rogers. In: Längle A (Hrsg) Praxis der Personalen Existenzanalyse. Wien: Facultas, 85–98

Vetter H (1992) Die Bedeutung der Phänomenologie für die Psychotherapie. In: Daseinsanalyse 9, 24–38

Vetter H (1998) Was heißt „Person-Sein"? Zum Verständnis des Begriffs und seiner Verwendung in der philosophischen Anthropologie. In: Existenzanalyse 3, 15, 15–23

Watzlawick P, Weakland J, Fisch R (1974) Lösungen. Bern: Huber

Weizäcker v V. (1949) Begegnungen und Entscheidungen. Stuttgart: Koehler

Wicki B (1991) Die Existenzanalyse von Viktor E. Frankl als Beitrag zu einer anthropologisch fundierten Pädagogik. Bern: Haupt

Wolpe J (1958) Psychotherapy by reciprocal inhibition. Stanford: University Press

Yalom I (1980) Existential Psychotherapy. New York: Basic Books

11. Empfohlene Literatur

Für die Beratungspraxis

Längle A (2007) Sinnvoll Leben – eine praktische Anleitung der Logotherapie. Überarbeitung und Neugestaltung als Werkbuch: Bürgi D. St. Pölten/Salzburg: Residenz Verlag

Längle A (2000) Sinnspuren – dem Leben antworten. St. Pölten: Residenz Verlag

Längle A (2016) Existenzanalyse. Existentielle Zugänge der Psychotherapie. Wien: Facultas

Längle A, Bürgi D (2016) Wenn das Leben pflügt – Krise und Leid als existentielle Herausforderung. Göttingen: Vandenhoeck & Ruprecht

Längle A (2011) Erfüllte Existenz – Entwicklung, Anwendung und Konzepte der Existenzanalyse. Texte für Psychotherapie, Beratung und Coaching. Bürgi D (Hrsg). Wien: facultas.wuv

Johner P, Bürgi D, Längle A (2018) Existential Leadership zum Erfolg – Philosophie und Praxis der Transformation. Freiburg: Haufe

Längle A (2002) Wenn der Sinn zur Frage wird. Wien: Picus

Bücher zur Theorie der personalen Existenzanalyse

Längle A (2013) Lehrbuch zur Existenzanalyse – Grundlagen. Wien: facultas.wuv

Längle A (2003) (Hrsg) Emotion und Existenz. Wien: facultas.wuv Universitätsverlag (als e-book erhältlich)

Bücher von Viktor E. Frankl

Frankl VE (2013) ... trotzdem Ja zum Leben sagen. München: Kösel. 5. Aufl.

Frankl VE (2013) Der Mensch vor der Frage nach dem Sinn. München: Piper. 25. Aufl.

Frankl VE (2011) Das Leiden am sinnlosen Leben. Freiburg/Basel/Wien: Herder Verlag. 21. Aufl.

Autoren

Prof. Dr.med. Dr.phil. Alfried Längle, Arzt für Allgemeinmedizin und psychotherapeutische Medizin, Psychotherapeut, klinischer Psychologe, Professor an der Psychologischen Fakultät der HSE Moskau, Gastprofessor an der Sigmund Freud Universität Wien, Dozent an der psychologischen Fakultät Klagenfurt, mehrere Ehrenprofessuren und Ehrendoktorate. Gründer, langjähriger Präsident und jetzt Ehrenpräsident der Internationalen Gesellschaft für Existenzanalyse und Logotherapie (GLE-Int), wissenschaftlicher Leiter der Existential Training & Leadership Academy (ET&L) mit Sitz in Wien/Zürich, psychotherapeutische Praxis in Wien. Seit 2000 als Coach und Coachingausbildner tätig.

Dorothee Bürgi, PhD, Psychologin, Coach und Trainer für Persönlichkeits-und Führungsentwicklung, Referentin und Lehrtätigkeit im Bereich Leadership, Coaching und Healthcare. Wissenschaftliche Mitarbeiterin bei der Internationalen Gesellschaft für Logotherapie und Existenzanalyse (GLE-Int.). Studien in Kulturmanagement, Ethik und Organisationsberatung. Seit 2008 in eigenem Beratungsunternehmen in Zürich tätig.